Graphic Designs and Images for Small Bakeries and Sweet Shops

小さなベーカリー
&
焼き菓子店の
デザイン

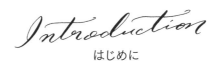

はじめに

全国の人気店100軒の魅力を紹介する「ショップデザイン」実例集

昨今、店舗経営がむずかしいと思われがちですが、全国には顧客に愛されるお店がたくさんあります。中でも小規模のお店ほど、店主の思いや世界観がつまった「ショップづくり」に成功していて、地域の人たちだけではなく遠方の顧客にも支持されています。

今回はベーカリーと焼き菓子店に絞って1冊にまとめました。何度も雑誌の特集になるトピックスの一つです。毎日の食卓に欠かせない暮らしに寄り添うおいしいパン、〈あったらいいな、おうち時間が楽しくなるな〉と思わせる焼き菓子の数々……というように、パンとお菓子には人びとを惹きつける要素がたくさんあります。

本書では、ショップづくりに欠かせない「デザイン要素」である、内装・外装デザイン・インテリア・家具・什器・器・ショップツール・ショップカード・ラッピング・Instagram・オリジナルプロダクト・パンやお菓子そのもののアイデアやデザインなど、ショップブランディングを形づくる実例を豊富な写真とともに紹介します。掲載されているほぼすべての写真は、実際のお店で発信されているInstagramやFacebookにアップされている画像をご提供いただきました。どれも各ショップの独自の世界観があふれた素晴らしい写真です。おいしそうなパンや焼き菓子がたくさん並んでいる様子、商品をアップにしてシズル感を出すアングル、店舗を取り巻く環境や風光明媚な自然風景の写真、興味を引かれる商品の製造工程など……、実際に店舗を訪れたくなる工夫が施されています。ただInstagramを眺めるだけでもアカウントのフォロワーや集客数を増やすヒントが得られます。

さまざまなテイストのショップデザインの事例が店舗作りや販売スタイルを模索する方たちの一助になれば幸いです。

最後に制作にあたりましてご協力をいただきましたすべての方へ、この場を借りまして、心よりお礼を申し上げます。ありがとうございました。

パイ インターナショナル編集部

Graphic Designs and Images
for Small Bakeries and Sweet Shops

PIE International Inc.
2-32-4 Minami-Otsuka, Toshima-ku, Tokyo 170-0005 JAPAN
international@pie.co.jp
©2022 PIE International
ISBN978-4-7562-5718-5
Printed in Japan

Introduction

A "Shop Design" Collection: the charms of 100 shops across Japan

Despite current retail challenges, one finds many beloved stores throughout Japan. Among these, it seems the smaller the shop, the more successful the owner is at infusing their imagination and perspective into the creation of the business. Such shops are supported by locals and far-flung fans alike.

This edition focuses on bakeries and sweet shops, a regular feature in many magazines. These small enterprises offer bread for homecooked meals, a daily staple, as well as irresistible sweets that create moments of joy for family and friends. Be it dinner rolls or French baguettes, pies or cookies— bakeries and sweet shops provide a delicious element that draws people in...and together!

The book offers abundant photographs covering every design element essential to "shop creation" and branding: interior/exterior design including décor, furniture, fixtures, and tableware; retailing tools such as business cards, wrapping, and online profiles; as well as original product ideas and even designs for special breads and sweets. Most of the wonderful snapshots have been shared by the shops themselves on Instagram and Facebook, and imbue the unique worlds and atmospheres they have created. Each photo tempts the customer to visit with a mouthwatering display of baked goods captured in a close-up that enhances product "sizzle," a wide-angle shot embracing the natural surroundings, or the tantalizing baking process. Readers will also find hints on how to attract social media followers and new customers simply through tantalizing Instagram posts.

We trust this collection of bakery designs will inspire those looking for new insights into shop creation and business style.

Finally, allow us to express our gratitude to those who collaborated on bringing this book to fruition. We could not have done it without you.

PIE INTERNATIONAL Editing Division

Contents もくじ

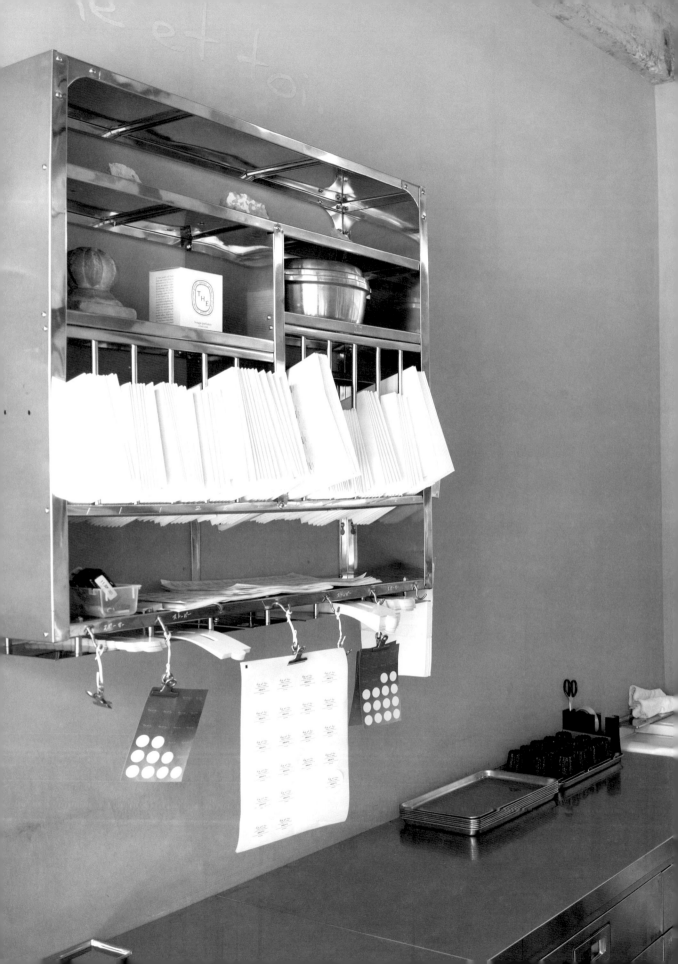

Interviews

thé et toi.

テト

岐阜県岐阜市羽根町

舞台美術とパティシエの才能が共演。
こだわり抜いた空間で顧客を異世界へ誘い、
斬新な発想が光るお菓子との出会いを演出する店

「お菓子な研究室」というキャッチフレーズで、自由な発想と確かな技術
で組み合わせた創作菓子が魅力の「thé et toi.（テト）」。お菓子研
究家の古野さつきさんと、舞台美術の仕事をしていらしたご主人の雅樹
さんが一緒に作り上げたお店です。お二人が好きな「インド」と「研究室」
というテーマを組み合わせた世界観を表現された空間は見事。訪れる
人みなを魅了してやみません。

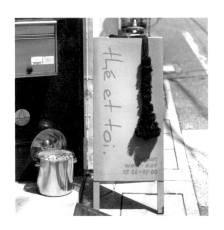

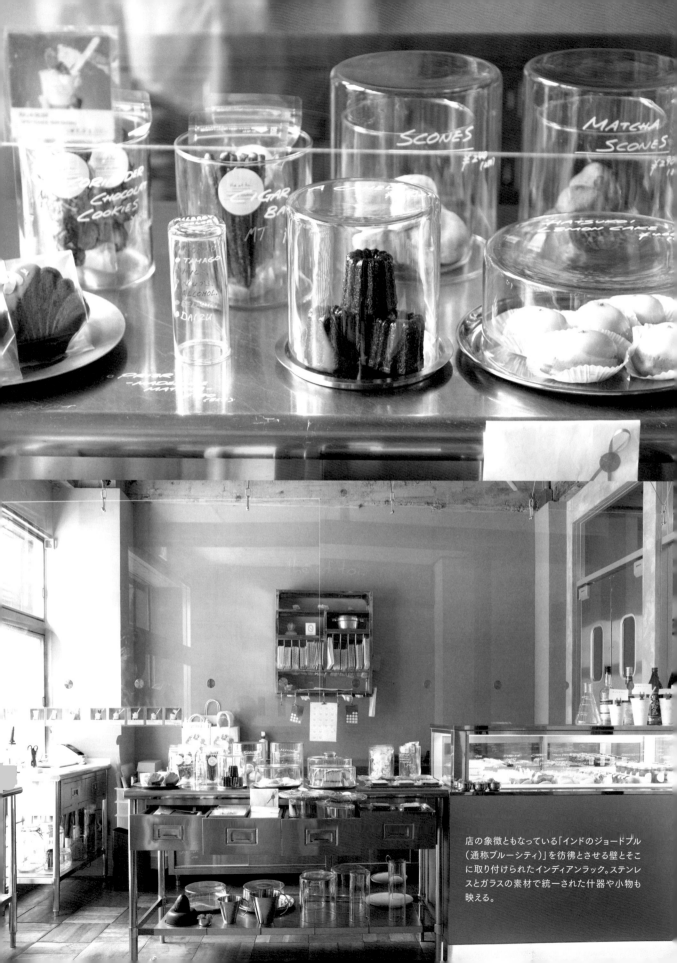

店の象徴ともなっている「インドのジョードプル（通称ブルーシティ）」を彷彿とさせる壁とそこに取り付けられたインディアンラック。ステンレスとガラスの素材で統一された什器や小物も映える。

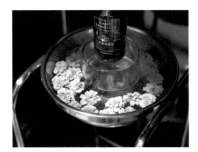

店の入り口には水に浮かべたオレンジ色のマリーゴールドが置かれ、アクセントカラーになっている。インドでは水に花を浮かべる"フローティングフラワー"を飾ってお客様を迎え入れる。

2019年11月、岐阜市の三大通りの一つ長良橋通りを一筋西へ入った路地に移転オープンした「thé et toi.（テト）」。元々は同市内にあるカフェの一角で妻の古野さつきさんがお菓子を作り販売を行っていましたが、出産、育休を機に一旦店を閉め、別の場所での店舗拡大を決意。当時は舞台美術の職に就いていたご主人の雅樹さんとともに物件を探し回る。ようやく見つけたのが、以前は被服の会社として使われていた昭和の面影が残るビルでした。「前店からのテーマであった"インドテイスト×研究室＝お菓子な研究室"というコンセプトを新たな形で表現するのにぴったりな場所だと思った」とお二人。空間演出に長けた雅樹さんがデザインを引き、元々の建物がもっている雰囲気や質感を生かしつつ、店のテーマを具現化した空間を作り上げました。

店舗のメインカラーとなっているブルーの壁色は、お二人が好きで何度も訪れたインドにある青い街・ジョードプルの色がモチーフになっています。店舗スタッフは全員ターバンを巻いて働き、販売スペースの壁にはインドで一般的に使われている、ステンレス製のインディアンラックが取り付けられています。細部まで手を抜くことなく作られた空間は、訪れる人をしばらくの間異世界にいざなってくれます。

そんな店に並ぶお菓子は「お菓子な研究室」とうたっているだけあり、いつも新しい発見があるものばかり。「私は製菓学校も出ていないし、ケーキ屋に勤めたこともないので、逆に私にしかできない〈おっ！〉と人を驚かせるお菓子を作りたいんです」とさつきさん。その卓越したセンスとテトの独自の世界観で作られたお菓子を求めて、地元はもとより遠方からもわざわざ買いにくる顧客がいる人気店となっています。

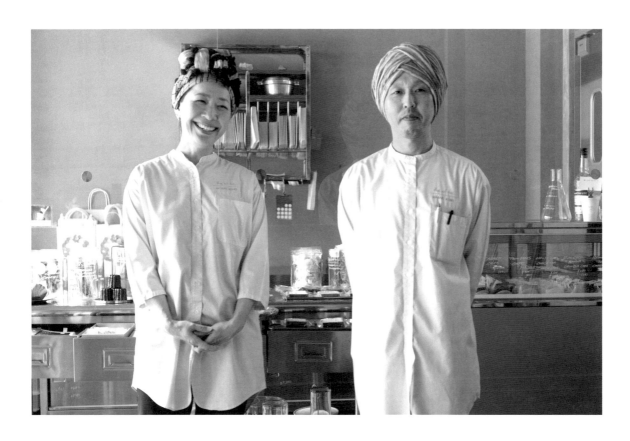

誰にもマネできないようなお菓子作りをするさつきさんと、細部にまでこだわった空間作りをする雅樹さん。お店はまさにお二人の才能が合わさって作り上げられた世界です。前店の時からさつきさんのお菓子はSNSや口コミで話題を呼び、行列がたえない人気店でした。さまざまなスパイスやハーブ、お酒や癖の強いチーズなど、個性的な食材の組み合わせなのに、一つのスイーツとしてきちんと完成している逸品ばかり。そんなさつきさんの作り出すお菓子の世界観をより強固にしたのが、舞台美術の知識に長けたご主人の雅樹さんのイメージを形にしていく力でした。

「私たちが思い描いている"インドテイスト×研究室＝お菓子な研究室"というコンセプトを形にしていくのが私の仕事です。この店の設計にあたり、以前の店の2階にスペースを借りて、同じような間取りを再現し、什器を置いてみて、どうやったら魅力的に見えるかを何度も試しました。その作業はある意味前職で舞台美術をやっていた時のリハーサル作業と同じような感覚でした。お店というステージをきっちり作ることで、あとは演者ともいえる妻やスタッフ、お客様が楽しんでくれる、そう信じて取り組んでいました」と雅樹さん。小道具や照明など、細かい箇所にもこだわりが見られ、見せ方やたたずまいなどが計算された舞台のような空間であることがよくわかります。

新たな場所で店舗をオープンさせるまで1年半ほどの期間が空きましたが、二人の力が結束されて出来上がった新店は評判を呼び、ブルーの壁をバックに商品撮影をしてInstagramに投稿する客も急増。以前から多かったフォロワーですが、さらに数を伸ばし、広く知られる人気店へと成長を遂げました。

「thé et toi.」はさつきさんが一人で切り盛りするところから始まったお店です。移転オープン後は、需要に応えるべく、菓子数を増やすため、スタッフの増員も行いました。現在は10代から40代までのスタッフが18名所属しています。雅樹さんは、店の設計段階でスタッフに楽しんで働いてもらえるような設備や環境作りにも力を入れたのだと言います。女性が多い職場ということもあり、搬入動線は台車のまま通れるようスロープにし、通路幅も確保しています。売り場だけでなく、キッチンにも楽しく働ける工夫が見られます。例えばLED暖色のラインライトを少し斜めに配置し、見やすさとともに視線の誘導も意識されています。

「当店のお菓子は季節ごとに目まぐるしく入れ替わるのですが、お客様のご意見を取り入れつつ、スタッフそれぞれが自由な発想で新作のプランをプレゼンしてくれます。大切にしているのは、万人受けはせずとも、自分が心から食べたいと思ったものを作ること。その人が信念を持って作ったものなら、必ず刺さる人がいると思うからです。だから店頭に並ぶお菓子はスタッフ一人ひとりの想いが詰まったスターたちの集まりなんです」と、さつきさん。スタッフはみな、お菓子作りのみならず、店頭に立ち接客を行うのも「thé et toi.」の方針。自信を持って世に打ち出したお菓子を売るスタッフの顔はみな明るく、客とお菓子の話で盛り上がる様子が印象的。雅樹さんもレジに立つことが多く、リピートしてくれる方の顔を覚え、「この間のお菓子どうでしたか」などと伺い、スタッフへフィードバック。さらに精度の高いお菓子作りを行っているのだといいます。

コンセプトをしっかりと打ち出し、スタッフ自身の中にあるアイデアを大切にしてくれる店。そんな店には自然と一緒に働きたいと希望するスタッフが集まり、特にスタッフ教育をせずとも、ホスピタリティあふれる接客が行き届いているというから不思議です。さつきさんも「離職率の低さもスタッフの働きやすさを表している一つの指標かなと思いますし、季節ごとにスタッフの創作作品ができているので、私が思い描いていた"お菓子な研究室"に近づいている感じがして嬉しいです」と笑顔に。まだこの世にない新しいお菓子を楽しんでもらいたいという一心で、スタッフみなが化学反応を起こすからこそ出来上がるお菓子の数々とそれが並ぶ空間。今後はマルシェなどへの出店も考えているとのことで、さらなる店の広がりと、よりいっそう研ぎ澄まされたコンセプチュアルなお菓子作りへの期待がふくらむばかりです。

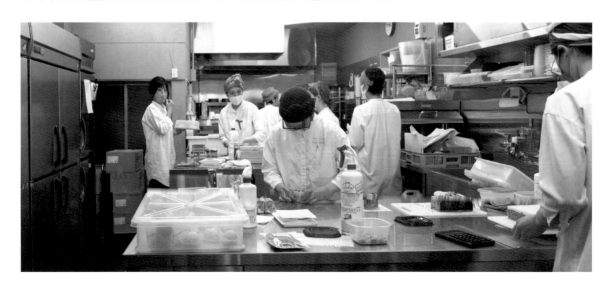

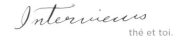

商品のこと

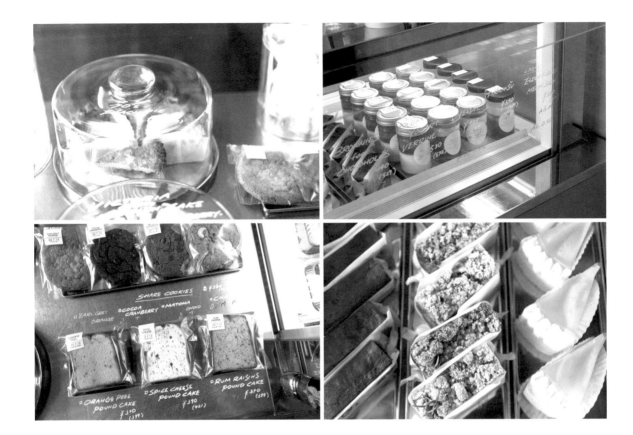

「thé et toi.」で創業当初から永遠の定番商品として人気が高いのは、すりおろした人参をたっぷりと入れ、くるみとスパイスの効いた生地にクリームチーズをフロスティングした「キャロットケーキ」です。スタッフで人気投票をしても1位のメニューとのことで、スパイスの程よい仕込ませ方が絶妙な、シーズン問わずに食べられることのできる逸品です。その他にもエスプレッソを浸したビスケットのほろ苦さと甘い香りのクリームのバランスがよいティラミスや、白いアイシングが可愛らしい見た目のレモンケーキなど、店の顔となっている定番商品がたくさん。

もう少し新たなスイーツの世界に挑戦したい方には、ボトルスイーツもおすすめです。「ボトルにはゼリー状のものやアルコールを入れることができるので、創作できる範囲が広く、冒険したスイーツが作れるジャンルの一つなんです」とさつきさんは言います。スペインのスープ「ガスパチョ」のイメージで作られたトマトとベリーのゼリーにムースのコクが合わさった「スープゼリー」や、黒ビール、ギネスのこっくりとほろ苦いゼリーにマリネしたアメリカンチェリーを合わせたナイトデザートなど、見た目にも、素材の組み合わせにもあっと驚くボトルスイーツが生み出されています。

また、お菓子のネーミングは「SUMMER SOUP JELLY-gazpacho-」「HATSUKOI LEMON CAKE」とローマ字で表記されているのも特徴で、ディスプレイ版の文字はすべてさつきさんの手書き文字で統一されています。ネーミング文字が可愛くて余計にそのお菓子が魅力的に見える効果もあり、この店の細部までこだわったセンスの良さに思わず店内をぐるっと見渡してしまいます。

テイクアウトだけでなく、その場で食べることができるドリンクやスイーツも人気。生姜とスパイスたっぷりのチャイから夏季には白ワインとピンクグレープフルーツを合わせた「thé et toi.」らしい大人のかき氷まで。持ち帰って食べるお菓子を買いに来たのに、ついつい別腹でかき氷を注文してしまい、外のベンチで座って食べている人の姿も多々見られました。

味から見た目から細かな演出まで、さまざまな角度から客を惹きつける工夫がたっぷり詰まっているのが、この店の何よりの魅力となっています。

物件選びと内装デザインのこと

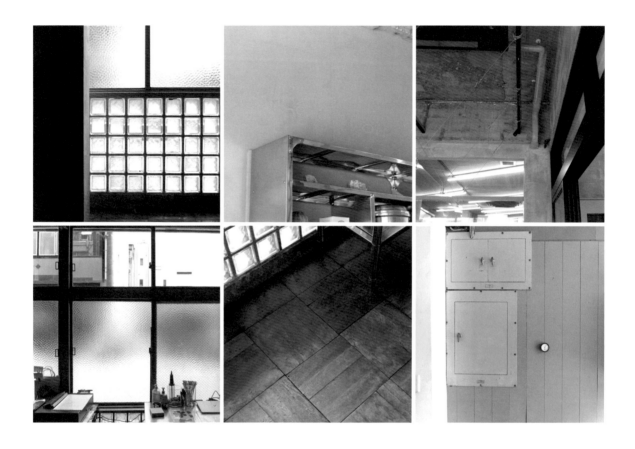

　岐阜市は昭和時代に繊維の街として栄えた場所でもあり、岐阜駅前には当時の名残を留めるレトロなビルが点在しています。お二人が選んだのもそのような物件の一つで、かつて繊維会社のショールームだったビルの1階を借り、内装デザインはすべて雅樹さん担当でリノベーションが行われました。

　売り場の開口部となっている窓は、昭和時代によく見られたガラスブロックとすりガラスになっています。光を屈折させ、やわらかな自然光を取り込むことができるため、そのままにしてあるそう。自然光を上手に取り入れることが雅樹さんのこだわりの一つでもあり、ブルーの壁にすりガラスを通して当たるサイド光が、光の当たり具合によってさまざまな青色の濃淡を作っている

のも面白いポイントの一つです。

　床も、かつての教室の床を彷彿とさせる正方形を市松に織りなす板材になっています。「この床には時代を経ても色あせない魅力があるので、そのままにしています。"年季の入った研究室"を訪れた感じを醸し出すのにぴったりでしたので」と雅樹さん。

　客が並んで待つビルの共有部分には、入居当時からミントグリーン色の取っ手が付いたレトロな配電盤がありました。その色が魅力的だったのでここもそのままに。それに合わせて周囲の板張りはスタッフや子供たちとブルーグレー色のペンキで塗ったそうです。

　天井部はあえて仕上げを施さず、鉄筋コンクリート造りやダクト配管もむき出しに。

無造作なデザインが逆にかっこよさを付け加えてくれています。

　「ステンレスとガラス素材だけだとインダストリアルな雰囲気になりすぎてしまうかもしれませんが、古い建物であったことと、何と言っても青い壁に浮かせて取り付けたインディアンラックのラフさが店の世界観を形作ってくれていると思います。この空間での買い物をお客様も楽しんでくださっているようで、考え抜いて、こだわって店舗デザインしてよかったと思っています」と雅樹さんは嬉しそう。店舗にターバンを巻いた数人のスタッフが立ち、開店前から並んでいた客が入ってにぎわい始めると、店のステージは幕開け。さらに魅力的な空間へと変わっていきます。

インテリアのこと

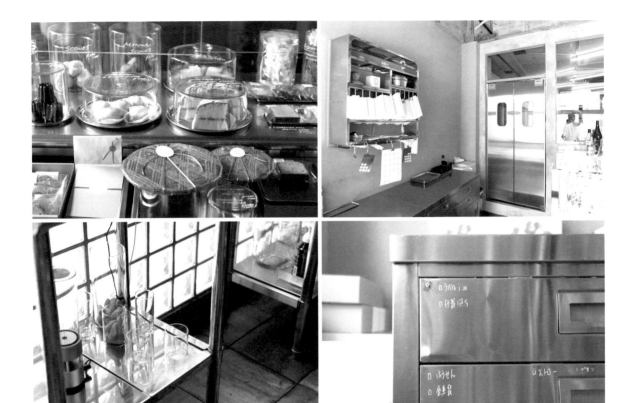

　店に入りまず目に飛び込んでくるのは、インドのブルーシティ・ジョードプルの色を模したブルーの壁とそこに飾られているステンレス製のインディアンラックです（P.6の写真）。元々このラックに一目惚れをしていたというお二人。新店に絶対に設置しようと決め、実際にこのラックを扱っているムンバイの輸出元まで見に行ったというから驚きです。「現地では一般家庭でも使われており、安価なステンレスで作られていて、へこみなどできやすいのですが、それが逆に味になっているんじゃないかと思います」と店の内装デザインを担当した雅樹さんは言います。また、店の雰囲気を演出しているブルーの壁は、現地の雰囲気を再現するため、微妙な色の調合を自身で何度も試したそうです。

　「ここはきれいな自然光が入る建物で、その良さを生かしたいと思っていたので、光が差し込むところと、影になるところで全く違った表情を見せてくれる絶妙な青色を出すのにこだわりました。実際に開店してみると、お客様も壁をバックに商品の撮影をしてInstagramに投稿してくれることが多いので、こだわって良かったなと思っています」

　研究室のようなたたずまいを実現するため、陳列什器に使っている素材はステンレスとガラスに統一しました。お菓子が並べられたショーケースは業務用厨房作業台ですが、お二人の手にかかればそれが一気にセンスのよい陳列台に早変わり。厨房作業台の引き出しを敢えて外に引き出し、その部分を陳列スペースとして活用

していらっしゃいます。

　お菓子に被せられたガラスフードも、ヴィジョングラスといって、インドの理化学ガラスメーカー・ボロシル（BOROSIL）社が製造する耐熱グラスにヒントを得て、似たようなものを日本で探して使っていらっしゃったのだとか。什器やガラスフードには、さつきさんが直接ローマ字でメニュー名を書き込まれているので、ほっこりとした雰囲気もプラスされています。

　ガラスとステンレスだけでは、無機質な空間になりがちのため、色味のアクセントとして、入り口やショーケースなどに雅樹さんのご実家で摘まれた鮮やかなオレンジ色のマリーゴールドが飾ってあるのも、この店らしさを表現するポイントの一つです。

UNIVERSAL BAKES
AND CAFE

VEGAN

Sustainable Food

WEDNESDAY—SUNDAY 8:30—18:00 OPEN
MONDAY & TUESDAY CLOSE

Interviews

Universal Bakes and Cafe

ユニバーサル・ベイクス アンド カフェ

東京都世田谷区代田

文化背景の異なる人たちも心から楽しめる
100%VEGAN のおいしい時間を提供

東京・世田谷代田駅からほど近い閑静な住宅地で、街の人々のゆたか
な生活の一部となっているベーカリーカフェ。100%VEGAN のパンを中
心にしたこだわりの食品のほか、オリジナルトートバッグなど自社ブラン
ド製品も並びます。洗練されたインテリアはどの部分を取っても素敵で、
つい長居したくなる居心地の良さ。週末には昼間からビールにパンにと
舌鼓を打つ人たちでにぎわいます。

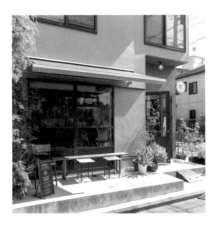

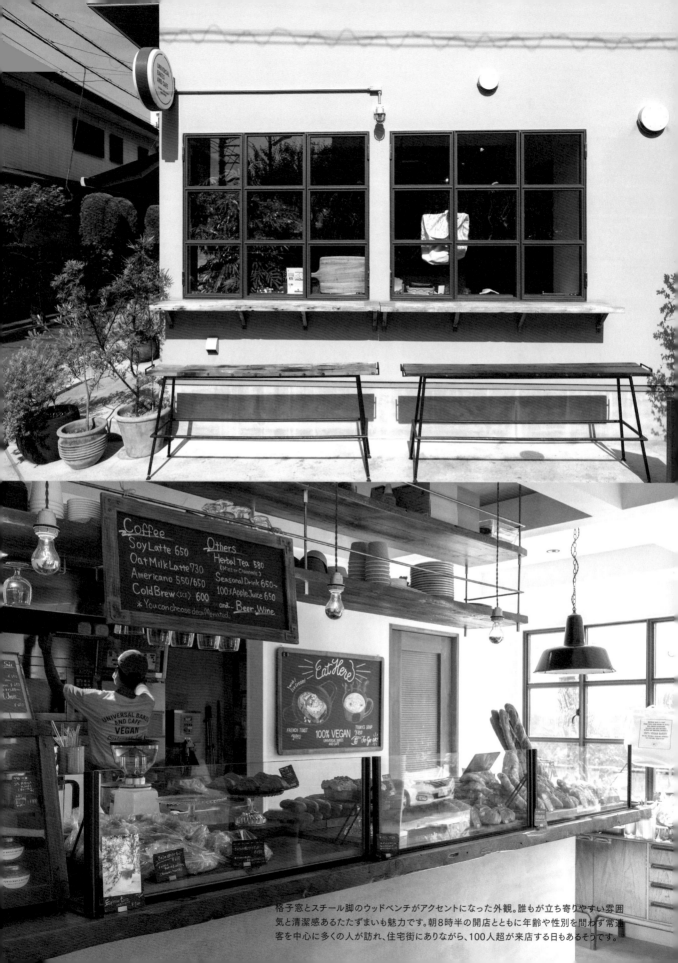

格子窓とスチール脚のウッドベンチがアクセントになった外観。誰もが立ち寄りやすい雰囲気と清潔感あるたたずまいも魅力です。朝8時半の開店とともに年齢や性別を問わず常連客を中心に多くの人が訪れ、住宅街にありながら、100人超が来店する日もあるそうです。

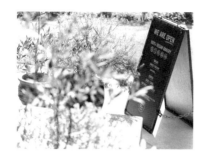

世田谷代田の街の一画で、VEGAN食をおいしく楽しく味わえる幸せなライフスタイルを提案するショップ、ユニバーサル・ベイクス アンド カフェ。店舗の開放的な雰囲気そのままに、「さまざまな文化や環境で育った世界中の人がこころの垣根なく楽しめる食空間。食の最大公約数としてのVEGANのパンや料理で、肉や魚やバターが好きな方も含むすべての方にとって心躍るおいしい時間を提供する」というコンセプトを掲げ、あらゆる層の人々を対象に魅力的なショップを営みます。

2020年5月のオープン以来、パンや焼き菓子を調達するための日常づかいの店としてだけでなく、週末ともなると、カフェテーブルやテラス席で昼間からクラフトビールや食事を楽しむ客でにぎわい、世田谷代田の街に根付いてきました。朗らかな接客や清潔感のある空間作りといった居心地をよくする努力もさることながら、最もこだわっているのは「100% VEGAN」

のメニュー設計。肉や魚や卵を摂らない「VEGAN」は、ともするとシンプルでストイックなイメージになりがちですが、「100% VEGANといっても、質素にならないように工夫しています」と話すのは、オーナーで株式会社さいころ食堂、代表の大皿彩子さん。実際、パンの並ぶカウンターを見回すと、そのイメージを刷新するようなトッピングや彩りゆたかな品揃えが目を引きます。

「男性女性、お子様連れの方、年齢層も幅広くご来店くださっています。ふだんからVEGANの食生活をされている方はあまり多くなく、動物性のものも召し上がるお客様が大半です」

スタッフによる丁寧な説明もあって、日に数回焼くという約20種類のパンは、並べたそばから売れていきます。その様子を見守りながら、「住宅街でありながら多くのお客様に大切にしていただき、開店して本当によかったです」と話す大皿さんの笑顔は、日々の充実感に輝いていました。

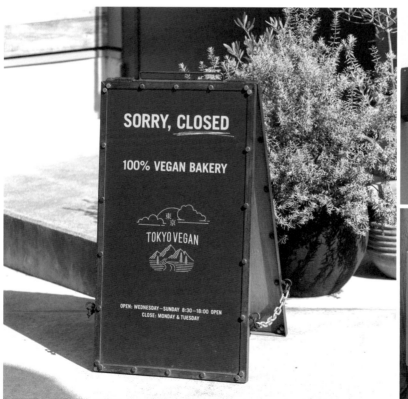

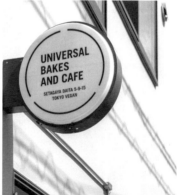

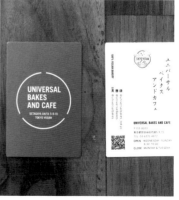

食空間をプロデュースする仕事をしている大皿さんは、仕事柄、自宅の一部を食空間として開業したいと考え、事務所兼自宅の一階にユニバーサル・ベイクス アンド カフェをオープンさせました。大皿さんは、広告代理店や、放送局の職を経て、2012年よりフードプランニングを生業に、レシピ開発や店舗開発、フード企画のプロデュースを手がけてきました。2016年9月からは池尻大橋のカフェ、アラスカ ツヴァイをプロデュース。現在はこちらとユニバーサル・ベイクス アンド カフェ、ニコメと、3店舗を経営しています。

アラスカ ツヴァイもまた、VEGAN料理を提供する居心地のいい飲食店として愛され続けていますが、手がけるきっかけとなったのは、大皿さんがベルリンを訪れた時の出来事にあったそうです。

「ベルリンはよく知られるように多文化の街です。そのベルリンのフードマーケットで、30代ぐらいの男性たちが、みなでVEGANフードを食べていました。腕にはタトゥーをしている人もいたりと、さまざまなバックグラウンドのありそうなグループでしたが、その中の一人がVEGANしか食べられないという理由で、みなが彼に合わせた食事をしていたのです。宗教上なのか何かわかりませんが、そうすれば本人も友人たちもみながハッピーでいられる。いわば最大公約数の幸せを選んでいたのです。それがとても印象深くて、自分でも世界中の人々が心の垣根なく楽しめるVEGAN料理による食空間を作りたいと思うようになりました。」

店舗経営にあたっては、広告代理店時代の経験が活かされたと大皿さんは言います。「大きな仕事を成し遂げるには、さまざまな才能を持った個人の集まるチームが必要です。限りある資源（予算、時間）から最大限の結果を出す仕事をどう組み立てるか、それらを考える上で、前職での経験が大いに役に立ちました。」

店舗経営が軌道に乗ってきたいま、各店舗の経営にとどまらずブランド化を目指しているそうで、「一つのブランドとして、ほかの店にマネされるようなVEGANカフェ、VEGANベーカリーになり、スタッフのみなが誇れるブランドにしていきたいです」と大きな志を抱いています。

「広告業は広告出稿期間が終われば何もなくなりますが、店はその場所に、働く人とお客様の歴史と想いが重なり蓄積し、小さな文化として残っていくことが楽しいです。現在は、お店で働くスタッフの人生にどう寄り添えるか。働く一人ひとりが自分に合う職場を探すのではなく、自分が職場を作っていく、という気持ちになってもらえるには、どういう仕組み作りをすればいいのかをしっかり考えながら経営しています。」

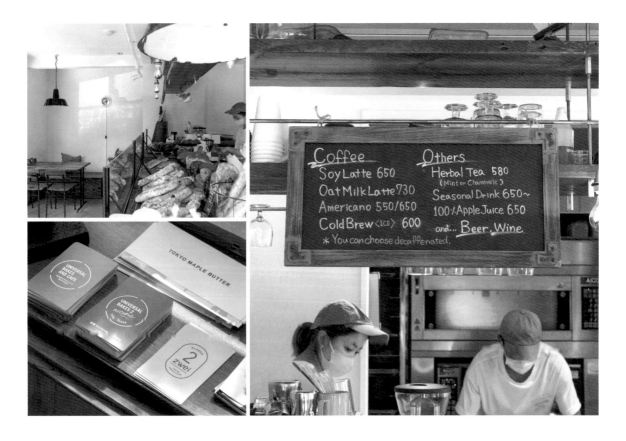

商品のこと

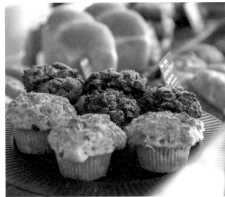

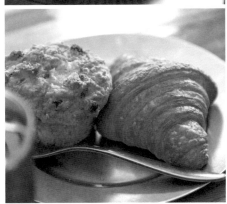

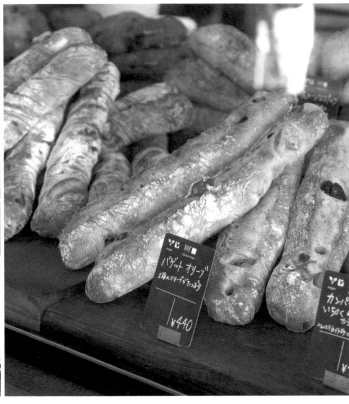

「一つ目でワクワクできること、商品の一つひとつにメッセージを込めること、男性の感覚でも、もう一度食べたいと思ってもらえるようにすること」を大切に考案しているという提供メニューのベースには、店舗コンセプト同様、「世界中の人が心の垣根なく楽しめる、食の最大公約数としてのVEGANのパンや料理で、肉や魚やバターが好きな方も含むすべての方にとって心躍る商品を提供する」という大皿さんの信条があります。

1日数回に分けてカウンターに並ぶ約20種類のパンのほか、店内とテラス席で提供するフレンチトーストや日替わりの自家製スープなども看板メニューの一つです。

この日は朝から、人気のクロワッサンを筆頭に、カンパーニュ（いちじく＆カシューナッツ等）、バゲット（ノア、オリーブ入り等）、VEGANマフィン、くるみパン、ミルクフランス、あおさの塩パン、スコーン・ココナッツなど、香ばしく焼けたパンが彩りよく並んでいました。カリッとした歯ごたえにこだわって焼くメロンパンも朝10時台の人気商品だそうです。試食した「あおさの塩パン」は、新鮮な味わい。まさにもう一度食べたいおいしさでした。

「材料には、九州から北海道まで日本国内で栽培されたさまざまな品種の小麦を使っています。小麦に限らずオイルや野菜も直接ご縁のある方から積極的に購入し、大切に使わせていただいています」。この店の素材を見極める選択眼もまた、常連客の多さにつながっていそうです。

ディスプレイボードやカウンター上のショーケースには、スペインのカナリア諸島からスタッフが仕入れた海塩、パンに合うピーナッツペーストやメープルバターなど、珍しい逸品が並び、訪れる人の目を引いていました。

「トートバッグやコーヒーのドリップバッグなどショップロゴをあしらったオリジナル商品は、ご主人の親友のデザイナーさんと一緒に作っています。今後実現したいアイデアや商品もありますが、まだ秘密です」と今後の展開が楽しみなユニバーサル・ベイクス アンド カフェです。

物件選びと内装デザインのこと

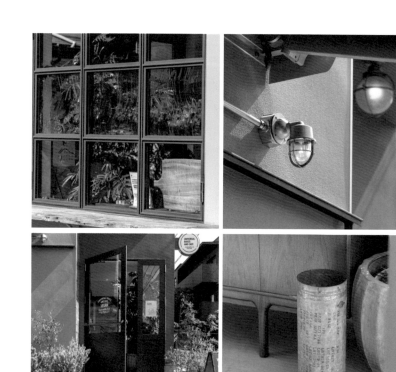
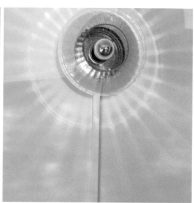
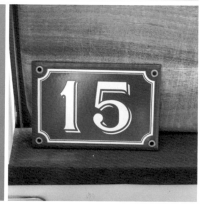

「光と風が良いところ」を最優先に、自宅兼、事務所兼、店舗を構える場所を探していた店主夫妻が出会ったのは、理想としていた「駅前から富士山の見える、光の多い土地」。世田谷代田のこの場所でした。

物件は、隣家のグリーンに彩られた落ち着いた路地に面していて、角地という立地が幸いし、建物の二方向から光と風が入るのが魅力でした。商店街からも一本脇道に入るので、表通りの喧騒を感じずに食の時間を楽しめます。住宅地とはいえ、小田急線世田谷代田駅からは徒歩1分、京王井の頭線新代田駅からもほど近く、アクセスも抜群です。

内装に関しては、自分たちで内装デザインを行いました。大皿さんのご主人は別の会社に所属しながら、店舗のインテリアやグラフィックデザインに関しても、プライベートで全面協力してくださっているそうです。

「特にこだわったのは窓です。大きな窓を設けて、光と風をたっぷり取り込めるようにしました。お客様からも、アンティーク家具や大きな窓は喜ばれているようです」

大皿さんが話すとおり、二方向にある大きな窓からさんさんと光が注ぐので、店内にいてもテラス席と同じような、清々しい空気が流れているように感じられます。時間帯によって、白い壁面や塗り跡にニュアンスのあるオレンジの扉に映る光模様が変化していくのも美しく、夕方以降はヴィンテージの照明から照らされるぬくもりに満ちた光が、落ち着いた空間を生み出します。

照明は、店内はカウンターまわり、カフェ天井、壁面と、場所によってフォルムも明るさも異なる照明が使われ、光のニュアンスの違いがそれぞれのコーナーにゆたかな表情を与えています。エントランスやテラス席の上にも、店舗の雰囲気に合う照明をセレクト。建物に取り付けた看板には、ガラス扉とは別パターンの、サークル状のショップロゴをあしらいました。

すっきりとした空間なのに、どこか遊び心や居心地の良さがある……それは、ブリキの傘立てやナンバープレート飾りといった、味のあるアンティーク雑貨をほどよく取り入れているからでしょうか。来店者層が実に多彩なのも、大皿さんの「食を楽しく」という思いがインテリアからも伝わっているのに違いありません。

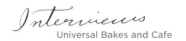

インテリアのこと

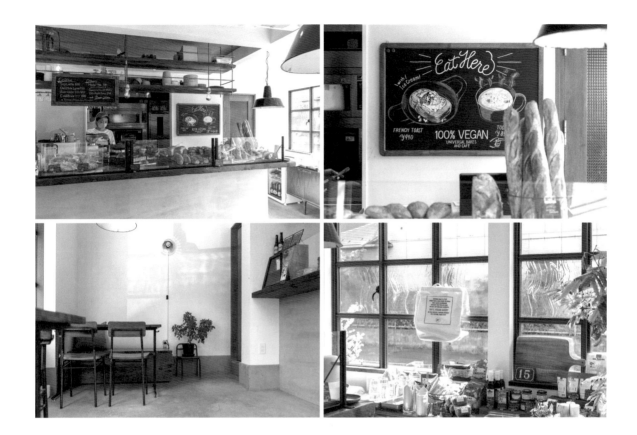

　白とグレーを基調としたシンプルモダンな空間に、ビビッドなオレンジ色の店内扉、アンティークの家具やヴィンテージの照明がアクセントになったユニバーサル・ベイクス アンド カフェのインテリア。

　「パン屋さんって、女性がおもな客層と思われそうですが、男性でも気軽に入れるイメージを意識しました」と大皿さんが話すように、インテリアはもちろん、店舗全体のイメージをつなぐガラス扉のショップロゴに、エクステリアのグリーンやベンチ、黒板ボードの看板など、すべてが相まって男性でも躊躇せずに足を踏み入れられる雰囲気を作り出しています。

　什器は、パンや焼き菓子の並ぶカウンターや窓際のディスプレイボードなどに同じ色味の木材を使い、テイストを統一。飲食メニューを記した黒板ボードも、天井から下げた収納ラックと自然に馴染む素材が選ばれています。

　オリジナル商品や海外から取り寄せたおすすめ食材が並ぶアンティークのキャビネットには、同社が手がけた3店舗のショップカードも並びます。どれもデザインが統一され、カラフルな彩りながらすっきりして見えます。壁面の照明スタンド、椅子の上のグリーン、カウンター端の商品ケースなど、おしゃれなディテールも来店者の目を楽しませてくれます。

　お店の個性を作り上げている内装デザインや家具・備品の手配は、大皿さんのご主人が協力しています。「男性でも女性でも海外の方でも心地よく感じられること、ユニバーサルなデザインをテーマにしています。什器には他のどなたかが使っていた木材や家具を再利用したり、アンティーク家具を使っています。インドネシアの廃材や建築廃材を使って作っていただいた家具もあります。製作は、廃材による家具デザインを手がける gleamさんにお願いしています」

　洗練とぬくもりが調和したインテリアは、たしかな美意識のもとリユース、リメイクを取り入れて実現したものでした。

　誰がいつ訪れてもほっとできる、まるで親しい友人宅のような心地よい空間は、気楽に立ち寄れる店として貴重な場所。雨の日も晴れの日も、あいも変わらずそこにあるいつものベーカリーカフェとして、人びとの訪問を待っています。

エディトリアルノート

C   D

A ——— VOSTOK labo

B ——— 北海道標茶町 Since 2016

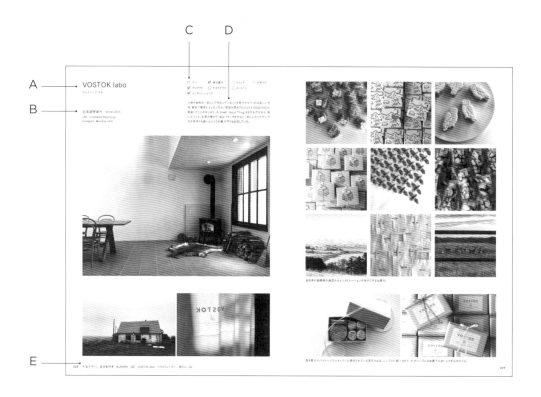

E

A　店名

B　住所

C　主な営業内容

D　店舗の説明

E　スタッフクレジット

　　※スタッフクレジット表記のGDは、グラフィックデザイナーの略称です。

※掲載している商品や印刷物は既に終了したものもございますのでご了承ください。また、現行のものと異なる場合がございます。

※作品提供者の意向により、クレジットデータの一部を記載していない場合がございます。

※本書に記載された企業名、商品名は、掲載各社の商標または登録商標です。

※掲載している情報は、2022年7月時点のものです。都合により、変更になる場合がございます。

Small Bakeries and Sweet Shops

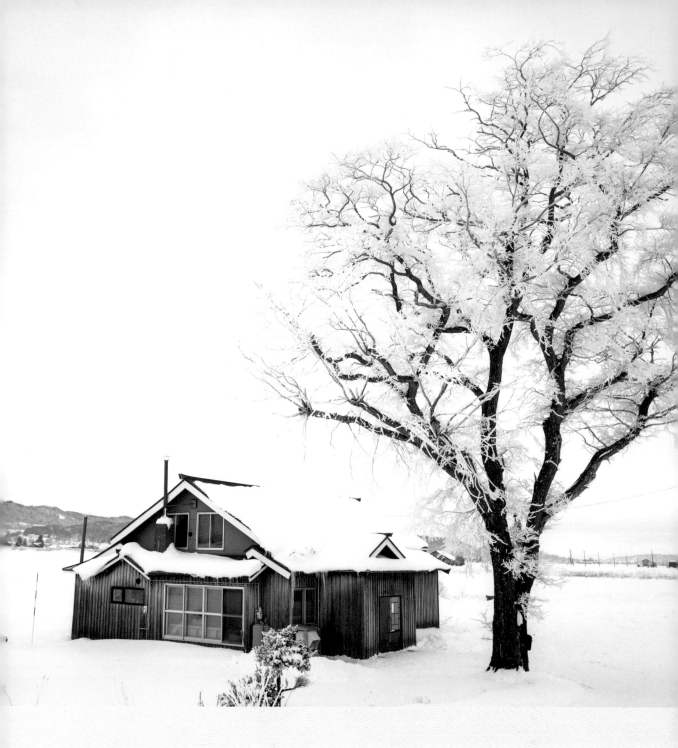

三好焼菓子店
MIYOSHI YAKIGASHITEN

□ パン　　☑ 焼き菓子　　□ ドリンク　　□ デザート
□ プロダクト　　☑ テイクアウト　　□ イートイン
☑ オンラインショップ

古い民家を改修した店舗なので、情緒や趣を大切にしている。店内の壁は自分たちで塗装を行い、什器は古道具を利用、照明など小物は好きな作家の作品を使用し、物静かな品のある空間になるように意識している。6年前に大阪から移住し、由仁町でお店をオープンして3年。菓子職人の経験を活かして、フランス菓子を中心に製造、販売をしている。

北海道夕張郡由仁町　since 2019
URL: miyoshiyakigashiten.com
Instagram: @miyo_yaki
E-mail: info@miyoshiyakigashiten.com

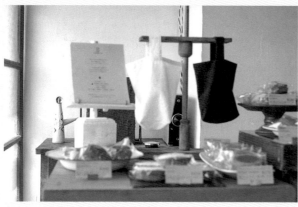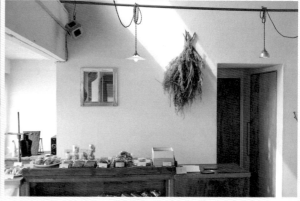

真っ白い漆喰の壁がほっとした印象を与える店内。焼き菓子はアンティークの棚に並べられている。

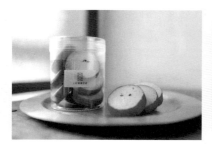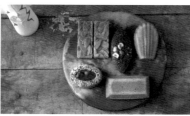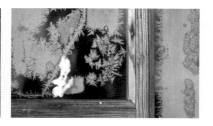

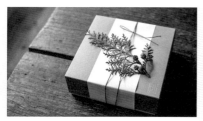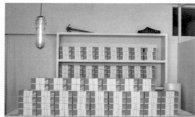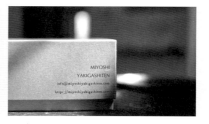

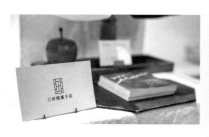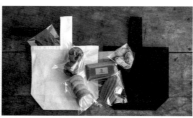

ショップカードやパッケージなどは極力シンプルに。箔押しされたボックスは札幌の紙器製造会社・モリタ株式会社に依頼した。

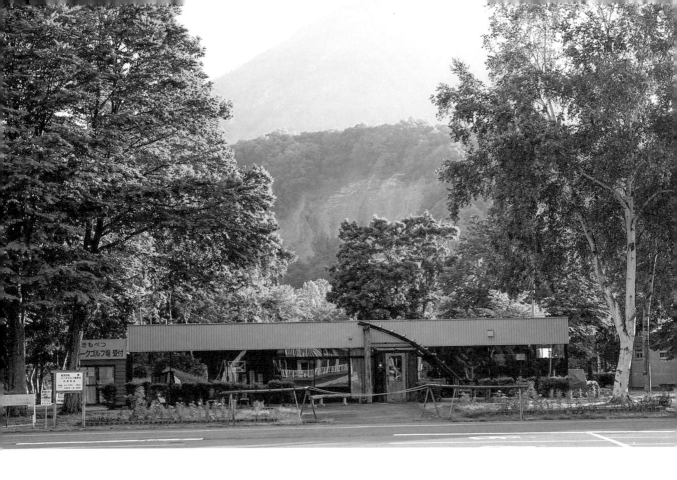

ドライブイン ソーケシュ

drive in Sokeshu

北海道虻田郡喜茂別町　since 2020
URL: sokeshu.com
Instagram: @drive_in_sokeshu
E-mail: sokeshu.com@gmail.com

☑ パン　　☑ 焼き菓子　　☑ ドリンク　　☑ デザート
☑ プロダクト　☑ テイクアウト　☑ イートイン
☑ オンラインショップ

羊蹄山を望む大自然のなかで「昔ながらの」をテーマに、自然に寄り添ったパン作りをしている。北海道の良い材料を使い、薪窯で一気に焼いた素朴なパンが人気。店舗は町内から不要になった古いモノを頂き、運び、磨き、再利用し、自分たちで仕上げた。なるべく木と鉄とガラス製品しか置かないようにして統一感のある空間を心掛けている。

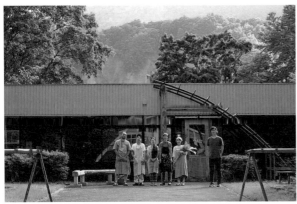
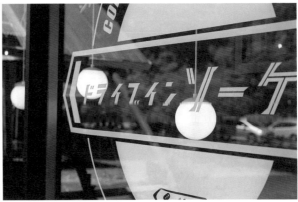

　設計, 施工, 内装デザイン, 家具製作者, GD, イラストレーター：ソーケシュ

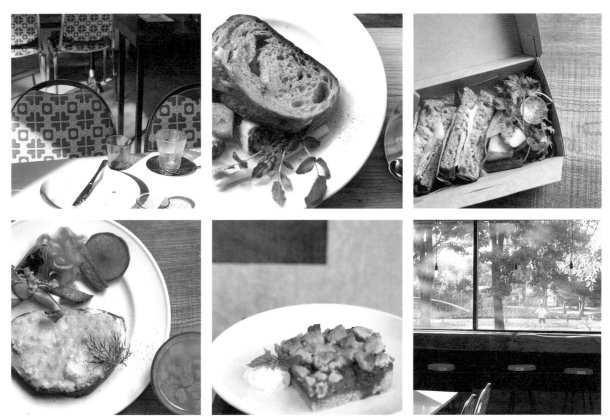

北海道産小麦、小麦酵母、オホーツクの塩、羊蹄山の湧き水を原材料とし、10種類ほどの食事パンを作っている。
店舗は自分たちでDIYして作り上げた愛着があるもの。

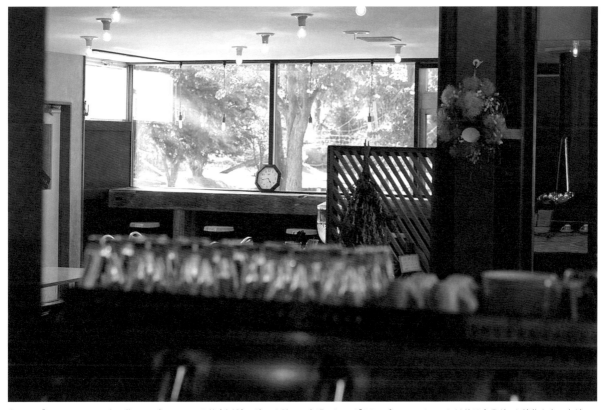

自分たち「ソーケシュ」が田舎で暮らして感じるカタチを箱（店舗）にぎっしり詰めて表現したのが「ドライブイン ソーケシュ」。以前は食堂だった建物を大工友達、
自分たち、友達の手を借りて内装・外装を仕上げた。

VOSTOK labo

ヴォストーク ラボ

□ パン　　☑ 焼き菓子　　□ ドリンク　　□ デザート
☑ プロダクト　　□ テイクアウト　　□ イートイン
☑ オンラインショップ

人間が自然の一部として存在していることを気づかせてくれる美しい土地、根室で環境と人とのより良い関係を探るプロジェクト（VOSTOK）に参画したことがはじまり。A Small, Good Thing ささやかだけれど、役に立つこと。世界の繋がり、巡るバランスを大切に、手にしていただいた方の気持ちも膨らむようなお菓子作りを目指している。

北海道根室市　Since 2016
URL: vostoklabo.theshop.jp
Instagram: @vostok_labo

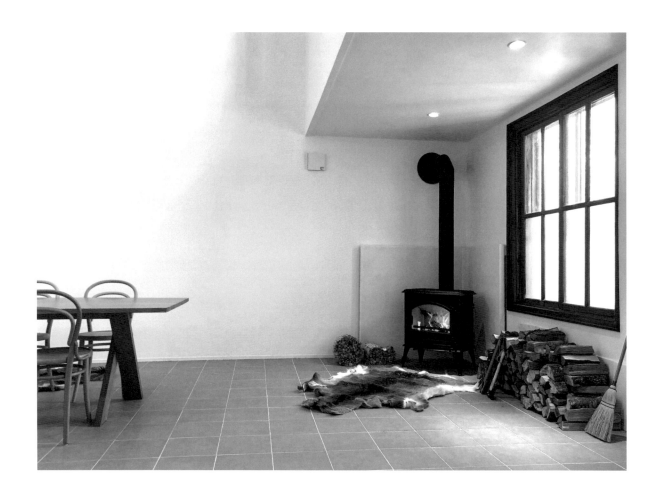

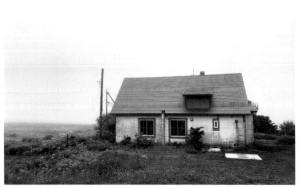

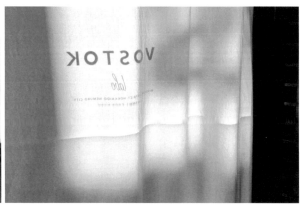

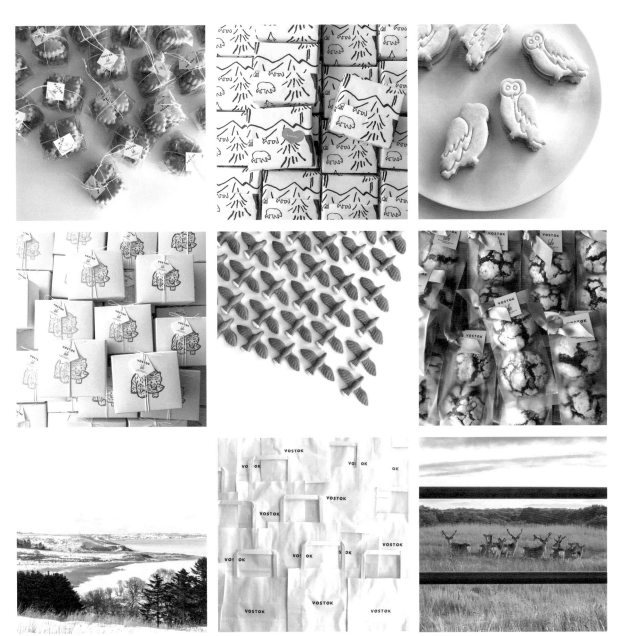

自然界の動植物や風景からインスピレーションを受けて作るお菓子。

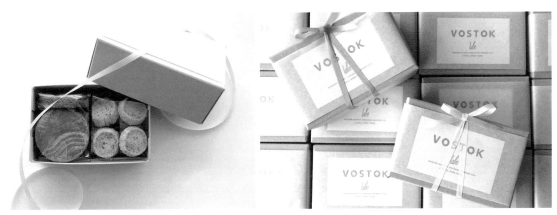

焼き菓子のパッケージやショッパーに使用されている店名のロゴ。シンプルに統一された VI がシンプルなお菓子のおいしさを引き立てる。

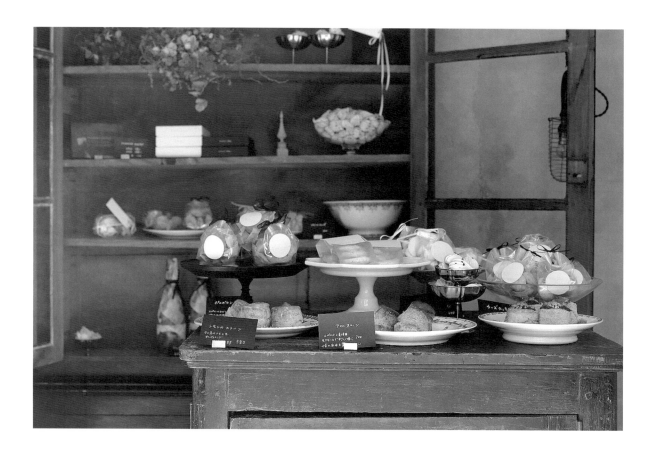

AMAM＋

アマムプリュ

北海道札幌市　since 2022
Instagram: @amam_plus

☑ パン　　☑ 焼き菓子　　☐ ドリンク　　☐ デザート
☑ プロダクト　☑ テイクアウト　☐ イートイン
☑ オンラインショップ

店名のAMAM＋のAMAMは、アイヌ語で穀物という意味。北海道の素晴らしい穀物においしいものをプラスして、さらにおいしいものを提供したい。そのために用意したのがこの小さな店舗。北海道産のスペルト小麦・牧場直送のバターを使用した、上品な食感と味わいのスコーンがおすすめ。他にも、すべて食感を変えて作ったサブレや季節のパンも人気。

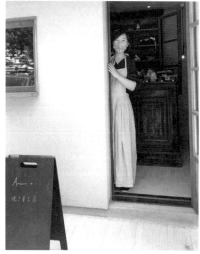
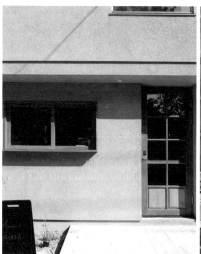
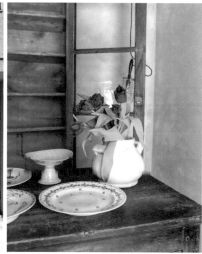

　設計：鈴木 理（SUZUKI MAKOTO ATELIER INC.）　施工.：山忠高島建設　内装デザイン：AMAM＋　家具制作者：unpluggedsapporo / 森の手　GD：紙事

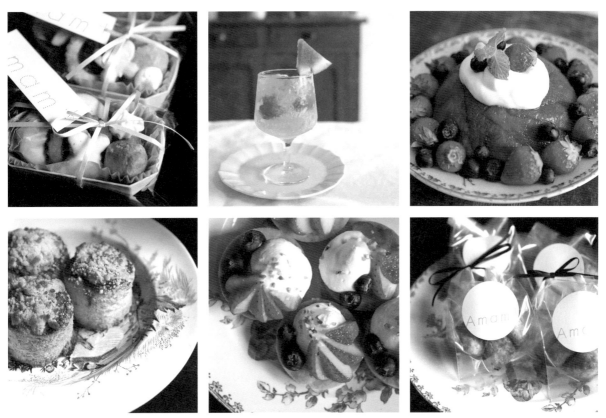

焼き菓子や詰め合わせのクッキー、冷菓など、季節に寄り添うかたちで店主の好きなものをメニューに加えている。

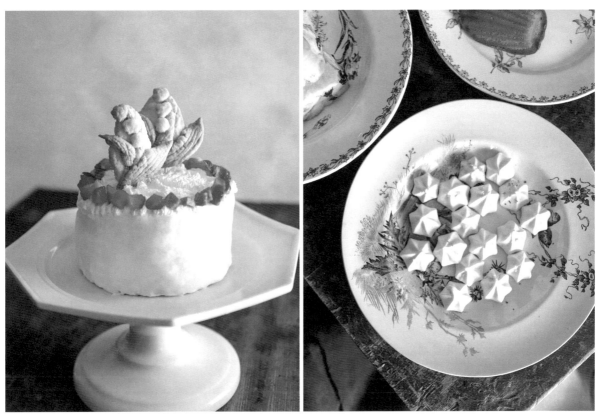

お菓子のデザインの愛らしさもAMAM＋の魅力の一つ。使用されるプレートや食器類まで、細部に見入ってしまう。

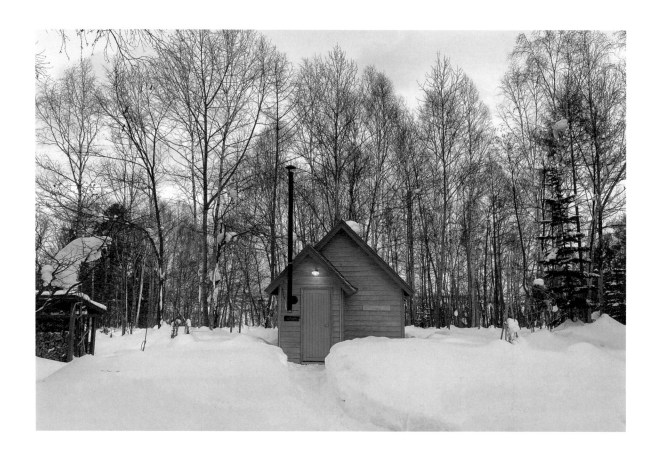

焼き菓子店 THOREAU

ヤキガシテン ソロー

北海道上川郡鷹栖町　Since 2021
URL: yakikashitenthoreau.com
Instagram: @thoreau__
E-mail: info@yakikashitenthoreau.com

☐ パン　☑ 焼き菓子　☐ ドリンク　☐ デザート
☐ プロダクト　☑ テイクアウト　☐ イートイン
☐ オンラインショップ　☑ その他（森林浴）

自ら建てた小屋でシンプルな生活を送ったH.D.ソローの著書『森の生活』を道しるべに、自然に寄り添った生き方をし、誠実にもの作りをすることを大切にしている。ソローの時代の家庭で作られていたような、季節を感じる素朴な焼き菓子を販売。ソローの思索が育まれたような、お客様が大切なものを感じる瞬間があるような、そんな場所作りを目指す。

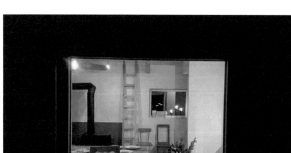

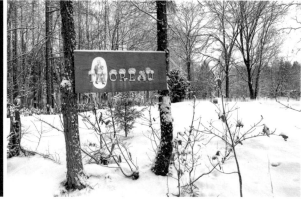

　設計, 施工：kolonihave　GD, イラストレーター：Hitomi Taba

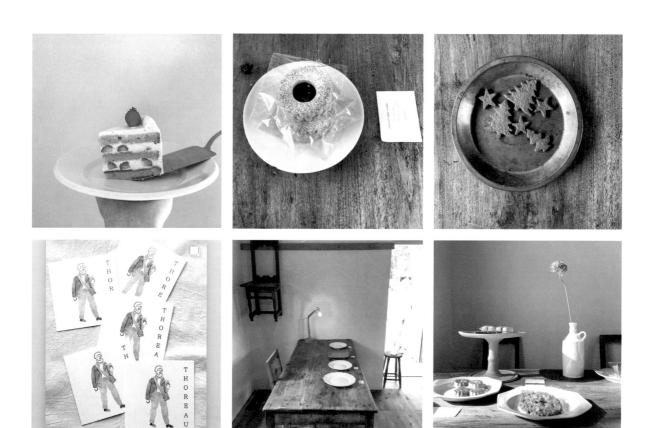

店内はヘンリー・デイヴィッド・ソローの著書『森の生活』での、ソローが暮らしていた小屋をイメージしている。
ロゴ・イラスト・ショップカードはHitomi Tabaさんに依頼。

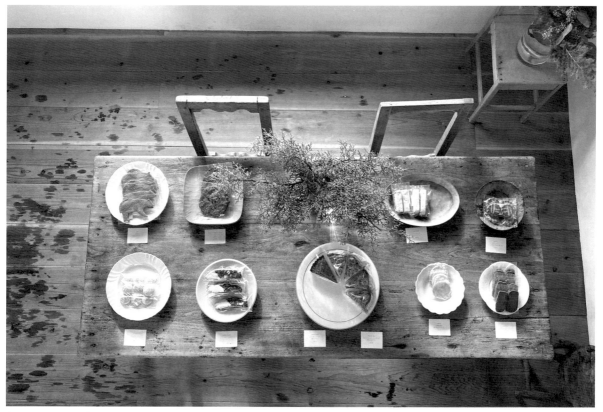

自然の陽光や動物の息づかいを感じながら工房で作り出される焼き菓子は、北海道産小麦の全粒薄力粉や道産バター、キビ砂糖など
素材はどれも身体に優しいものばかり。

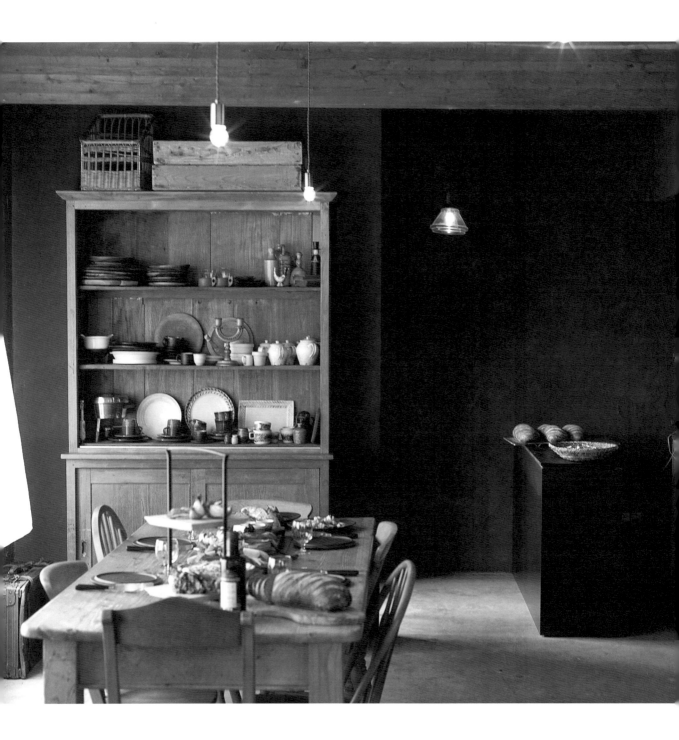

soup to BREAD

ス　プ　トゥ　ブレッド

北海道石狩市　since 2020
URL: souptobread.tumblr.com
Instagram: @souptobread
E-mail: kojijapan222@hotmail.com

☑ パン　　　☑ 焼き菓子　　☑ ドリンク　　☑ デザート
☐ プロダクト　☑ テイクアウト　☑ イートイン
☑ オンラインショップ

北海道素材×ドイツパンをコンセプトに開業。ドイツでの修行経験を基に、余計な副材は使用せず、素材本来の味・魅力を引き出す製法でパン・焼き菓子作りをデザイン。併設のカフェではドイツパンの食べ方を提案。店舗には以前から所有している家具を主に配置し、ドイツのパン屋で出会った什器を新たに再現。冬場はstollenにも力を入れている。

　設計, 施工, 内装デザイン（一部）, 家具制作者（一部）：「yomogiya」　ショップカード, 箱デザイン：早坂宣哉

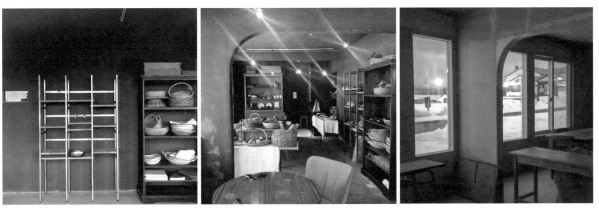

リノベーションは道内各地の建物や店舗の設計を数多く手がける大工「yomogiya」が担当。どこかヨーロッパの片田舎の雰囲気が漂う。

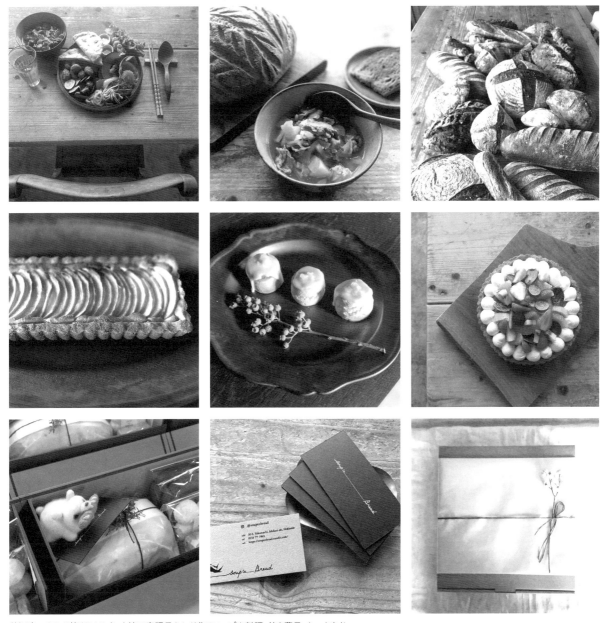

並河康二さんが焼くドイツパンと植田真理子さんが作るスープや料理、焼き菓子、ケーキなど。
クリスマスシーズンにはお菓子の詰め合わせも。食器類は主に笠間焼の陶芸家である船串篤司さん、Keicondoさんのものを好んで使っている。

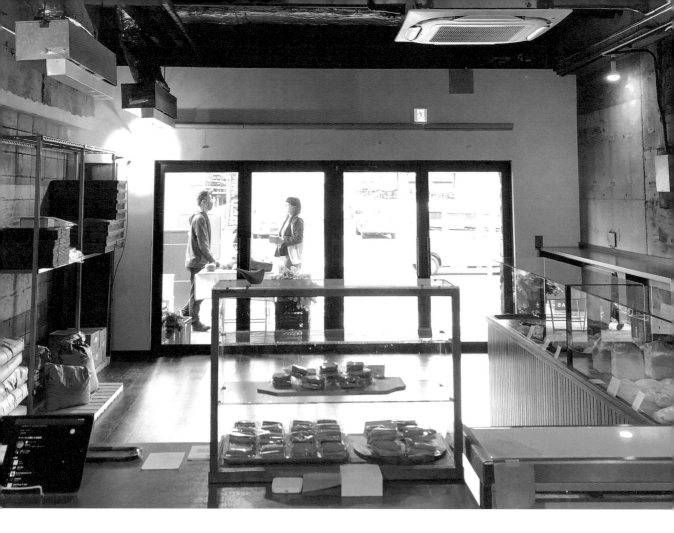

穀

Koku

岩手県盛岡市　since 2008
URL: kokubakery.stores.jp
Instagram: @kokubakery
　　　　　 @kokubakery_sweets

☑ パン　　☑ 焼き菓子　　☑ ドリンク　　☐ デザート
☐ プロダクト　　☑ テイクアウト　　☐ イートイン
☑ オンラインショップ

パン担当の夫と焼き菓子担当の妻の夫婦で営むベーカリー。小麦粉の配合や水分の増減、4種類の自家培養酵母を使い分け、それぞれのパンの個性を出すように心がけている。現在作っているパン、焼き菓子は、すべて砂糖、卵、乳製品不使用。厳格な主義があるわけではなく、自分たちが毎日食べたいものを作っていた結果、現在の形に。

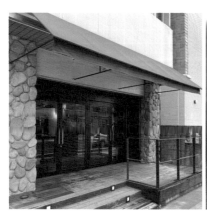
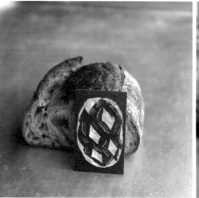
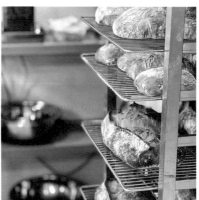

ショップカード

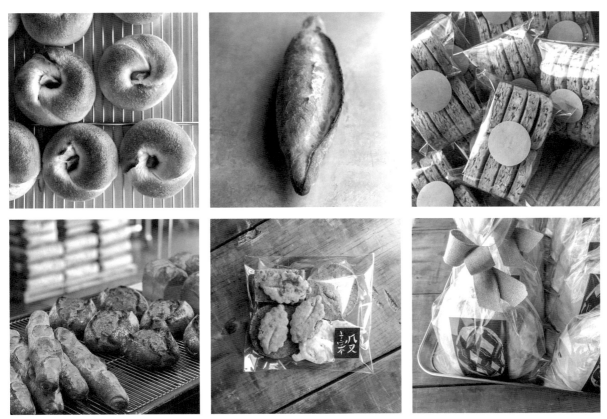

盛岡の大通りにたたずむ店。内装デザインは自分たちで決めた。打ちっぱなしのコンクリートの壁、広々とした店内は香ばしい小麦の香りに包まれている。
ベーグルや先端をすこし尖らせたバゲットは主に北海道産の小麦粉と自家培養酵母(サワードウ)を使用。

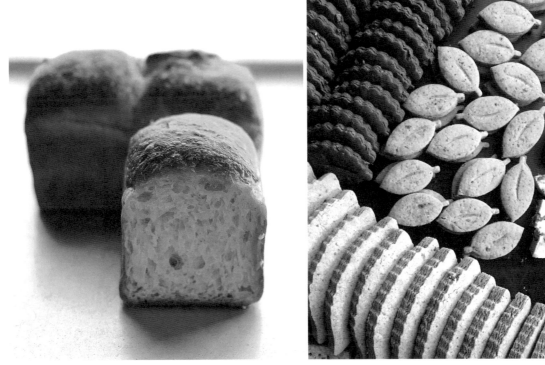

加水率が100%を超えているので、しっとりもっちり喉越しの良い食パン。小麦と酵母と塩(とモルト)。シンプルでおいしい。
色も形も楽しいリーフ型のクッキー数種はどれも卵・乳製品、ショートニング不使用。

KANEL BREAD

カネルブレッド

☑ パン ☑ 焼き菓子 ☑ ドリンク ☑ デザート
☐ プロダクト ☑ テイクアウト ☑ イートイン
☑ オンラインショップ

栃木県那須塩原市　since 2013
URL: kanelbread.jp
Facebook: @kanelbread
Instagram: @kanelbread

パン・焼き菓子はすべて国産小麦を使用。素材の持つ個性に寄り添い、身近な食材からおいしさあふれるパン作りをすることをモットーとしている。パンがお店の主役なので、店舗デザインはシンプルで自然体であることを大切にした。コーヒーと焼き立てのパンを楽しめるカフェを併設しており、地元の方から観光客の方まで幅広い世代の方が訪れる。

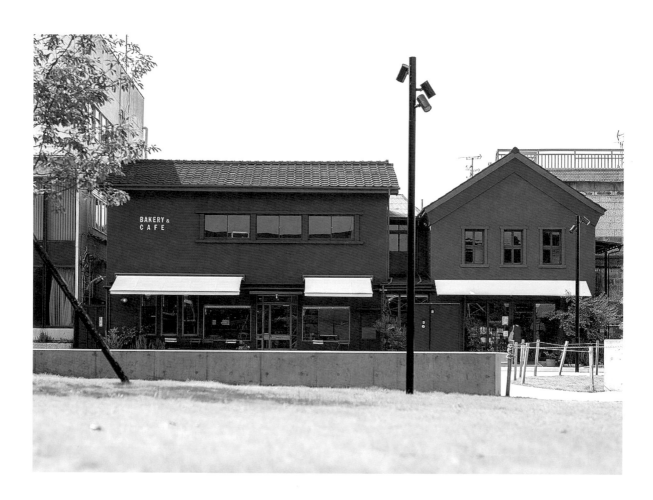

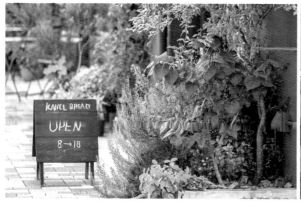

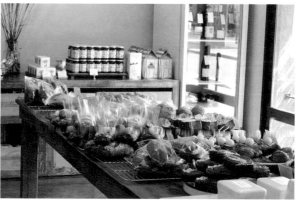

設計, 施工, 内装デザイン：高野建設 / 生活考案室　家具制作者：ROOMS / 吉田商店　GD：細山田デザイン事務所 / アカオニ

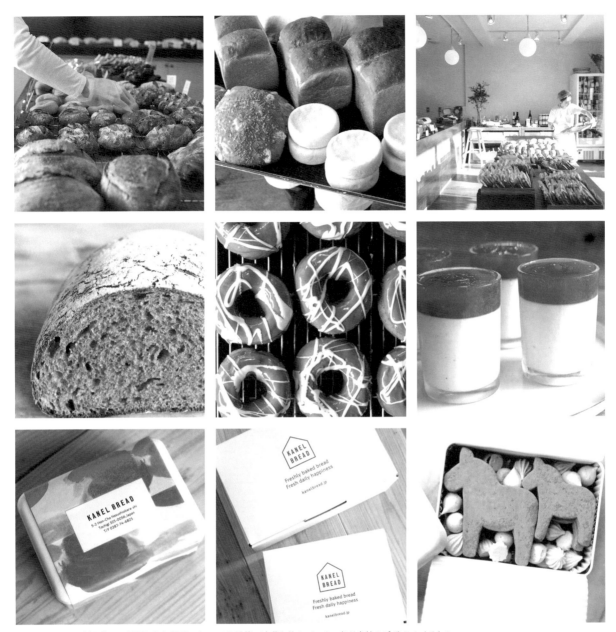

パンだけではなく、焼き菓子の種類も多く、併設のカフェでは季節の冷菓も並ぶ。クッキー缶は自社のデザインによるもの。

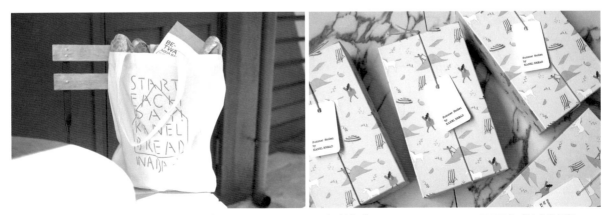

左）脱プラスチックへの小さな一歩としてオーナー自らデザインしたオリジナルエコバッグを制作。『START EACH DAY! KANEL BREAD』の描き文字が楽しい。
右）細山田デザイン事務所に依頼したラッピングのシュトーレン。

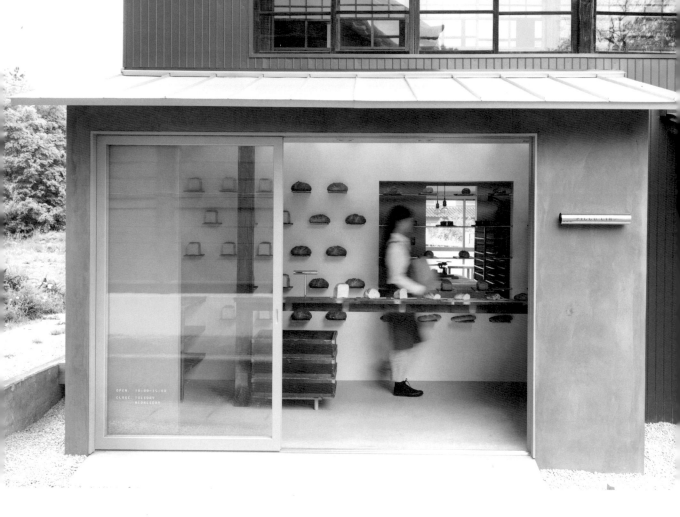

PICCO LINO

ピッコリーノ

群馬県高崎市　since 2016
URL: www.piccolino-pan.com
Facebook: @piccolinopan
Instagram: @piccolino_yamana
E-mail: info@piccolino-pan.com

☑ パン　　☑ 焼き菓子　　☐ ドリンク　　☐ デザート
☐ プロダクト　　☑ テイクアウト　　☐ イートイン
☑ オンラインショップ

安産や子育ての宮として知られる山名八幡宮の境内で、赤ちゃんから大人まで安心して食べられる無添加のパンを製造販売している。お店を代表する食パン「No.1」の原材料は、国産小麦、ホシノ天然酵母、水、岩塩のみ。素材の味を引き出すため長時間低温発酵させた生地で作られた食パンは、気泡が少なく高密度でもっちりとした食感を楽しめる。

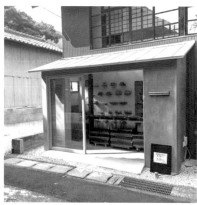
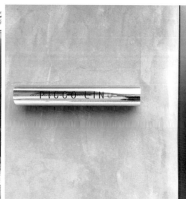
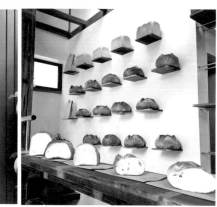

　設計, 内装デザイン：飯山千里（飯山千里建築設計事務所）　施工：小山建築　内装デザイン, GD：加藤智啓（EDING:POST）

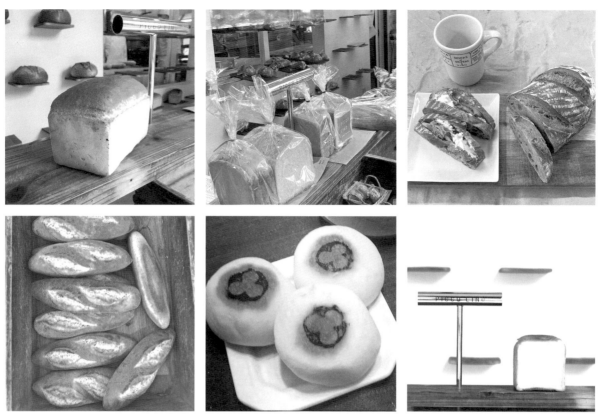

砂糖も卵も油脂も不使用のシンプルな素材だけで作られたパンが人気。壁や梁のような棚にパンがディスプレイされている。

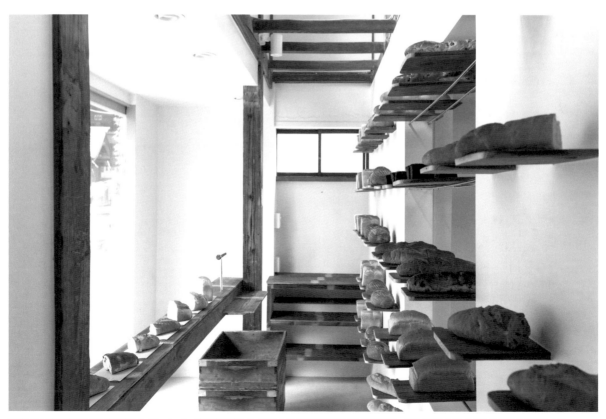

50年以上前に建てられた空き家をリノベーション。壁が白に塗られ、既存の梁が浮き出て見えるようになり、2階の床をなくしたことで、明るく、風通しも良い。まるでギャラリーのよう。

ヤマワラウ

YAMAWARAU

群馬県高崎市　Since 2015
Instagram: @yama_warau

☐ パン　　☑ 焼き菓子　　☑ ドリンク　　☐ デザート
☐ プロダクト　　☑ テイクアウト　　☐ イートイン
☑ オンラインショップ

住宅街にひっそりたたずむ小さなベイクショップ。季節の果物を使ったジャムや自家製あんこなどのフィリングを合わせたマフィンを中心に、スコーンなども人気。古い長屋の一軒をリノベーションした店内は淡いブルーグレーのイメージカラーと所々にある真鍮をアクセントに、ディスプレイは余白を大事にシンプルな心地よさを心がけている。

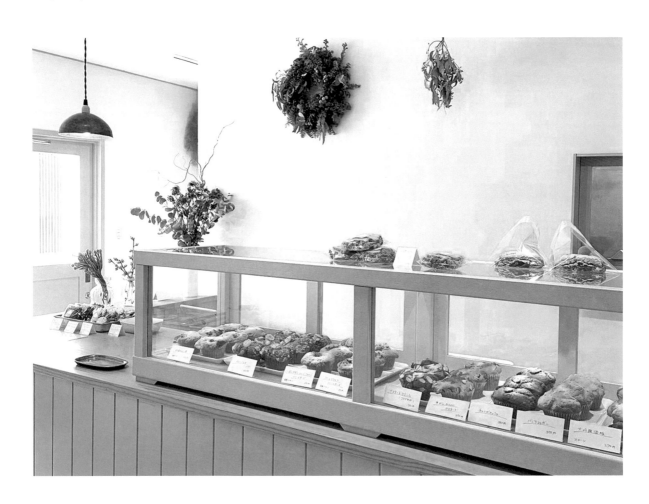

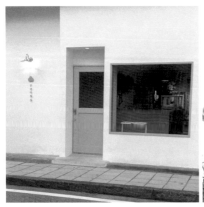

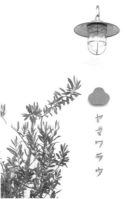

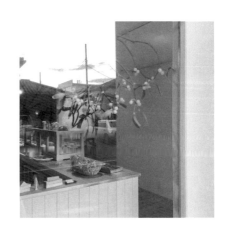

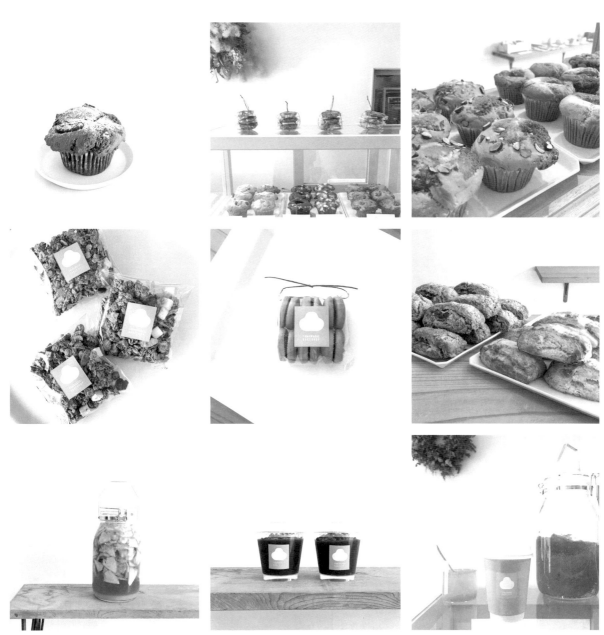

マフィン以外にも季節のお菓子やコーヒー、自家製シロップドリンクなどが人気。店主が集めた小物や家具のディスプレイが、店舗全体の雰囲気をかたち作っている。

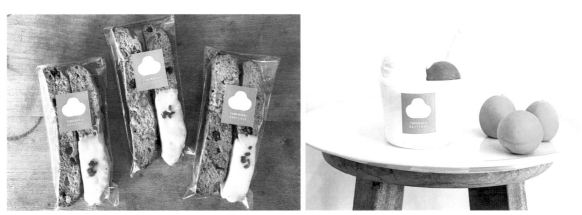

淡いブルーグレーに山笑うの「山」をモチーフにしたロゴマークが内装のテーマカラーと相まっている。

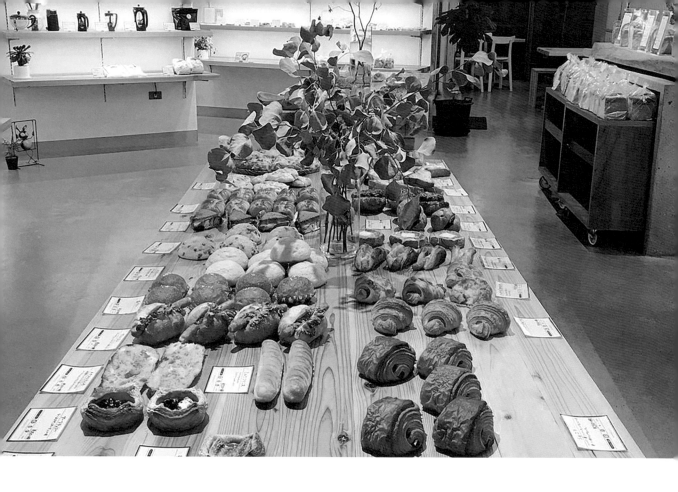

WANDERLUST

ヴァンダラスト

群馬県太田市　since 1976
URL: wdlst1976.com
Facebook: @wdlst1976
Instagram: @wdlst1976
E-mail: info@wdlst1976.com

☑ パン　　☑ 焼き菓子　　☑ ドリンク　　☑ デザート
☑ プロダクト　　☑ テイクアウト　　☑ イートイン
☑ オンラインショップ　　☑ その他（イベント開催）

両親が営んでいた老舗のパン屋を、二代目の息子さんが"公園みたいなパン屋"にリニューアル。一押しは毎日5種類焼いている個性豊かな食パン。併設のカフェでは花や緑があふれる庭を眺めながらモーニングなどのカフェメニューを楽しめる。パンのあるライフスタイルを提案し、ワークショップや音楽会、寄席などのイベントも開催している。

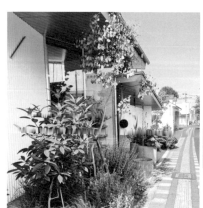
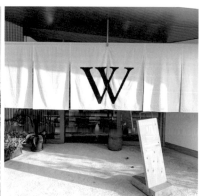
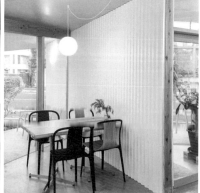

　設計, 内装デザイン：スタジオシナプス　施工：安松託建　家具制作者：堀田家具製作所　GD：マニアッカーズデザイン　イラストレーター：Mami Sato

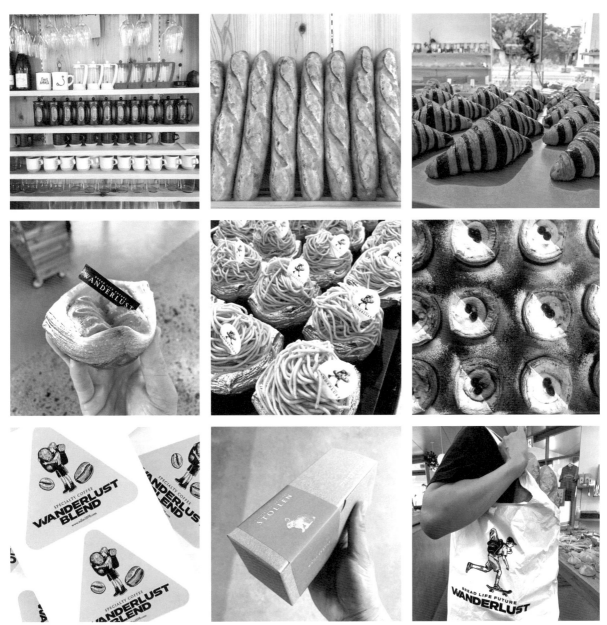

ロゴに使用されているイラストは世界中のおいしいパンや食材を求めて旅する男の子がテーマ。パッケージやステッカー、エコバッグなどに使用。

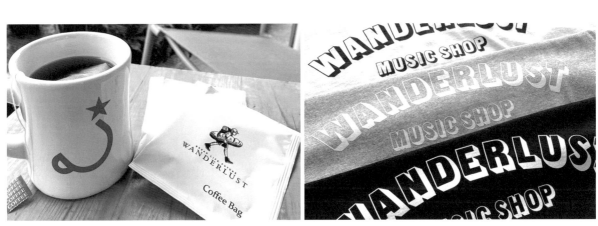

左）創作珈琲工房くれあーる監修のヴァンダラストオリジナルCoffee bag。　右）スタッフTシャツはJAZZY SPORT にて制作。

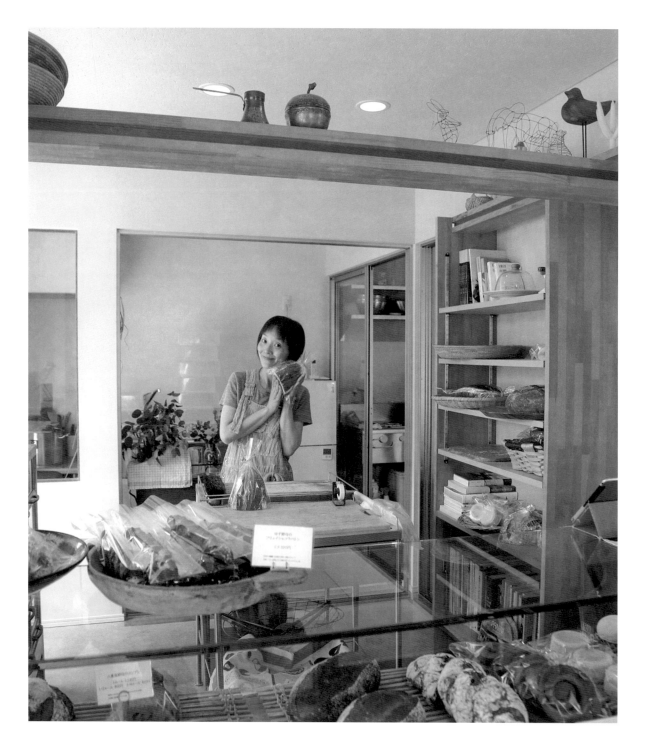

畑のコウボパン タロー屋

Taroya

埼玉県さいたま市浦和区　since 2007（現店舗は2013年〜）
URL: www.taroya.com
Facebook: @畑のコウボパン-タロー屋-114149968721552
Instagram: @taro__ya
E-mail: info@taroya.com

☑ パン　　　□ 焼き菓子　　　□ ドリンク　　　□ デザート
□ プロダクト　　☑ テイクアウト　　□ イートイン
☑ オンラインショップ

さくら餅のような風味が噛むほどにおいしい八重桜酵母コンプレ、金木犀が香るリュスティック、ゆず酵母のシュトーレンなど、工房敷地前の庭と小さな畑、身近な環境でとれる四季折々の恵みから酵母を培養し、季節が香るパンを作っている。店主の前歴はデザイン業でパン作りは独学。お店のある住宅地の中で浮かぬよう、大袈裟なサインなどは掲げていない。

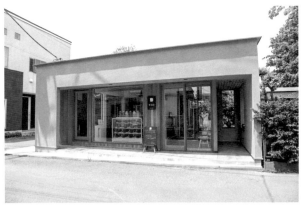
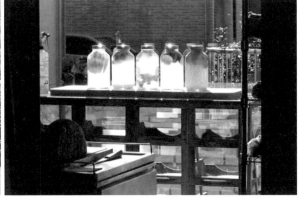

2013年、旧タロー屋工房の向かいに新店舗をオープン。敷地内に新たに畑を作った。光を浴びて輝く酵母瓶を店頭にディスプレイ。

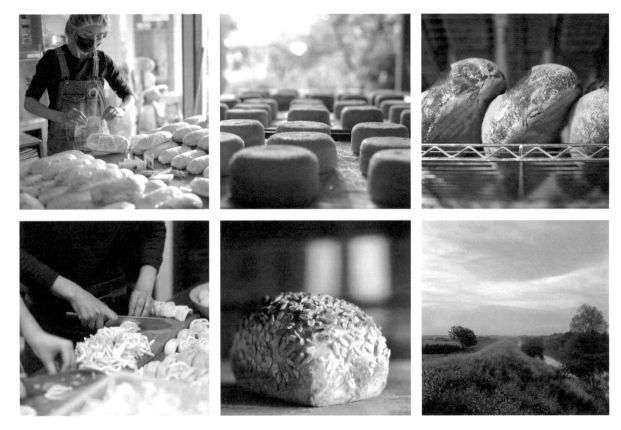

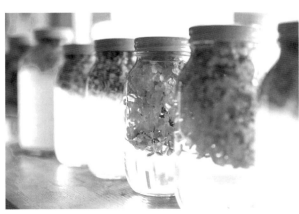
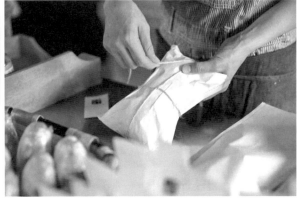

苺酵母、レモン酵母、八重桜酵母などを使用して四季折々のパンを作っている。

オヤツと珈琲 ひだまり商店
OYATSU TO COFFEE HIDAMARISHOUTEN

☑ パン ☑ 焼き菓子 ☑ ドリンク ☑ デザート
☑ プロダクト ☑ テイクアウト ☑ イートイン
☑ オンラインショップ

埼玉県さいたま市　Since 2011
Instagram: @hidamarishouten

日溜りのように、なにげない場所・なにげないオヤツ。平飼い卵や埼玉産無漂白小麦粉、きび砂糖など大切な材料で、ココロを込められる分だけ、毎日ホッコリやさしい味のオヤツを焼いている。なにも経験がないなか、この場所にただただ惹かれるようにオープンした。今日もおやつの時間が温かく穏やかな気持ちに包まれますように。

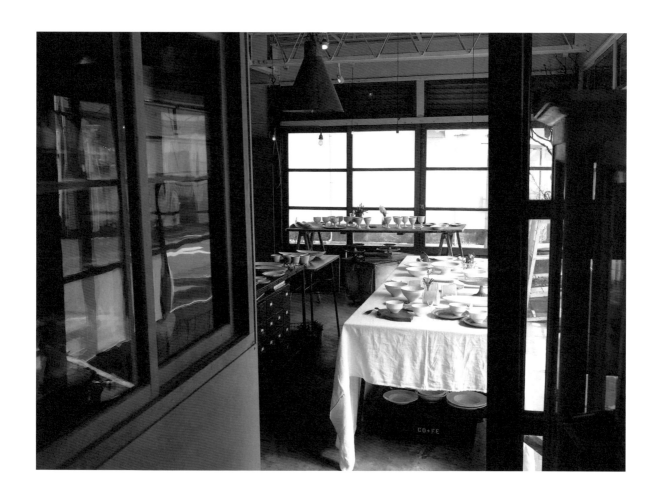

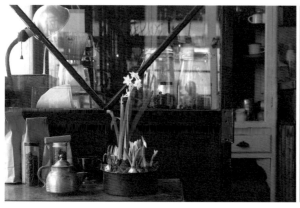

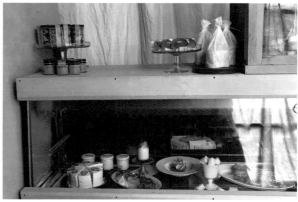

　施工, 家具制作者：：co+fe　内装デザイン：note:　内装デザイン, GD, イラストレーター：いてのまみ

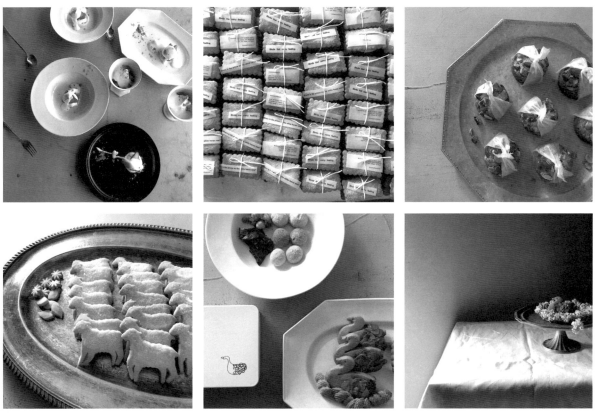

お菓子のフォルムもどこか温かみが感じられる。右上のアルミプレートは「CO+FE」によるもの。
店内の机や椅子、ショーケース、カッティングボードまでインテリアにまつわるものをnote: と共にに担当。

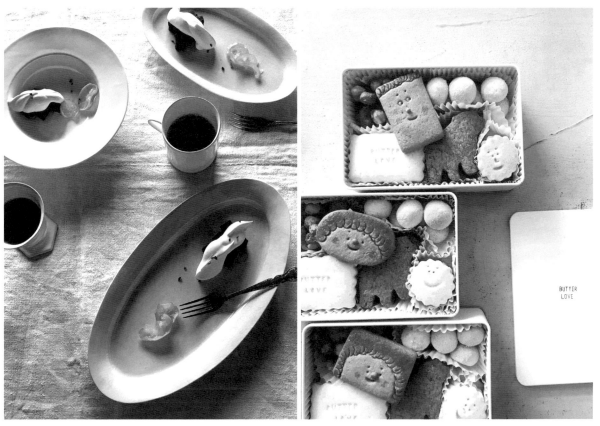

右は日溜缶「BUTTER LOVE」。いろんな人、おひさま、くま3兄弟、ポケットの中のビスケット、コロコロ胡桃などお菓子の名前も愛らしい。

cimai

シマイ

埼玉県幸手市　since 2008
URL: www.cimai.info
Instagram: @cimaipain

☑ パン　　　　☑ 焼き菓子　　□ ドリンク　　　☑ デザート
☑ プロダクト　☑ テイクアウト　☑ イートイン
☑ オンラインショップ　☑ その他（ヨガ教室など）

天然酵母のパンを焼く姉と、イーストのパンを焼く妹の姉妹で営むベーカリー。安心安全の食材や季節の食材を使って作られたパンはフランスのアンティーク家具に並べられる。衣食住をコンセプトにし、店舗の2階では定期的にヨガ教室など、身体にまつわる教室を開催。パンにまつわるオリジナルプロダクトなども提案している。

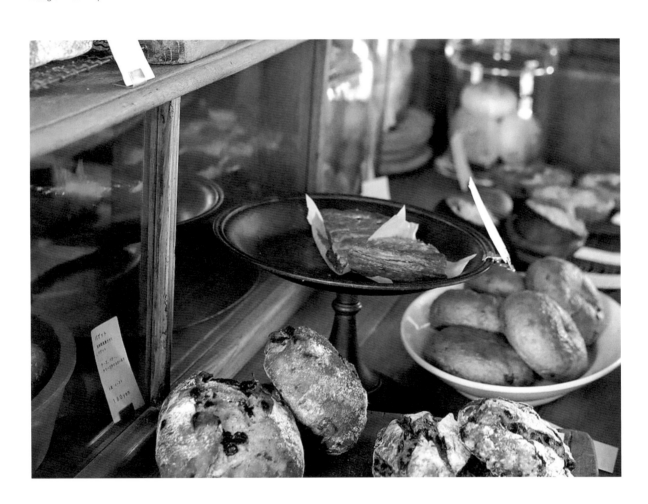

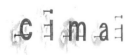

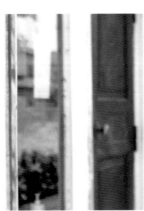

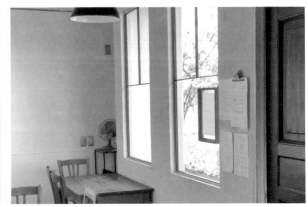

　設計, 施工, 内装デザイン：野村設計事務所　内装デザイン：cimai　家具制作者：フランスアンティーク　GD：soe

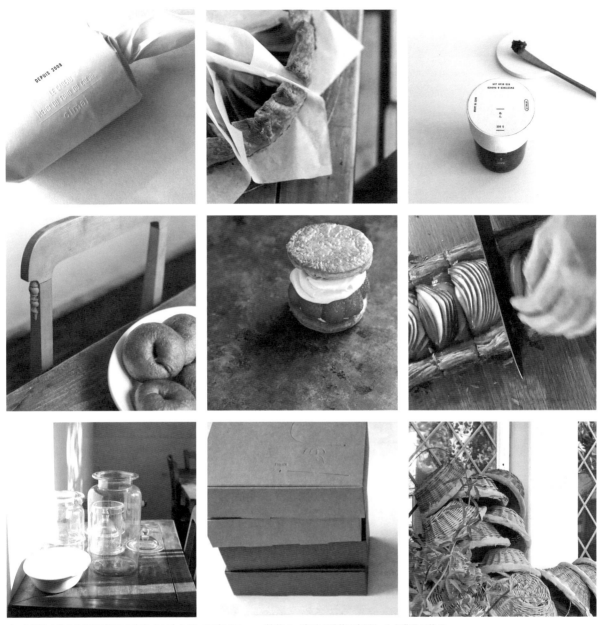

ゆったりとした静かな時間が流れる店内。りんごパイやいちごミルフィーユ、抹茶ベーグルなど季節に寄り添ったお菓子が並ぶ。

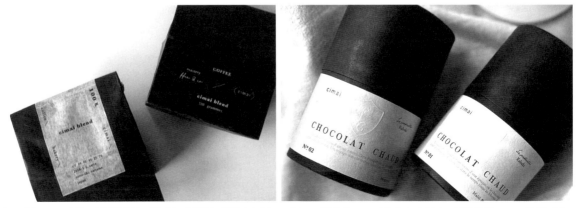

左）パンに合うコーヒー2種　右）「蕪木」に オリジナルを発注して制作されたショコラショー（飲むチョコレート）。ラベルにはcimaiの紋章が一つ一つ手押しされ、中の小さなカードにはショコラショーの作り方が書かれている。

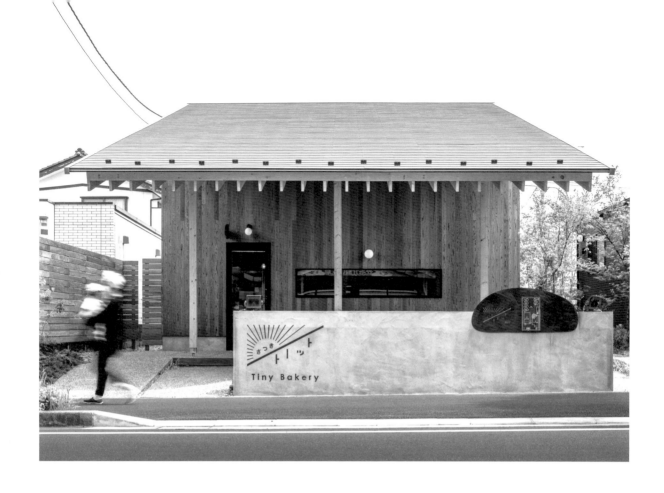

Tiny Bakery トイットさつき

タイニーベーカリー トイットサツキ

☑ パン　　　☑ 焼き菓子　　☑ ドリンク　　□ デザート
□ プロダクト　☑ テイクアウト　☑ イートイン
□ オンラインショップ

千葉県千葉市花見川区　since 2021
URL: takusho.co.jp/toit
Instagram: @toit_satsuki_bakery

千葉県を中心に宅地開発を行うデベロッパーが運営するベーカリー。シンボルの三角屋根は広く伸びた軒天が印象的。おすすめはパン職人とイタリアンのシェフが手がける本格的な料理をサンドしたオリジナルパン。併設する平屋のイートインスペースはモデルハウスも兼ねており、広々としたリビングや土間スペースでくつろぎながらパンを味わえる。

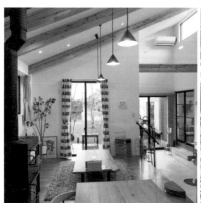 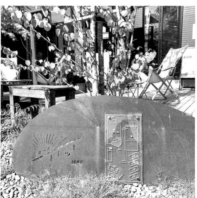 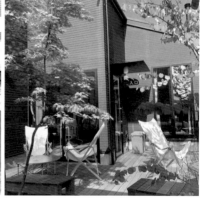

設計：拓匠開発／上領大祐建築設計事務所／ホシガラス一級建築士事務所／庭蝉　施工：星工務店　設計, GD：シロアナ　GD：諸橋拓実

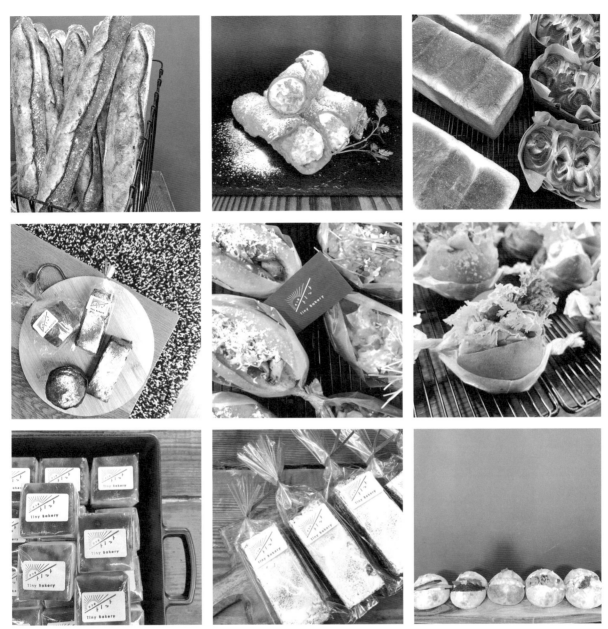

店舗のサイン計画は美術家／デザイナー諸橋拓実氏によるもの。ショップカードやパッケージ類もVIをそろえている。

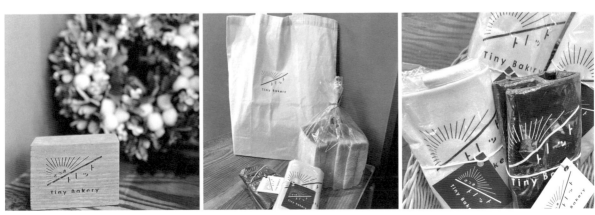

木のオブジェとオリジナルエコバッグ2種。白色と黒色がある。

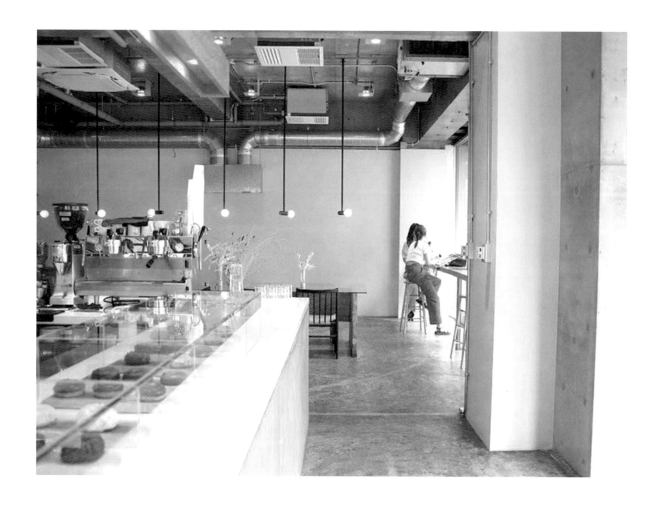

hocus pocus

ホーカスポーカス

東京都千代田区　since 2017
URL: hocuspocus.jp
Facebook: @HocusPocus
Instagram: @hocuspocus _donuts
E-mail: info@hocuspocus.jp

☐ パン　　☑ 焼き菓子　　☑ ドリンク　　☐ デザート
☐ プロダクト　　☑ テイクアウト　　☑ イートイン
☐ オンラインショップ

ホーカスポーカスは魔法の言葉。お菓子に、そして食べた人の心に掛かるおいしく豊かな魔法。伝統的な製法と不思議な技術で仕上げられたお菓子。「揚げ」、「焼き」、「蒸し」製法を問わず、ケーキのようなドーナツを中心にハンドポータブルなお菓子を取り揃える。あらゆる年代の方に好んでいただけるよう、素材の持つ魅力や、食感、風味を大切にしている。

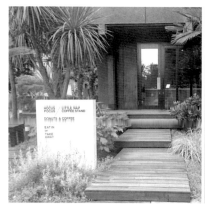
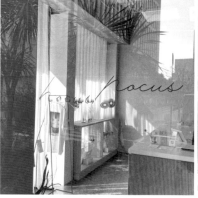
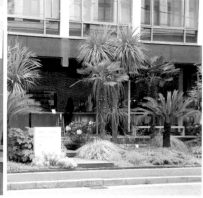

　クリエイティブディレクション：山室瑠衣（Les toiles.rui）　アートディレクション：市東 基（Sitoh inc.）

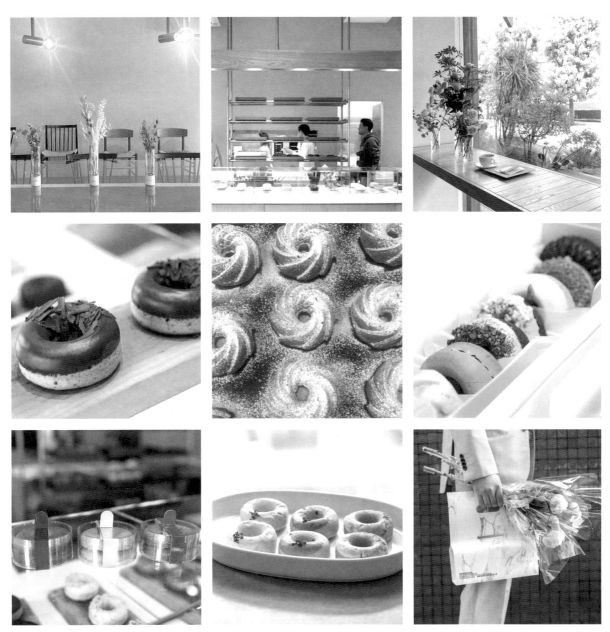

永田町からすぐの平河町にある堅牢なビルの一階の店舗。 緑豊かなエントランスを抜けると光が明るく差し込む気持ちの良い空間が広がる。
ドーナッツはガラスケースにまるで宝石のようにディスプレイされている。

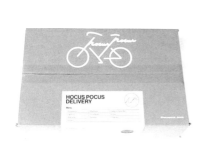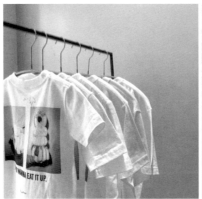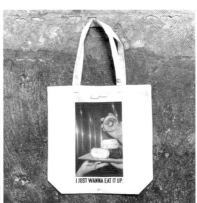

自転車のグラフィックがかわいらしいデリバリーボックスは市東 基氏がデザインを担当。
skin×hocus pocusのコラボレーションTシャツやhocus pocusのドーナッツが転写されたエコバッグも販売している。

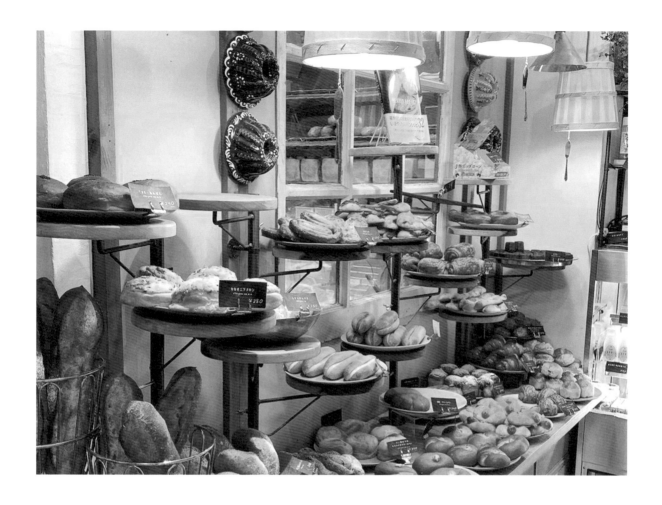

BEAVER BREAD

ビーバーブレッド

東京都中央区　since 2017
Facebook: @beaver.bread
Instagram: @beaver.bread
E-mail: beaverbread1121@gmail.com

☑ パン　　☑ 焼き菓子　　☐ ドリンク　　☐ デザート
☐ プロダクト　☑ テイクアウト　　☐ イートイン
☐ オンラインショップ

看板代わりのスコップと、コンクリートの壁にいるビーバーが目印の「まちのパン屋さん」。店主は、銀座の有名ブーランジェリーでキャリアを積んだシェフ。3坪の小さなお店の中には、地元の人の毎日にかかせないパンドミをはじめ、定番の菓子パンからハード系のパン、遊び心満載の惣菜パンまで約80種が並んでいる。

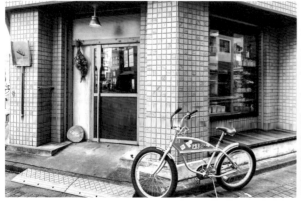

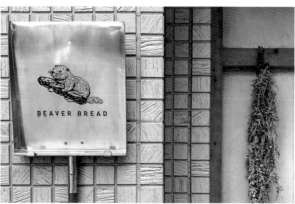

　設計：PIT STOCK　内装デザイン, 施工：Pack Rat Works　家具：槙塚鉄工所　GD：IORI DOI Design

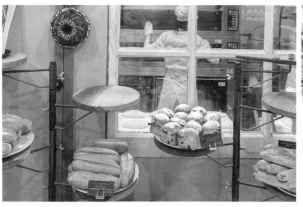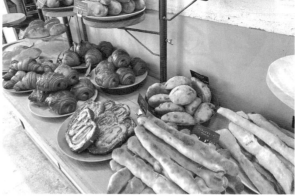

ディスプレイの什器などは槇塚鉄工所に依頼。店内はお客様がパンを取る販売形式のため、楽しく、見やすくパンを配置するよう心がけた。

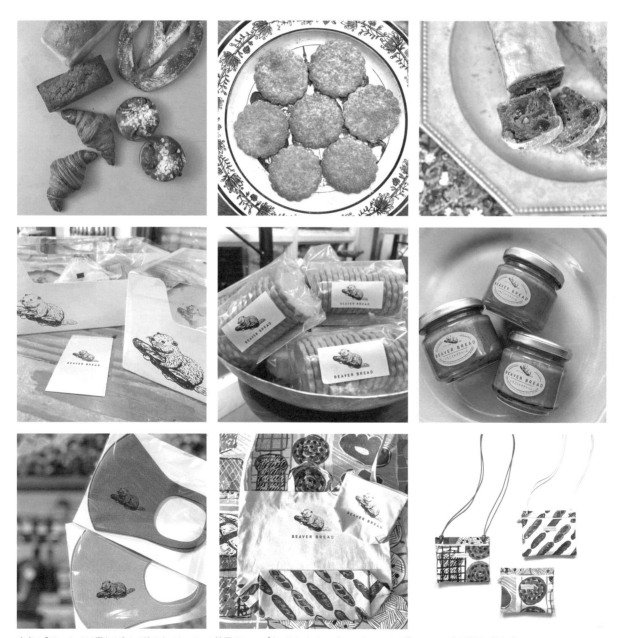

店名の「ビーバー」は響きの良さで決めた。ビーバーの線画がショップカードやパッケージ、マスク、エコバッグ、サコッシュなど随所に散りばめられている。

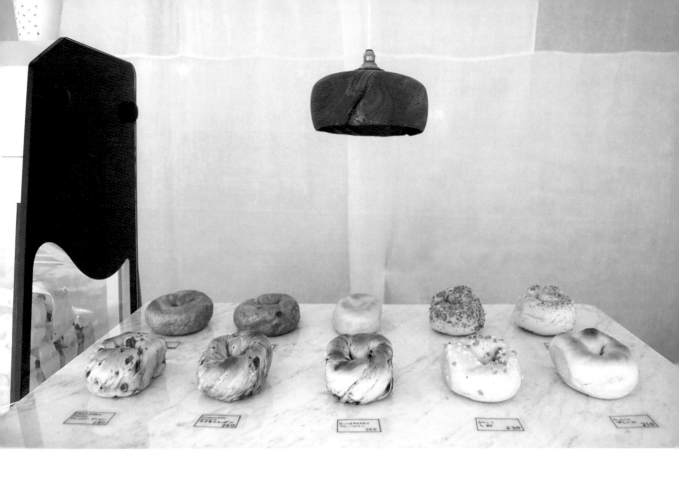

TANUKI APPETIZING

タヌキ・アペタイジング

東京都中央区　since 2016
URL: www.tanukiappetizing.com
Instagram: @tanukiappetizing
E-mail: info@tanukiappetizing.com

☑ パン　　☑ 焼き菓子　　☑ ドリンク　　☐ デザート
☐ プロダクト　　☑ テイクアウト　　☐ イートイン
☐ オンラインショップ

NYスタイルのベーグルをベースに、定番商品からユニークな食材を使った商品まで多種多様なサンドを体験できるベーグル専門店。食べる前から「また来よう」と思ってもらえるような驚きのある商品ラインナップや記憶に残る接客を大事にしている。ショーケースに並ぶ色とりどりのベーグルサンドが映えるよう店舗は白を基調としたシンプルなデザイン。

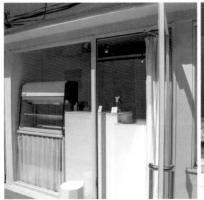
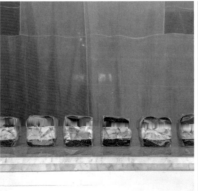
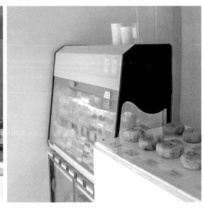

　内装デザイン：主にDIY　GD：飯島征士　イラストレーター：織山 朋

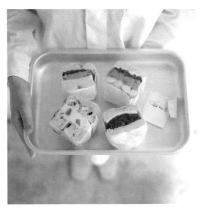

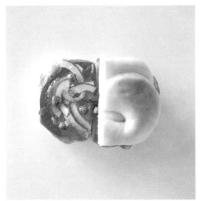

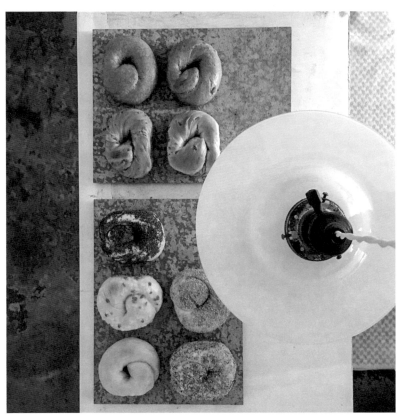

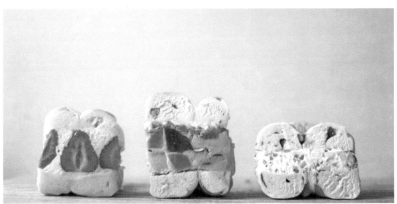

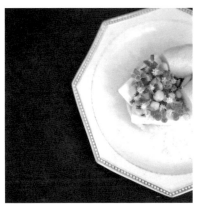

ショップは下町住宅の象徴とも言える長屋をリノベーション。店内には断面が美しい色とりどりのベーグルサンドが並んでいる。
一番のこだわりはベーグルと具材の組み合わせとその比率。断面がグラフィカルなベーグルサンドはアート作品にも見える。

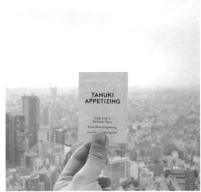

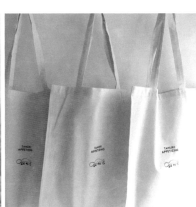

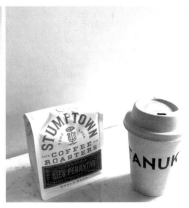

ショップのロゴは飯島征士氏によるもの。シンプルに書体を生かしたものでショップカードやエコバッグなどに使用されている。

シヅカ洋菓子店　自然菓子研究所
SHIZUKA Patisserie NATURAL SWEETS LABORATORY

☐ パン　　☑ 焼き菓子　　☐ ドリンク　　☑ デザート
☑ プロダクト　　☑ テイクアウト　　☐ イートイン
☑ オンラインショップ

東京都港区　Since 2021
URL: shizuka-labo.jp
Instagram: @shizukalabo
E-mail: info@shizuka-labo.jp

地球環境への負荷が小さいサステナブルな栽培方法で収穫された原料を極力使用し、自然環境に配慮した包材を使用した洋菓子店。素朴でありながらも混ざりけのない原料本来の旨味を引き出し、原料そのものの優しい色合いと焼き色の美しさを表現。シヅカはその自然と調和した優しいお菓子、自然を合わせた「しあわせ（合合わせ）のお菓子」を日々研究している。

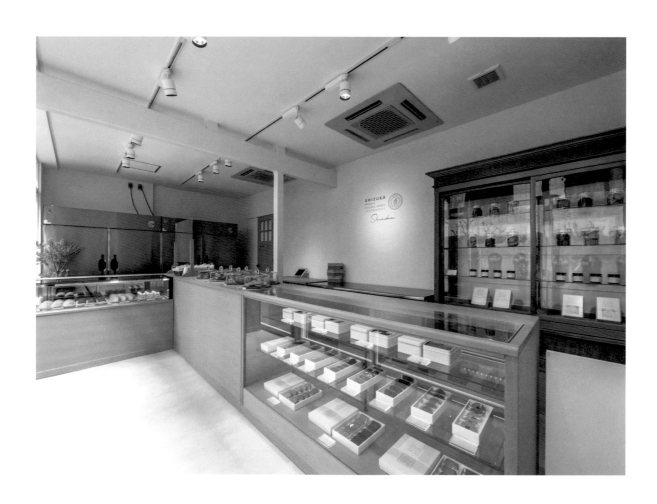

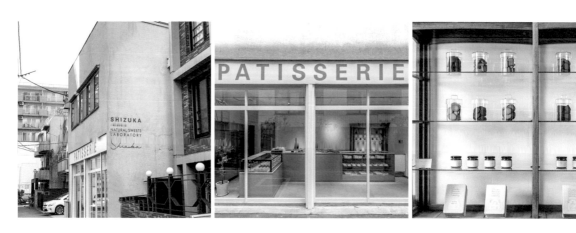

　設計，施工：中村亮仁／関 美結希（3×8 labo）　内装デザイン，GD：栗原代奈（シヅカ洋菓子店　自然菓子研究所）　家具制作者：神藤 修（椚山工房）

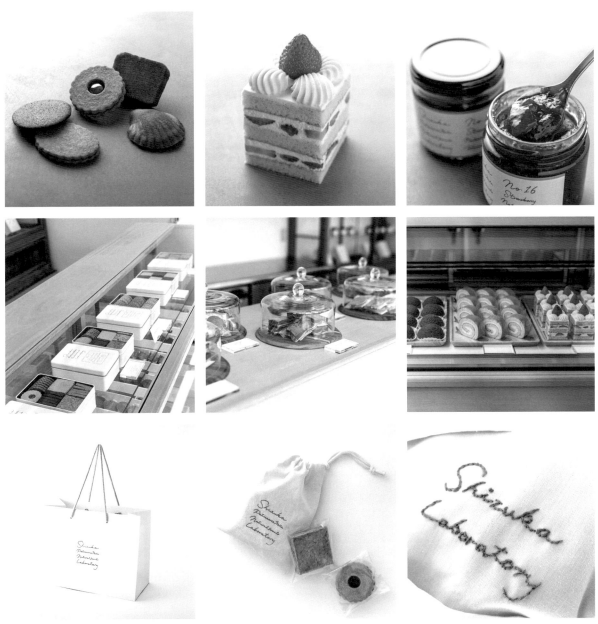

店内は余計な装飾がなく凛としたたたずまい。木皿とガラスのドームに陳列された商品が白木の棚にきちんと並べられている。
下段はプチギフト用パッケージとして喜ばれる小さな巾着。

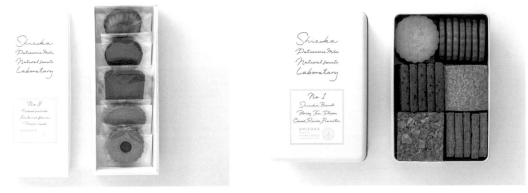

人気の白いクッキー缶はカリグラフィーのブランドロゴときわめてシンプル。

MORETHAN BAKERY

モアザン ベーカリー

☑ パン   ☑ 焼き菓子   ☑ ドリンク   ☐ デザート
☐ プロダクト   ☑ テイクアウト   ☑ イートイン
☑ オンラインショップ

東京都新宿区   since 2018
URL: mothersgroup.jp
Instagram: @morethan_bakery
E-mail: morethanbakery@mothersgroup.jp

新宿中央公園沿いにあるレンガ造りのホテルの一角にあり、店内はアメリカンヴィンテージをイメージ。カンパーニュやベーグルなど日常の食卓に寄り添うパンが多く、宿泊者だけでなく地元の人にも愛されている。注文されてから作るホットサンドも人気。日曜日はヴィーガンのパンだけが揃う「SUNDAY VEGAN」を実施している。

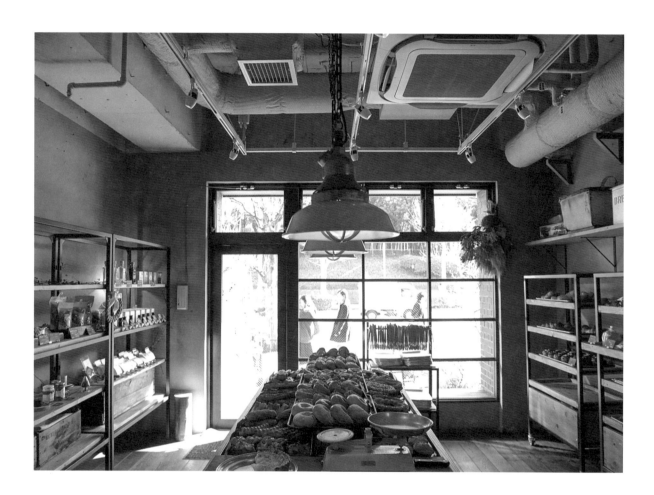

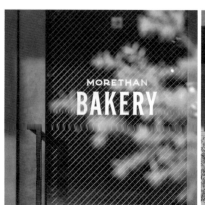
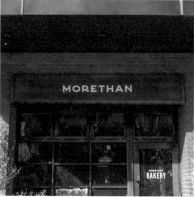
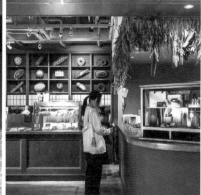

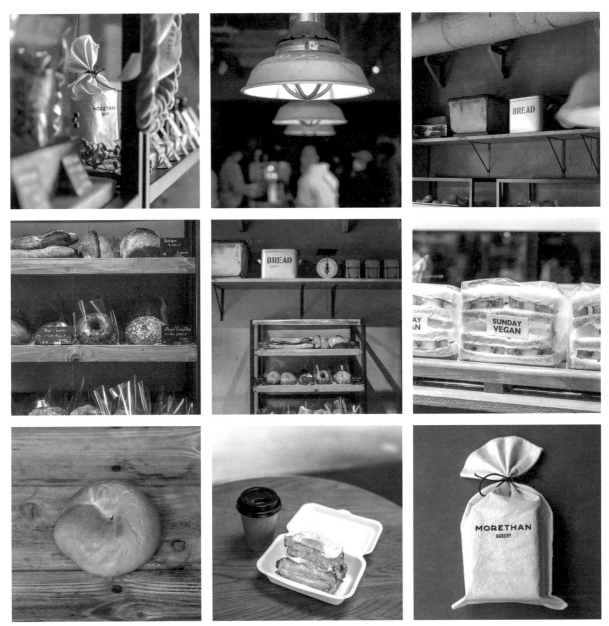

家具・什器のデザイン、製作は空間やプロダクトをプロデュースする事業を行うチーム「LAND」。
外観はレンガ造り、内装はスタイリッシュなヴィンテージでN.Y.のブルックリンを彷彿とさせる。

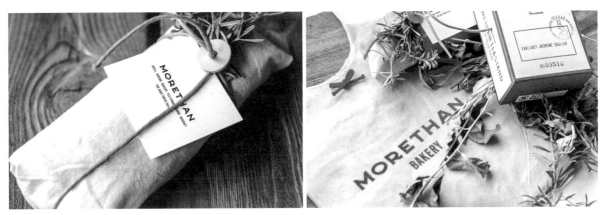

クリスマスシーズンにはヴィーガン仕立てのシュトーレンも。オリジナルバッグと紅茶とセットにしてギフトとして販売。

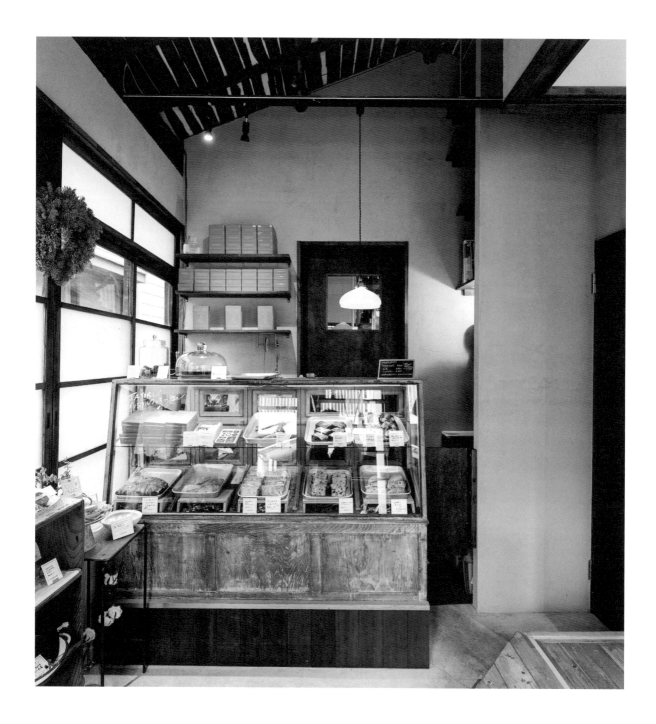

TAYORI BAKE

タヨリ バイク

東京都文京区　since 2019
URL: tayori.info
Facebook:@tayori__bake
Instagram: @tayori__bake
E-mail: post@tayori.info

☐ パン　　☑ 焼き菓子　　☐ ドリンク　　☑ デザート
☑ プロダクト　　☑ テイクアウト　　☐ イートイン
☑ オンラインショップ

建物は姉妹店「TAYORI」の大家さんが所持していた空き家で、建物の活用と地域に開けた場所にしてほしいとの大家さんの要望があり、まちの人の生活に寄り添えるお菓子屋さんを目指した。店内は正面より陳列する商品がひと目で分かるような什器配置にしている。外には大きなデッキがあるので、共有テラスのような空間となっている。

　設計, 内装デザイン：HAGISTUDIO INC　施工：寺井工務店　GD：ローボート

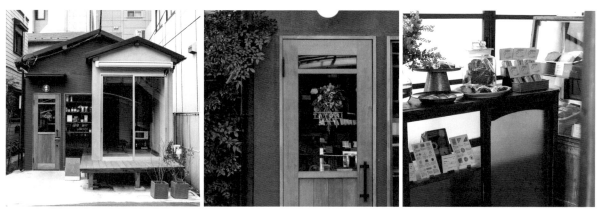

住宅街にたたずむたった5坪の菓子工房だが近所の人たちに愛され、人気店となった。設計・内装デザインは東京・谷中のHAGI STUDIO。

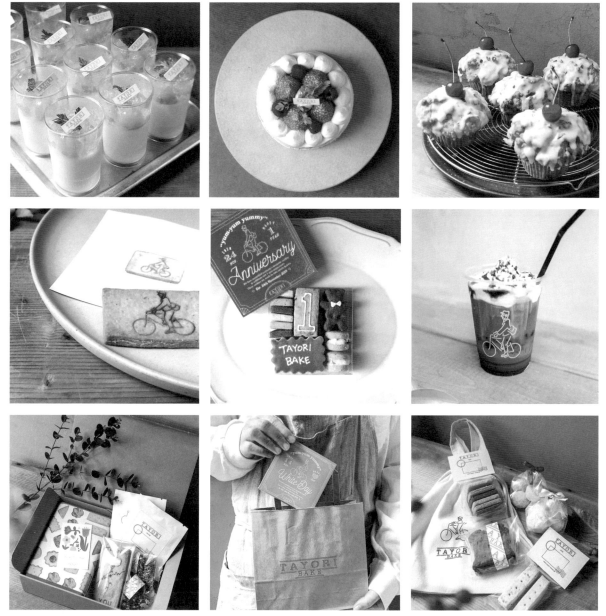

季節に寄り添った内容の焼き菓子や洋菓子、冷菓を提供している。下段左は父の日限定のギフトBOX。(限定品など通年販売していない商品も含む)
カード類やショッパー、エコバッグなど、オリジナルのグラフィックツールはデザインスタジオ、ローボートによるもの。

菓子工房 ルスルス
KASHIKOUBOU RUSURUSU

東京都台東区　Since 2012
URL:rusurusu.com
Facebook:@kasikoubourusurusu
Instagram: @rusurusu_
E-mail:info@rusurusu.com

☐ パン	☑ 焼き菓子	☐ ドリンク	☐ デザート

☐ パン　　☑ 焼き菓子　　☐ ドリンク　　☐ デザート
☐ プロダクト　　☑ テイクアウト　　☐ イートイン
☑ オンラインショップ　　☑ その他（お菓子教室）

コンセプトは「あたりまえのことを丁寧に」。シンプルな素材と、正確な製法で、お菓子の完成度を高めている。素材そのものの味を活かすように手作りでていねいに作っている。店舗は日本舞踊のお稽古場だった物件を改装。古家具屋さんで見つけた古いガラス建具を中心に、木の質感と漆喰壁の落ち着いた空間。

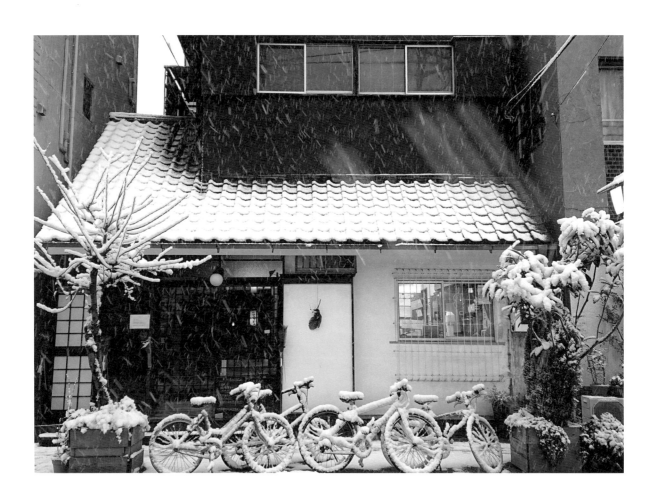

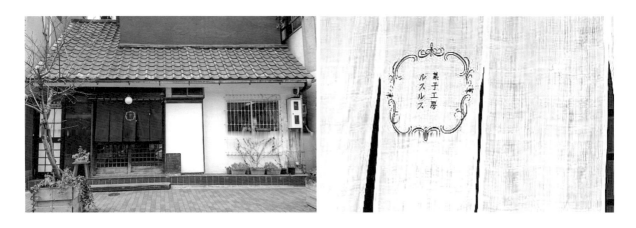

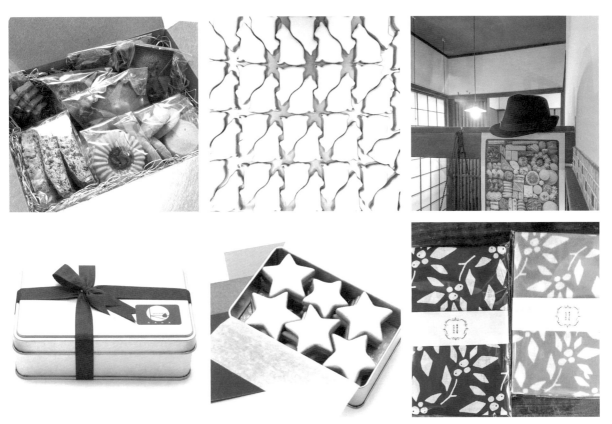

左頁）下町らしい趣のある店舗。築50年超の古民家をリノベーションして造られた。
下段中は人気の夜空缶。同梱された折り紙に小さな星をのせると、夜空が出現する。夏季には浅草店限定のオリジナルの手ぬぐいも販売された。

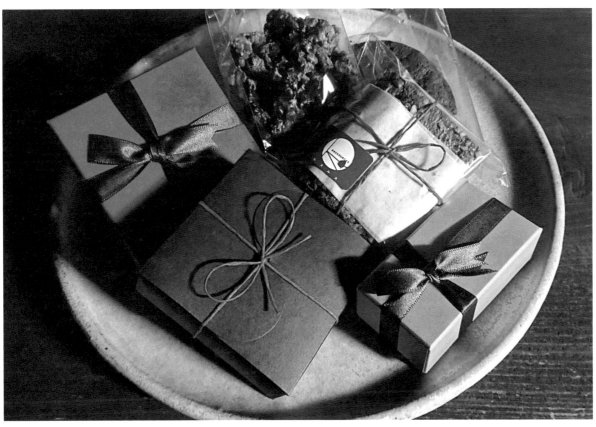

イベント時には特別なラッピングも。告知は各SNSで発信している。

atelier de florentina

アトリエ ド フロレンティーナ

東京都台東区　Since 2010
URL: atelierdeflorentina.com
E-mail: atelierdeflorentina@gmail.com

☐ パン　　☑ 焼き菓子　　☐ ドリンク　　☐ デザート
☐ プロダクト　　☑ テイクアウト　　☐ イートイン
☑ オンラインショップ

コンセプトは「和と洋の融合」。商品は洋菓子だが、白と木を基調とした
キリッと落ち着いた内装にし、引き戸やのれん、桐箱を用意して和の空
間を演出。すべて手作業で丁寧に作り、サクサクとした軽い食感と一口
サイズが特徴。アメリカにてフードライターやお菓子のケータリングを経
験、誰もしていない事を始めようとフロランタン専門店を一人でスタート。

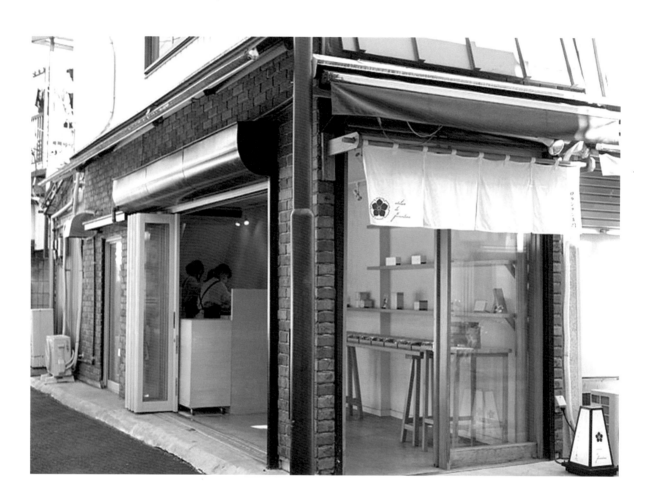

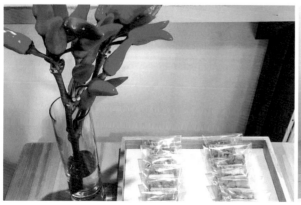

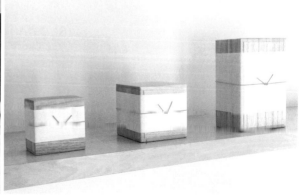

　設計, 内装デザイン: プラグ デザイン　施工: エース建築

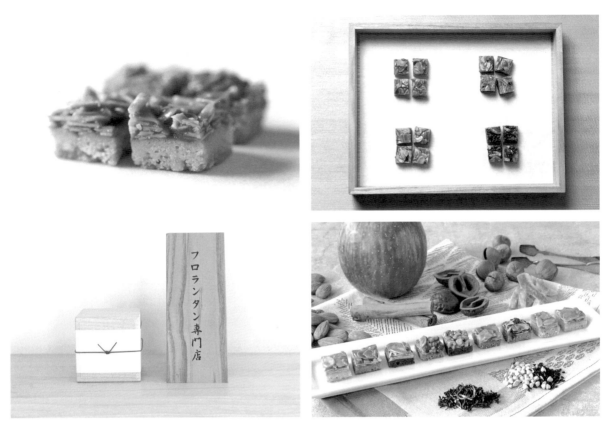

フロランタンは常時8種類で定番フレーバー7種、季節のフレーバー1種と種類が多いのが魅力。

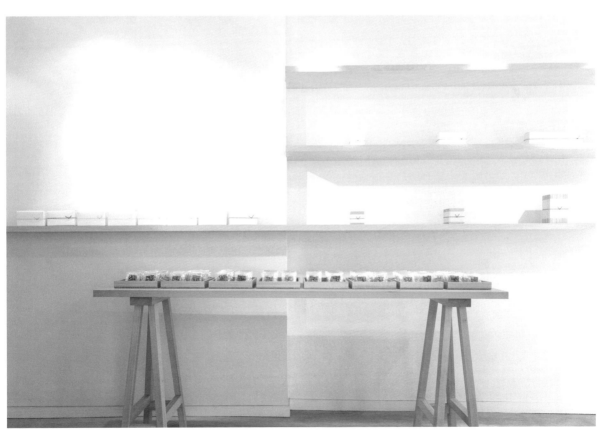

谷中という街のゆったりとした雰囲気に合うよう、店構えは和の趣。
シンプルな桐製のギフトBOXは谷中を訪れる外国からの旅行客に"和"の付加価値をつけられるのではと考案された。

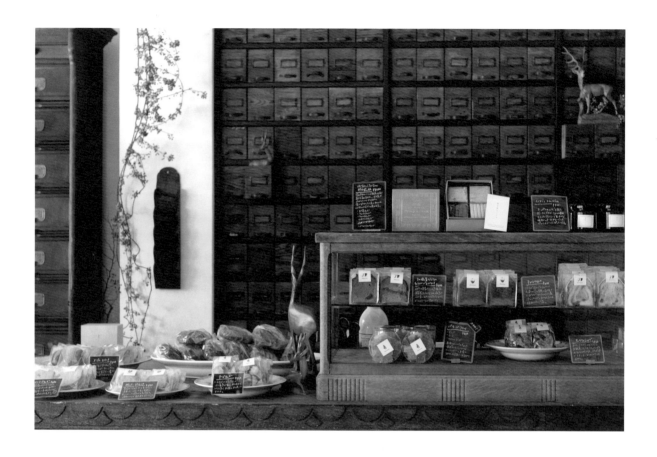

菓子屋シノノメ

KASHIYA SHINONOME

東京都台東区　since 2017
URL: fromafar-tokyo.com
Instagram: @kashiya_shinonome
E-mail: shinonome.kuramae@gmail.com

☐ パン　　☑ 焼き菓子　　☐ ドリンク　　☐ デザート
☑ プロダクト　☑ テイクアウト　☐ イートイン
☑ オンラインショップ

東京・蔵前の焼き菓子テイクアウト専門店。定番のクッキーやパウンドケーキから毎朝焼きたてのスコーンやマドレーヌなど、10数種類から、多い時は20種類ほど並ぶ。季節とともに出会えるお菓子やフレーバーを変えて、「甘すぎないから毎日食べられる」、日々に寄り添えるような焼き菓子を目標にしている。

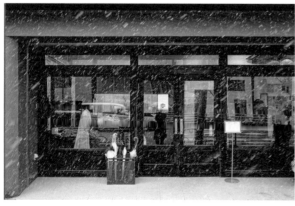

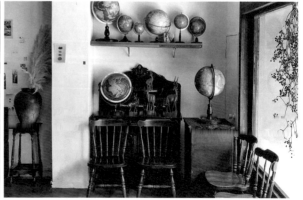

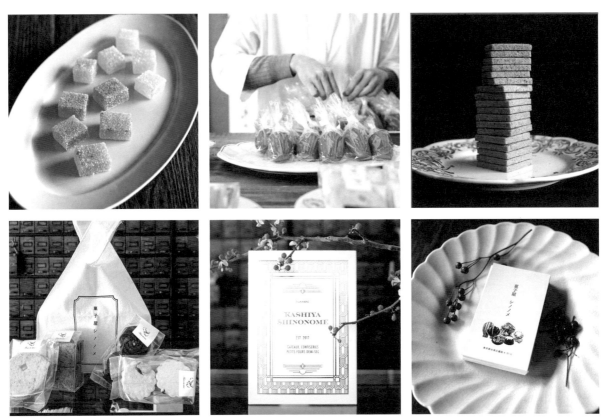

店舗の施工はすべて自社で行っていて、クラシックな雰囲気が漂う落ち着いた空間となっている。
一部の家具やインテリアは古道具を使用しつつ、スタッフ全員で店舗を作ることがこだわりの一つ。ショップカードのイラストは元スタッフによるもの。

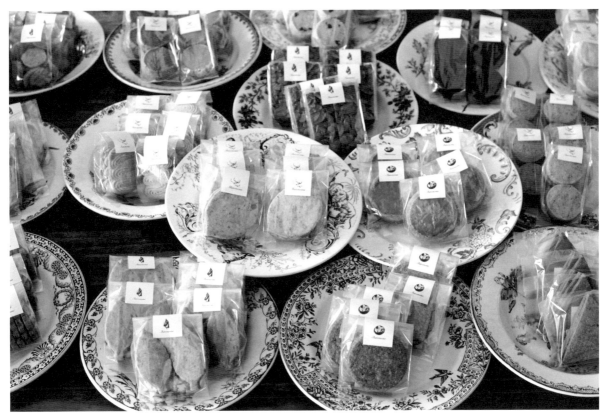

商品を陳列するプレート類は主にフランスアンティークのプレート。「mémémé BROCANTE」から仕入れている。

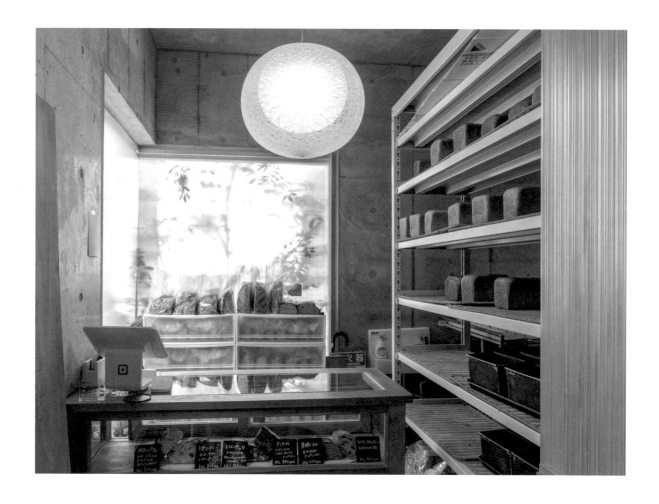

中村食糧

NAKAMURASYOKURYO

東京都江東区　since 2020
Instagram: @3ft.official

☑ パン　　□ 焼き菓子　　□ ドリンク　　□ デザート
□ プロダクト　☑ テイクアウト　　□ イートイン
☑ オンラインショップ

和歌山の人気店「3ft（サンエフティ）」が店名を改め移転オープン。さまざまな文化が交わる清澄白河で、どこの国にも属さないボーダレスなパンを提供する。「瑞々しい」や「たわわ」などユニークな名前のパンは高加水のもちもちした食感が特徴で、数種類の国産小麦と自家製酵母をブレンドして作られている。現在は完全予約制。

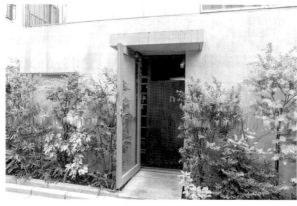
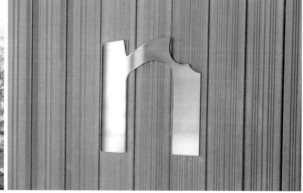

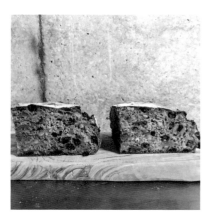

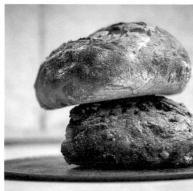

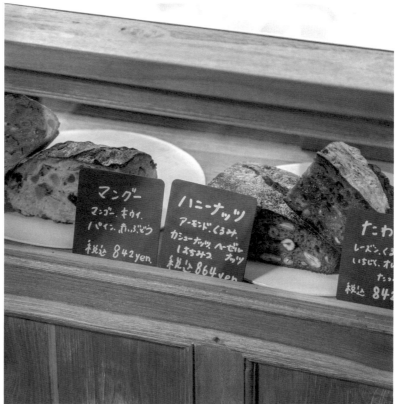

マングー
マンゴー.キウイ.
パイン.青ぶどう
税込 842yen.

ハニーナッツ
アーモンド.くるみ.
カシューナッツ.ヘーゼル
はちみつ.ナッツ
税込 864yen.

たわ
レーズン.くる
いちじく.オ
た
税込 84

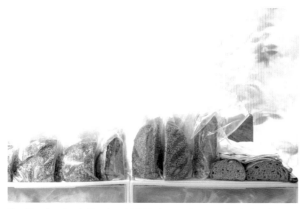

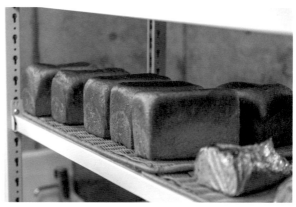

住宅地の奥にある店舗の表には看板を出していない。27㎡の店内の半分以上がバックヤードの工房で、小ぢんまりとした売り場にはシンプルな可動式のラックと
木製の棚があり、焼き上がったパンが並べられていく。内装設計は地元の友人に依頼した。店舗ロゴの「n」は、nの一部がかじられている遊び心のあるデザイン。

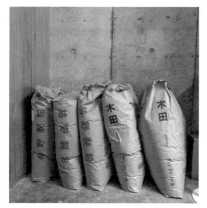

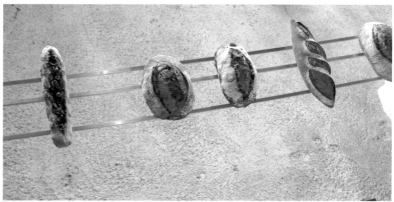

納得のいく粉を追い求め、数種類の国産小麦と 数種類の自家製酵母を組み合わせて 日本の文化に寄り添うようなパンを作っている。

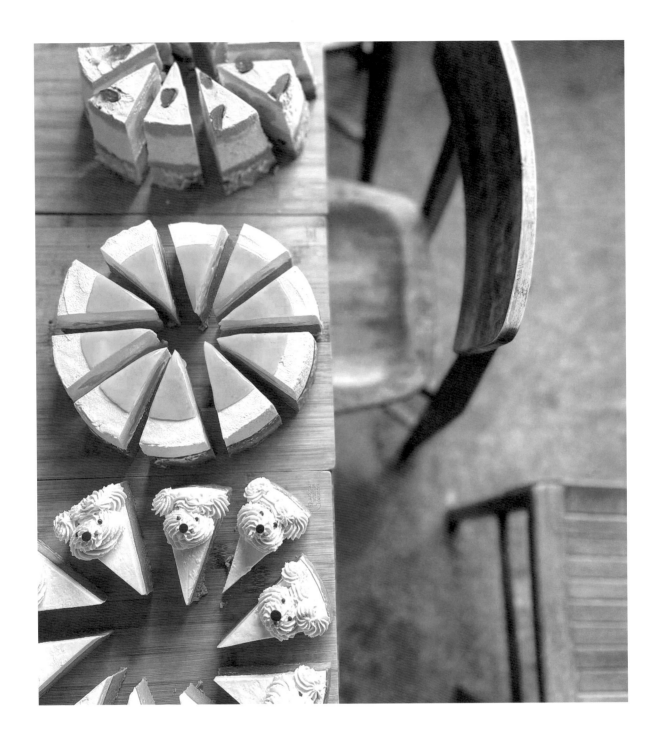

A WORKS

エーワークス

東京都目黒区　since 2017
Instagram: @gakudai.aworks

☑ パン　　　☑ 焼き菓子　　☑ ドリンク　　☑ デザート
☑ プロダクト　☑ テイクアウト　☑ イートイン
☑ オンラインショップ

チーズプロフェッショナルが営む、チーズケーキ専門店。オリジナリティあ
ふれるフォトジェニックなチーズケーキを求め、常に行列が絶えない。レ
シピは100種類以上、季節ごとに旬のチーズケーキが並ぶ。2021年発
売の『チーズケーキの教科書』が売上ランキング1位になるなど話題に
なるも、今なお厨房に立ち、新しいメニュー開発を楽しんでいる。

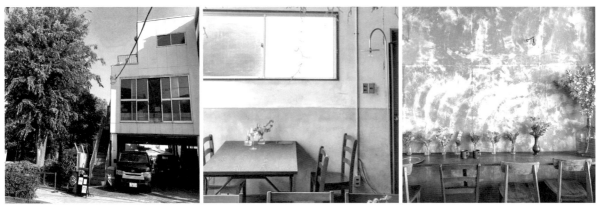

店舗は閑静な住宅街にある公園隣のビルの2階。古いビルをリノベーションして壁はむき出しのままとした。カウンターとテーブルあわせて18席の広さ。
家具はほぼオリジナル。

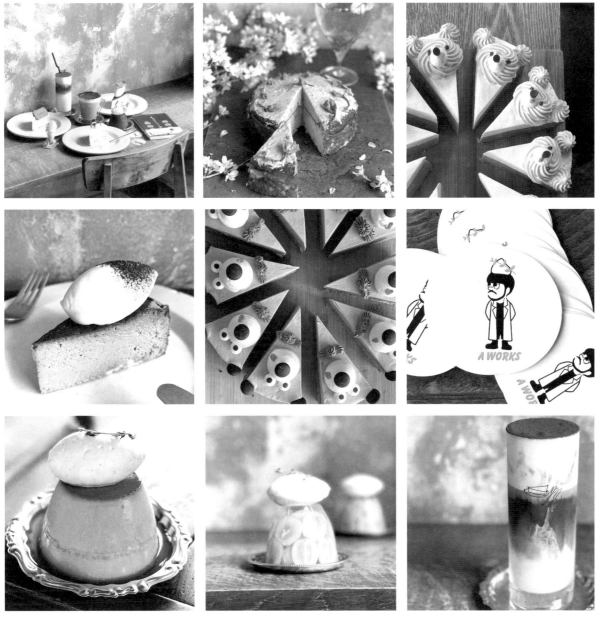

新作などはインスタグラムで事前に発信される。味もさることながら、それぞれのチーズケーキのデザインがグラフィカルでインスタ映えするものが多い。
ケーキの見た目の愛らしさ、カラフルさ、味の奥深さがA WORKSの世界観をかたち作っている。

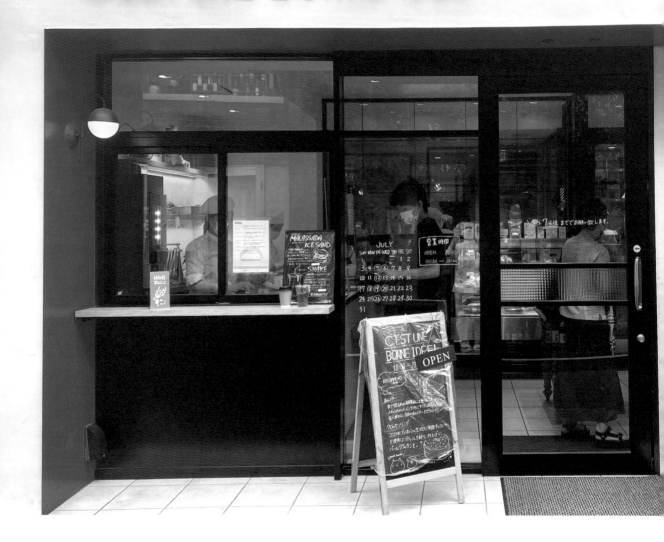

C'EST UNE BONNE IDÉE

セデュヌボンヌ　自由が丘店

東京都目黒区　since 2021
Instagram: @cestune_bonneidee_jiyugaoka
E-mail: salut@cestune-bonneidee.com

☑ パン　　☑ 焼き菓子　　☑ ドリンク　　□ デザート
□ プロダクト　　☑ テイクアウト　　□ イートイン
☑ オンラインショップ

川崎市にある人気店の2号店。店名はフランス語で「それはいい考えだ」という意味。ロゴの3つの四角は晴れ・曇り・雨を表し、どんな時でも当店に訪れることが良いアイデアであるように、という思いが込められている。店舗はパリの街角にある新しいもの好きが集まるお店をイメージし、ポップな装いに。人気No.1はクロワッサン。

　設計, 施工, 内装デザイン：WACT

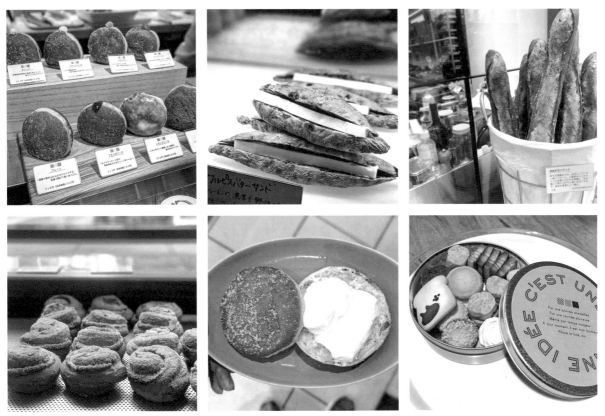

人気のバケットや焼き菓子をはじめ、夏季はドリンク類など季節に合わせたメニューを展開している。8種類のクッキーが入ったかわいいネコがアイコンのクッキー缶。C'EST UNE BONNE IDÉEのロゴステッカーが貼られている。

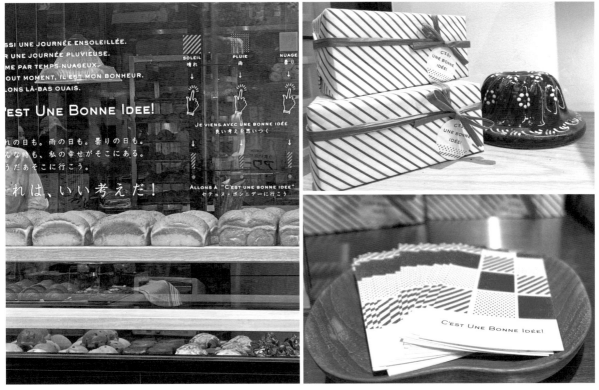

店舗の窓ガラスには店のコンセプトでもある言葉がグラフィカルに綴られている。ショップカードやパッケージのデザインはライツデザインに依頼。

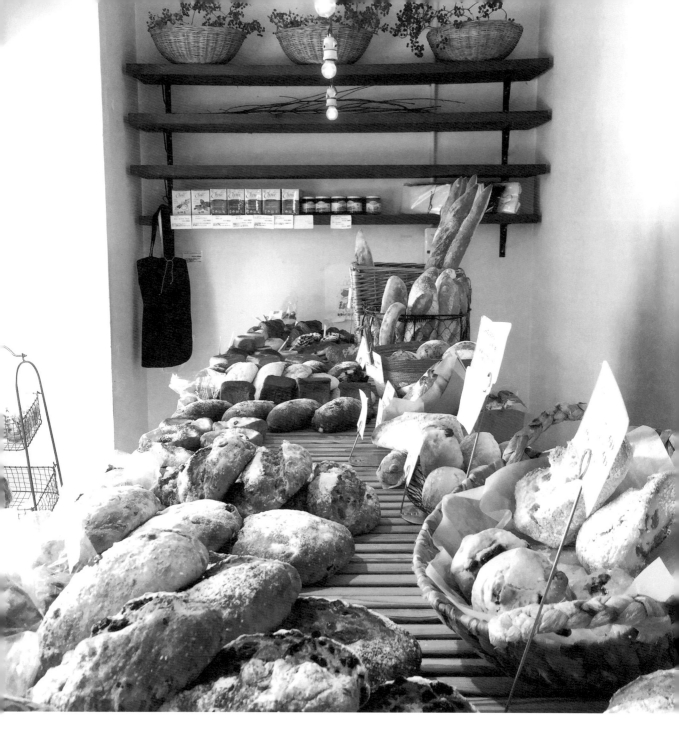

gentille

ジャンティーユ

東京都目黒区　since 2007
URL: www.gentille.ne.jp
Instagram: @gentille_meguro

☑ パン　　　☑ 焼き菓子　　□ ドリンク　　□ デザート
□ プロダクト　☑ テイクアウト　□ イートイン
□ オンラインショップ

店名はフランス語で"やさしい"という意味で、体にやさしいパンを提供
し、口にした時にやさしいひと時を感じてもらえたら、という思いを込め
名づけられた。お店では天然酵母を機械的に管理し、すべてのパンに
使用している。店内はパリをイメージしており、あえて引き戸にした入り
口の木製扉はフランスのアンティークのもの。

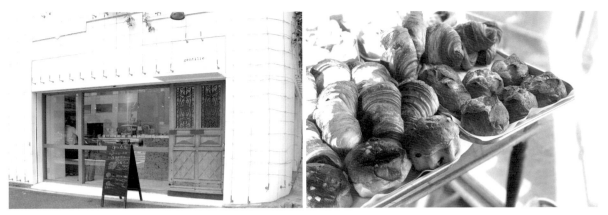

パリをイメージしたインテリアで、商品だけではなく、視覚的にも楽しめる空間作りをしている。

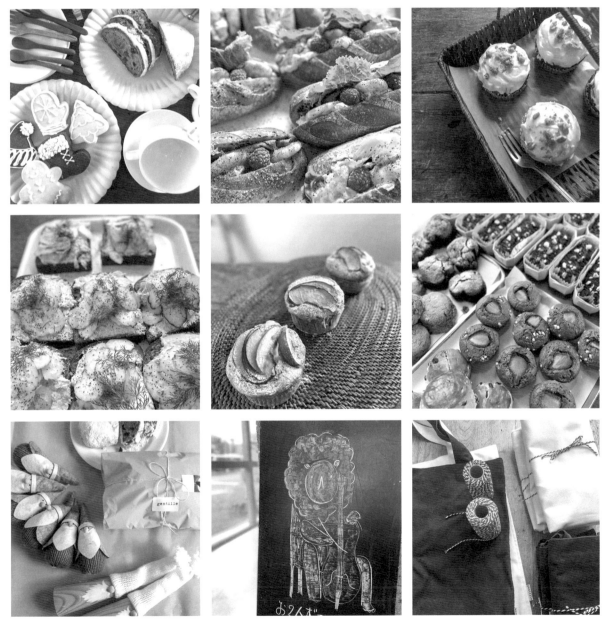

惣菜パンからデニッシュ、焼き菓子、デニッシュ生地のシュトーレンなどさまざまな商品が並ぶ。
ラッピングはロゴがスタンプされたシールを貼ってシンプルで簡素に仕上げている。

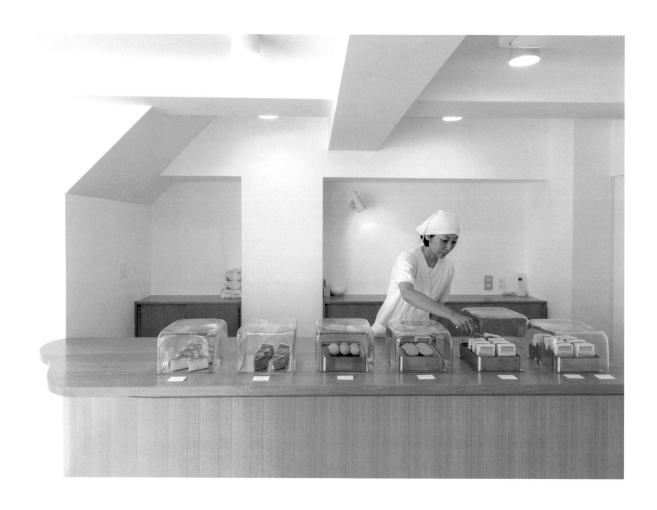

SAVEUR
サヴール

□ パン　　　☑ 焼き菓子　　□ ドリンク　　☑ デザート
□ プロダクト　☑ テイクアウト　□ イートイン
☑ オンラインショップ

東京都大田区　since 2020
Instagram: @saveur_bonjour
E-mail: contact@saveurbonjour.com

サヴールはフランス語で「風味」という意味。みんなの記憶の中にある、どこか懐かしく素朴なお菓子を用意して、末長く親しまれる町の洋菓子店を目指す。パッケージやショップカードの絵や文字は画家の牧野伊三夫さんが手がけたもの。民芸にも通ずるような温かさと、その中に隠れているスパイスのようなものが店にぴったりだと考えている。

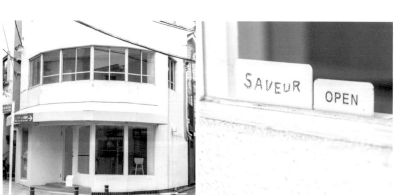

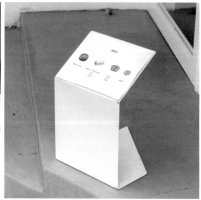

　内装デザイン：服部哲弘 / 井出恭子（YAECA）　GD：富田光浩（ONE - INC.）　イラストレーター：牧野伊三夫

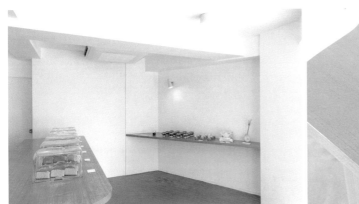
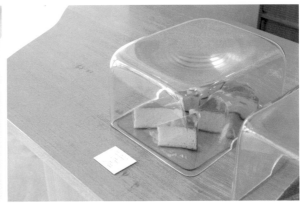

シンプルかつ着心地の良い服で人気の「YAECA」がオープンさせた洋菓子店。内装デザインはYAECAが手がけた。
壁の白と木製の家具が清潔感のあるナチュラルな雰囲気を作り出している。

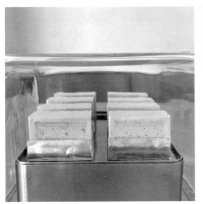
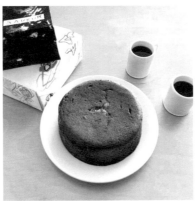
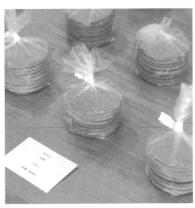

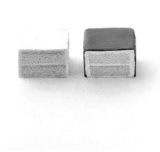
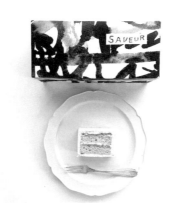
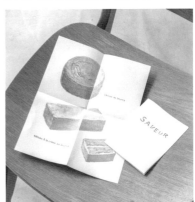

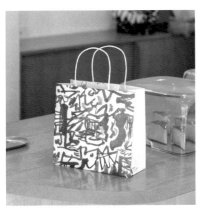
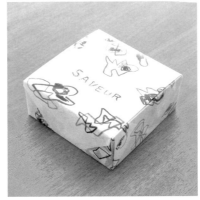
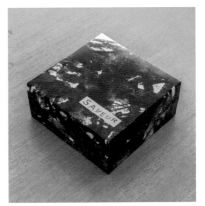

店の看板商品であるガトー・ア・ラ・クレームはバタークリームを贅沢に使用した新しいクリームケーキ。スクエアのフォルムと色味が美しい。
ケーキが整然と並ぶガラスとステンレスのケースには、大きな保冷剤が入れられるようになっていて小さな冷蔵庫のようになっている。

シモキタシマイ

SHIMOKITASHIMAI

□ パン　☑ 焼き菓子　☑ ドリンク　☑ デザート
☑ プロダクト　☑ テイクアウト　☑ イートイン
☑ オンラインショップ

東京都世田谷区　Since 2020
URL: linktr.ee/shimokitashimai
Facebook: @下北沢に住む姉妹のお菓子屋さんとカフェ シモキタシマイ
Instagram: @shimokitashimai.cafe
E-mail: 2rich.inc.jp@gmail.com

東京・下北沢で育った姉妹による「お菓子屋さんとカフェ シモキタシマイ」。14年間営んだ洋菓子店「FUMIZ KITCHEN」を改装し、2020年7月にカフェ併設のお菓子屋さんとしてオープン。閑静な住宅街に位置する店舗で、一軒家を改装した心安らぐ設計に、緑豊かで華やかな装飾を施した心躍る空間。西洋菓子からインスピレーションを受けた、毎日食べたくなるおいしさと、選ぶ楽しさが詰まった種類豊富なスイーツたちを提供している。

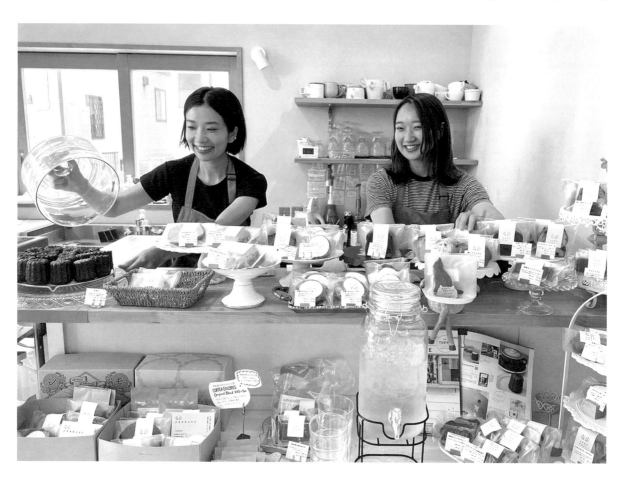

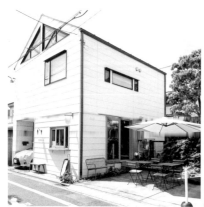
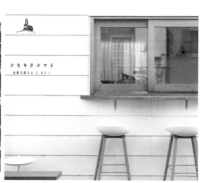
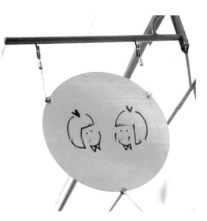

設計：イユアーキテクチャー　施工：ウェルカムトゥドゥ　内装デザイン：dodo tokyo / ジュリアスローズ　看板, イラスト：柏﨑 真（シモキタシマイ妹）

ギフトボックス：池田 睦　ショップカード：又吉　コピーライター：かわむら

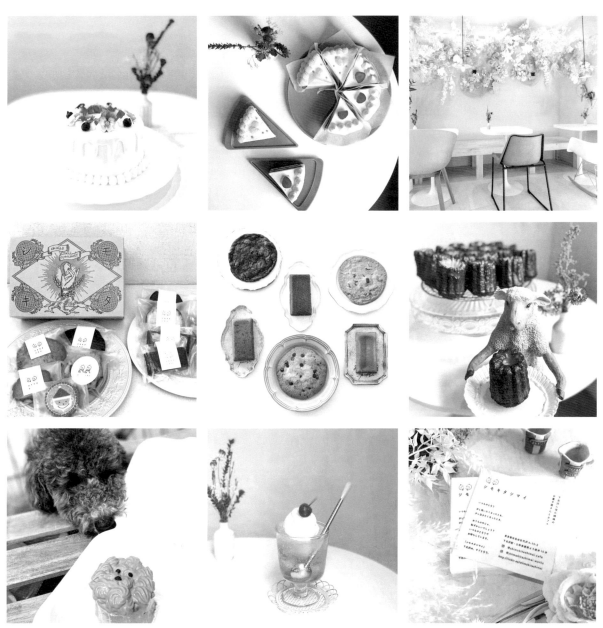

緑豊かな緑道がある住宅街に位置しているため、内装には自然を想起させる装飾を取り入れ、ほっとくつろげる空間を作り出している。
お客様やスイーツの雰囲気に合わせ、姉妹が国内外で集めてきた一点ものの食器やカトラリーで提供している。

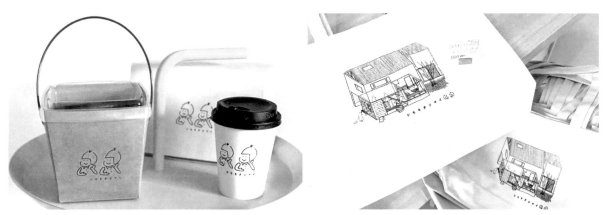

看板にも使用されている姉妹のイラストはシモキタシマイ妹が担当。エコバッグには店舗外観の線画を描いている。(作:イユアーキテクチャー)

FIKAFABRIKEN

フィーカファブリーケン

☑ パン ☑ 焼き菓子 ☑ ドリンク ☑ デザート
☑ プロダクト ☑ テイクアウト ☑ イートイン
☑ オンラインショップ

東京都世田谷区　Since 2017
URL: fikafabriken.jp
Instagram: @_fikafabriken_
E-mail: ai.skgc@gmail.com

スウェーデンを中心とした北欧の焼き菓子を販売。fika（フィーカ）とは
コーヒーとお菓子と共に、会話をたのしむ時間を意味するスウェーデン
語。「慌ただしい日々の中に、お菓子を通してfikaの時間が生み出せた
らいいな」。そんな想いをもとに、素敵なfikaの時間を届けられるような
お菓子作りを目指している。

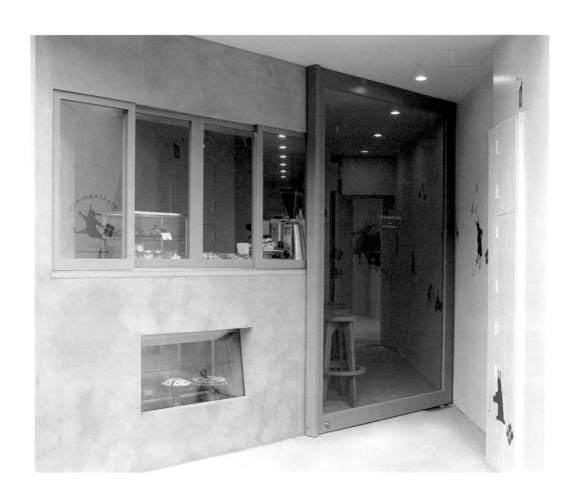

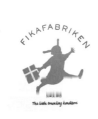
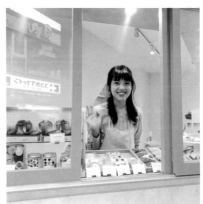
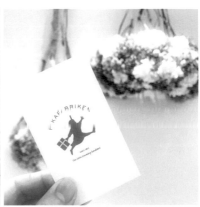

　設計，施工：wise blow　イラストレーター：banana yamamoto

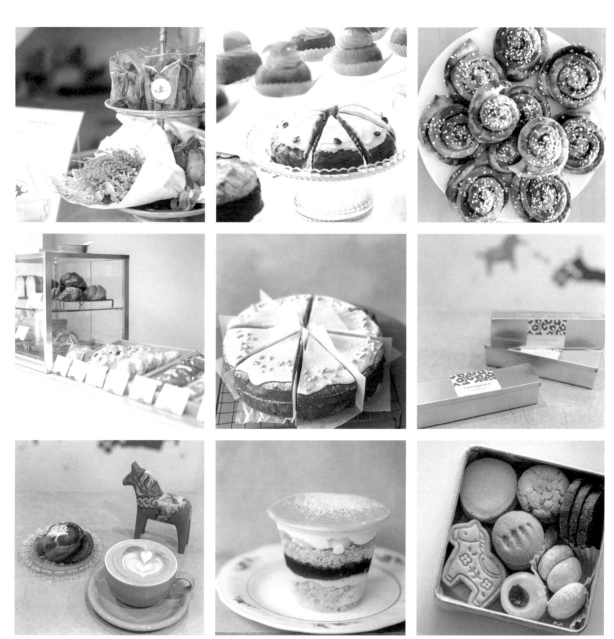

内装デザインはsmall scale projectsの中島康一朗氏と植木優行氏に依頼。製造キッチンと売り場、イートインスペースを設け、
テイクアウトしやすいよう商店街に面した販売カウンターがある。北欧ブルーが爽やかでやわらかい雰囲気を醸し出している。

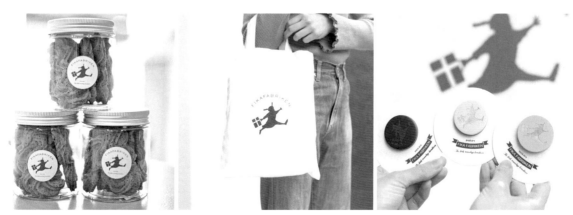

瓶入りのクッキーやオリジナルエコバッグ、3色展開の本革のオリジナルバッチに使用されている壁面のイラストはbanana yamamoto氏によるもの。

LIFE IS PÂTISSIER

ライフ イズ パティシエ

東京都世田谷区　Since 2020
URL: life-is-patissier.com
E-mail: life.patissier@gmail.com

☐ パン　　☑ 焼き菓子　　☐ ドリンク　　☐ デザート
☐ プロダクト　　☑ テイクアウト　　☐ イートイン
☑ オンラインショップ　　☑ その他（チョコレート / 生菓子）

店名は好きを仕事にという意味を込めている。また、お菓子屋という型に縛られず、ワクワクするような面白いものを届けたいという意味も込められている。一見、お菓子屋とは想像しづらい外観は通る人の興味をそそるよう設計し、店内はグレーを基調としたアンティーク調な雰囲気。素材にこだわった、ありそうでなかった新しいお菓子を届けている。

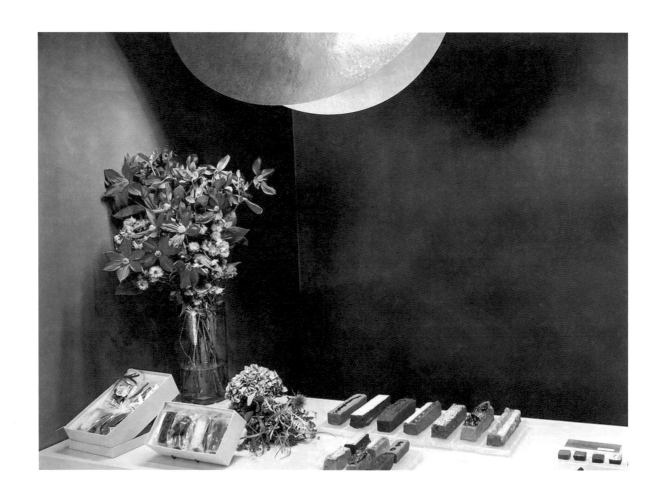

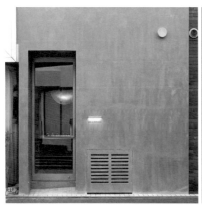

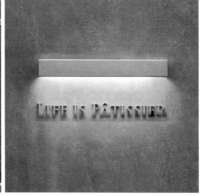

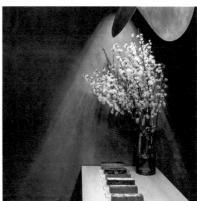

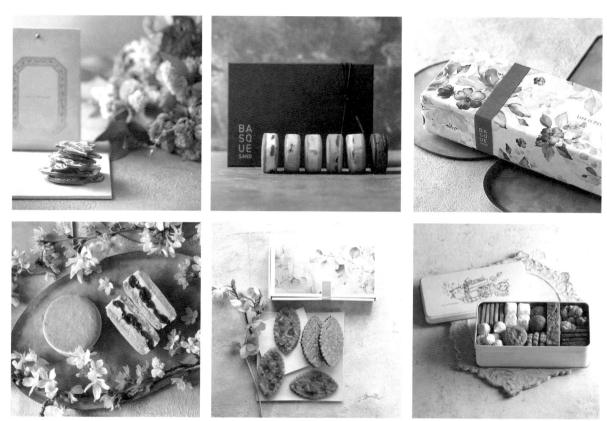

「花とお菓子のある暮らし」をテーマに、店内に小さな花屋「日花朴果（にっかぼっか）」を本格始動させた。
「花とフルーツのバターサンド」「桜とグリオット（さくらんぼ）」など見た目も華やか。クッキー缶のイラストは大橋ふみのり氏作。

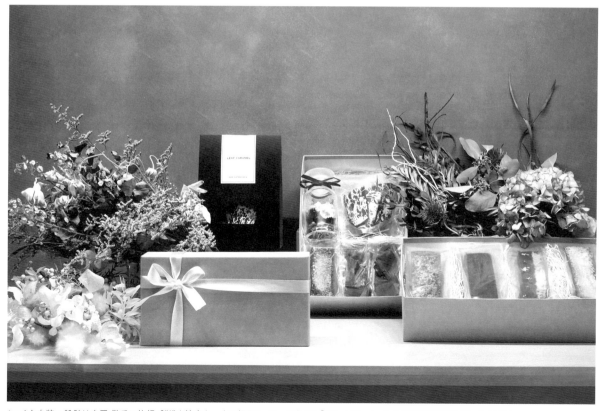

シックな内装・設計は寺岡 徹氏に依頼。製造と接客を一人で担うオーナーが求めた「コミュニケーションの生まれる菓子店」をコンセプトに、
限られた要素で空間を設えた隠れ家のような店内に。菓子とオーナーが主役となる空間を実現している。

Comme'N TOKYO

コム・ントウキョウ

☑ パン　　☐ 焼き菓子　　☑ ドリンク　　☐ デザート
☐ プロダクト　　☐ テイクアウト　　☐ イートイン
☐ オンラインショップ

東京都世田谷区　since 2020
URL: commen.jp
Instagram: @comme_n

お客様に期待以上のおもてなしとサプライズで大満足してもらうため、「日々必死にパンを作る事」にこだわる。一つ一つ丁寧に作り上げ、想いを込めて並べられたパンと、その後ろで一生懸命必死に成長していく若い職人たちという背景があってのコム・ンの味だという。「有名なパン屋」ではなく、商店街の一番端っこの「元気なパン屋」を目指す。

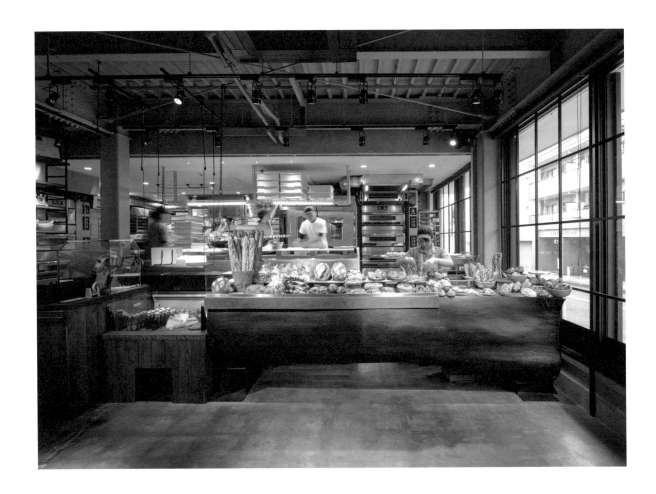

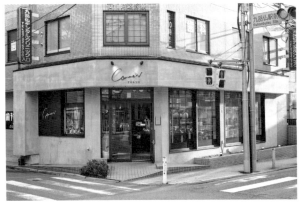

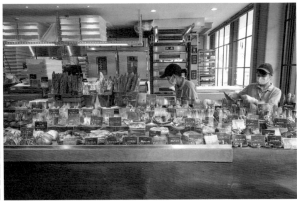

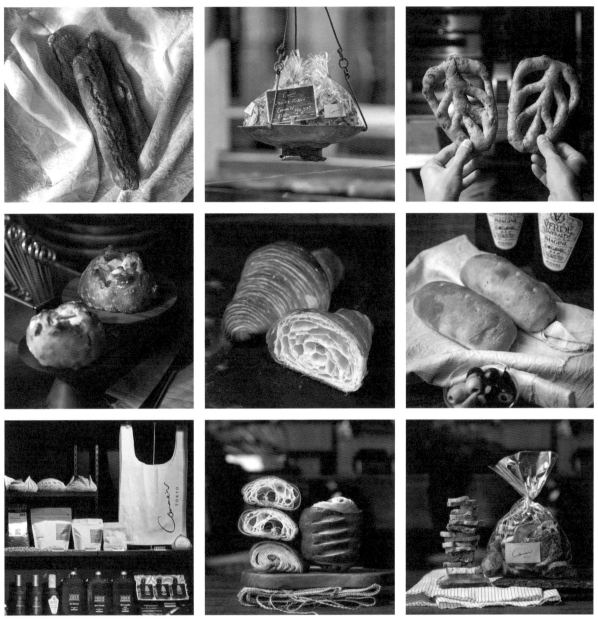

左頁）店内からキッチンやオーブンが見えるオープンなレイアウトが特徴的。顧客からの、パンがおいしいという感想がダイレクトに耳に届く。バッグクロージャーをモチーフにしたショップカード、ショッパー、プライスカード、パッケージなどのグラフィックツールのアートディレクション・デザインはフォティーノが担当。

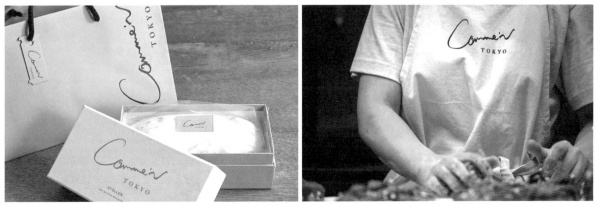

店名の『Comme'N』の"N"は、店主の修行先の師匠である『Ca marche（神戸）』の西川功晃シェフの頭文字から。店名のロゴは西川シェフが直筆で描いたもの。

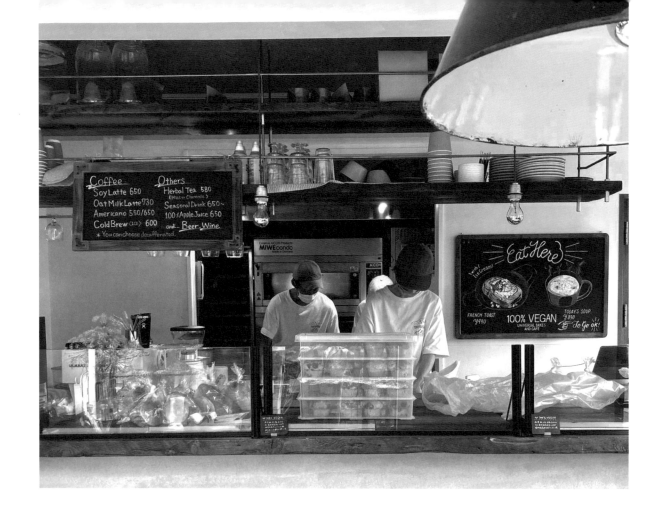

Universal Bakes and Cafe

ユニバーサル ベイクス アンド カフェ

☑ パン　　☑ 焼き菓子　　☑ ドリンク　　☑ デザート
☐ プロダクト　☑ テイクアウト　☑ イートイン
☐ オンラインショップ

東京都世田谷区　since 2020
URL: universal.theshop.jp
Instagram: @universalbakes_tokyo
E-mail:universalbakery.tokyo@gmail.com

誰にとってもおいしく楽しい100% VEGAN BAKERYをコンセプトに、植物性素材のみでパンやスープ、焼き菓子などを作っている。お客様とのコミュニケーションを第一に考えた対面カウンターの販売スタイルとし、光あふれる住宅街の一角に溶け込むよう、大きな窓が主役の店舗デザインにした。

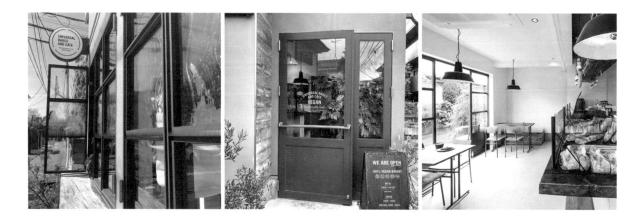

　設計, 内装デザイン：コンマデザイン　施工：ベルクハウス　家具制作者：gleam　GD：knowork　イラストレーター：小林絵美

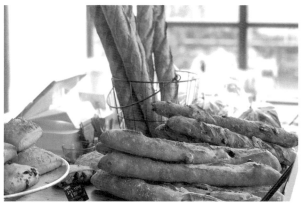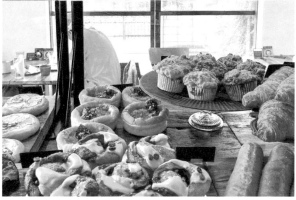

奥の工房からカウンターにずらりと並べられた香ばしいパン。惣菜パンや、菓子パン、クロワッサン、バゲット、カンパーニュなどのハード系まで。
どれもヴィーガンとは思えないほどラインナップが豊富。

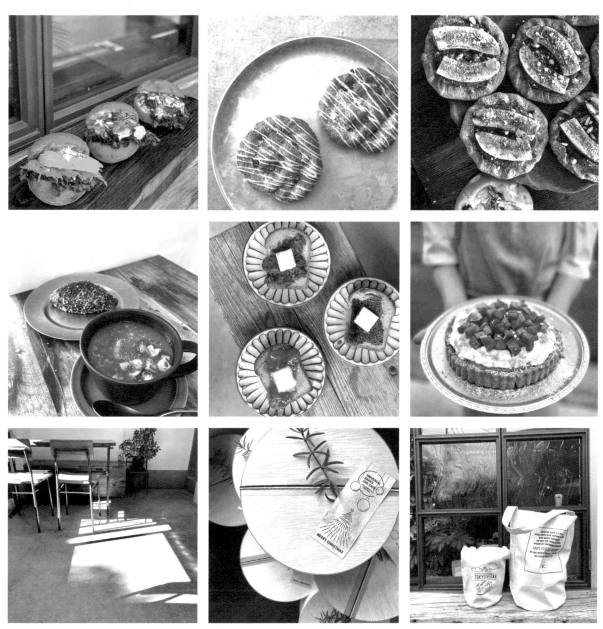

内装はデザイン性と機能性を考慮し、居心地の良い温かみのある雰囲気に。
グラフィックツール、オリジナルエコバッグなどのデザインはknowork。

PÂTISSERIE ASAKO IWAYANAGI

パティスリィ アサコ イワヤナギ

☑ パン　　☑ 焼き菓子　　☑ ドリンク　　☑ デザート
☑ プロダクト　　☑ テイクアウト　　☑ イートイン
☑ オンラインショップ

東京都世田谷区　since 2015
URL: asakoiwayanagi.net
Facebook: @patisserie.asakoiwayanagi
Instagram: @patisserie.asakoiwayanagi
E-mail: info@a-patisserie.com

「インスピレーションの始まりは、あなた」をコンセプトにしたパティスリィ。染色を学んだ経験を持つシェフパティシエールの感性を生かした「パルフェビジュー®」をはじめ、選りすぐりの食材を使用したこだわりのスイーツを提供。内装デザインは、さまざまな素材の「グレー」を取り入れ、彩りの良いスイーツや、生き生きと動くスタッフをより際立たせる。

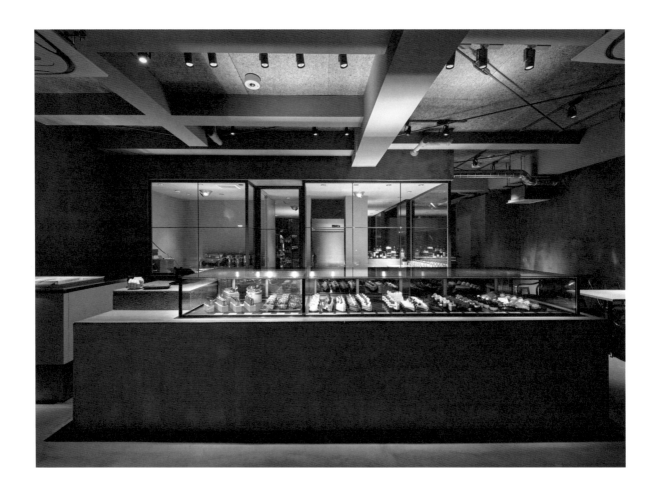

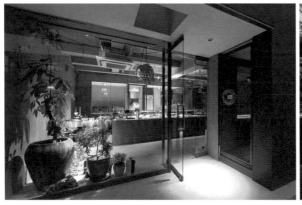

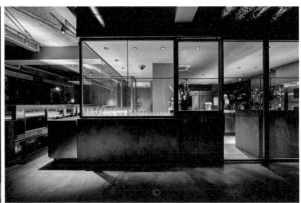

　設計, 内装デザイン: 宿澤 巧 (creA)　施工: 乙部洋平 (BECON)

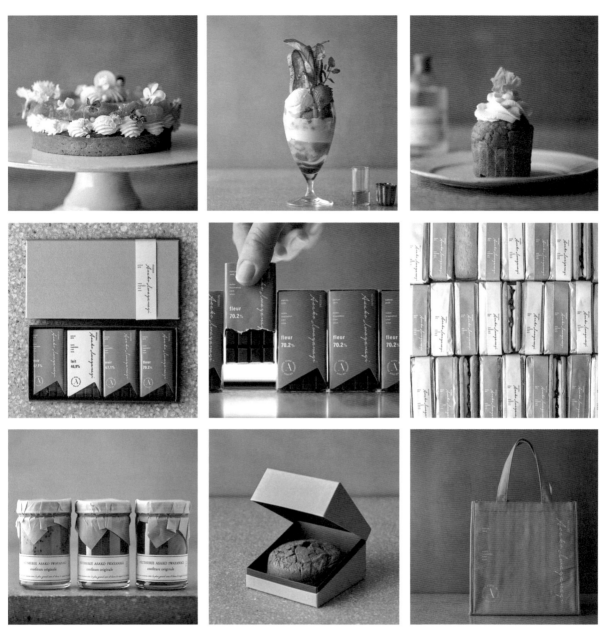

左頁）内装は灰色で色むらに染められたような印象が静かに広がるグレーの世界観。店舗全体がショーケースになることを意識して作られている。
店舗のロゴやパッケージデザインは自社で製作。パッケージ類のシンプルで淡い色のカラー計画がお菓子に色を添えている。

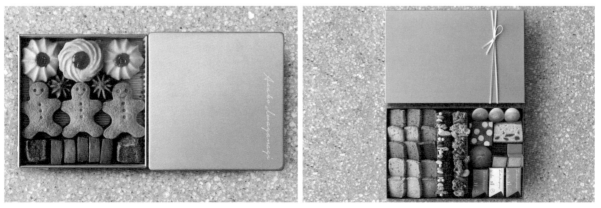

左は期間限定でかわいらしいクッキー缶『sablé mignon / サブレ ミニオン』、右は父の日のギフトBOX。特別な日の贈り物用の商品も多く開発している。

OYATSUYA SUN

オヤツヤサン

東京都世田谷区　Since 2012
URL: www.oyatsuyasun.com
Facebook: @OYATSUYA SUN
Instagram: @oyatsuya_sun
E-mail: oyatsuyasun@gmail.com

焼き菓子とコーヒーの店。コンセプトは「なくても困らないけれど、あった
ら嬉しいもの」。北海道産の小麦粉とグラスフェッドバターに旬の素材を
組み合わせて、パウンドケーキやマフィン、スコーンやフォンダンショコラ、
クッキー、グラノーラなどを店内の工房で毎日焼いている。店舗は元々
花屋だった外観の植栽を生かして、シンプルでクリーンな内装に。

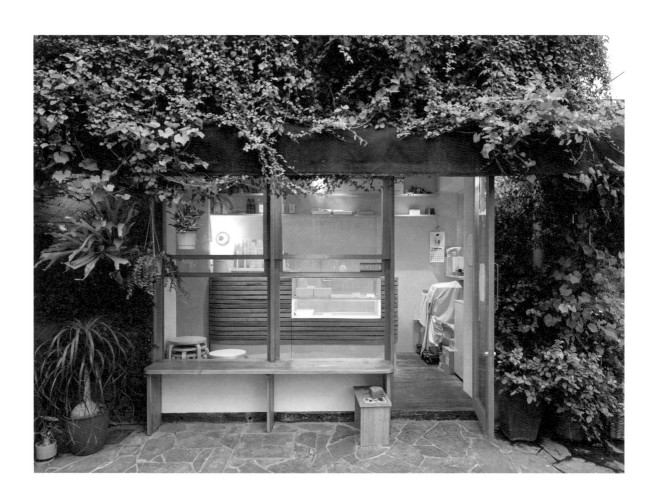

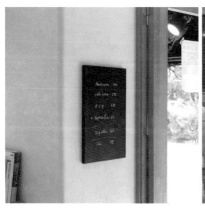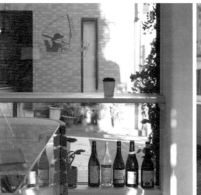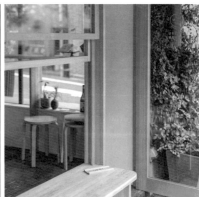

設計, 内装デザイン：KSA＋DAY'S　施工, 家具制作者：DAY'S　GD：梅澤秀一郎　イラストレーター：SAITOE

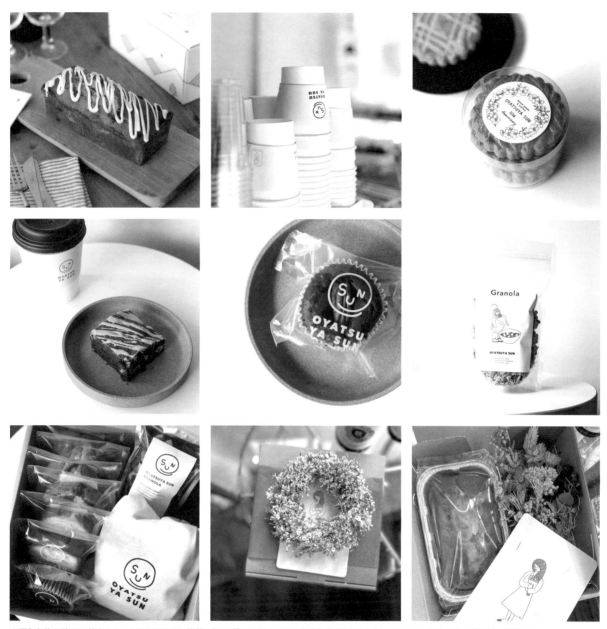

左頁）内装は地元の幼なじみでもあるDAY'Sに依頼。広さ8坪のやや小ぶりな店内を広く見せるように、カウンターは角を作らず曲線で設計した。
店舗のロゴは店主自らがデザイン。人気のグラノーラのパッケージイラストはSAITOEさん。フラワーショップpetitapetitさんとコラボした母の日のギフトBOXも人気。

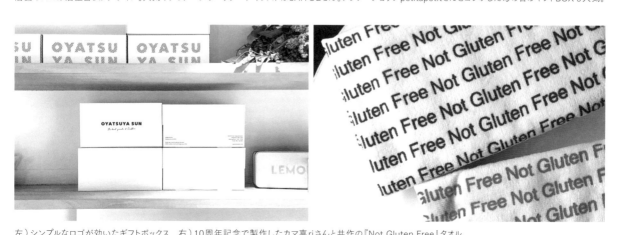

左）シンプルなロゴが効いたギフトボックス　右）10周年記念で製作したカマ喜riさんと共作の『Not Gluten Free』タオル

HÕRAIYA

ホーライヤ

東京都渋谷区　since 2021
Instagram: @ho_raiya

大分県別府の乾物屋の息子さんとイラストレーターの奥様が営むホット
サンドとコーヒーと乾物のお店。「切り干し大根のマサラ」や「ひじきのラ
タトゥイユ」など乾物を使ったユニークなサンドウィッチが人気。大きく開
放的な窓は縁側席のようになっており、注文してから焼きあげるできた
てのホットサンドをコーヒーとともに味わえる。

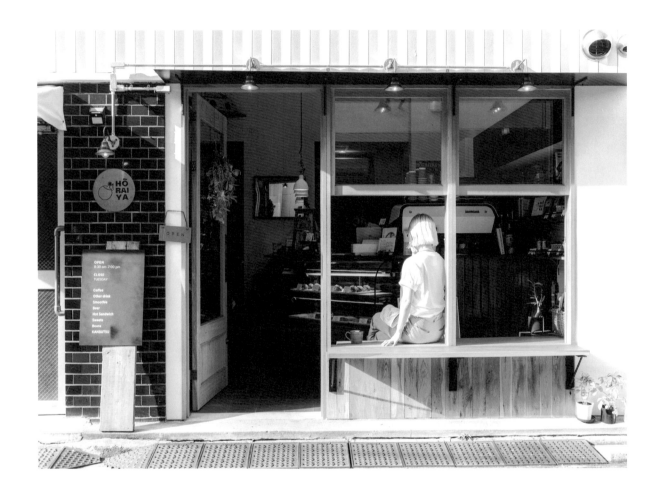

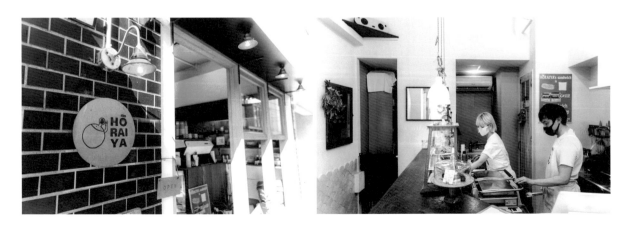

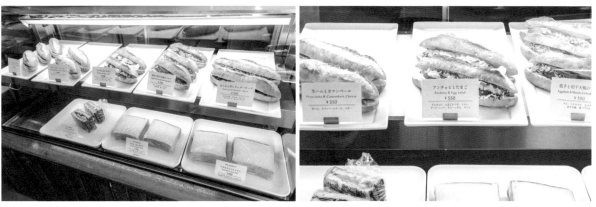

バゲットと食パンのサンドウィッチが常時9種類ほど並ぶ。バゲットは多くの有名店に卸している新宿の「La Baguette(ラ・バゲット)」のものを使用。
小麦、塩、水というシンプルな材料で作られ、サクッと軽い食感が特徴。

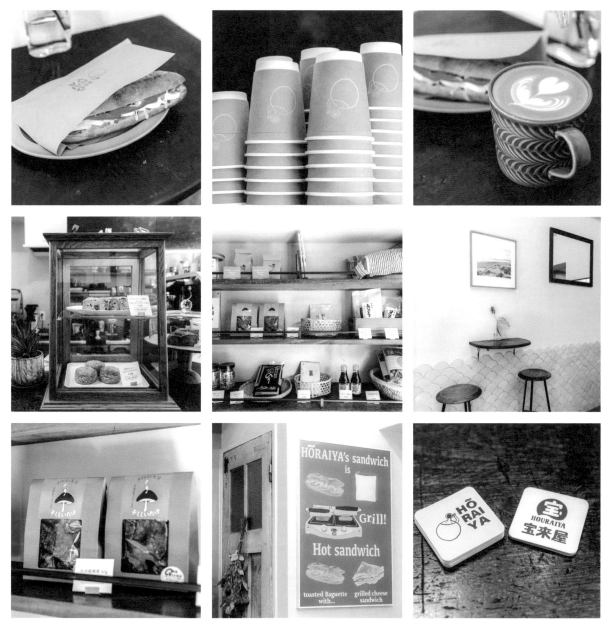

左頁)ドア横の窓を開けると縁側のようになり、晴れた日は外からも内からも座ることができる。
コンセプト(テーマ)は『新しくて懐かしいお店』。ロゴイラスト、Hot sandwichポスターは、イラストレーターの奥様が書いたもの。

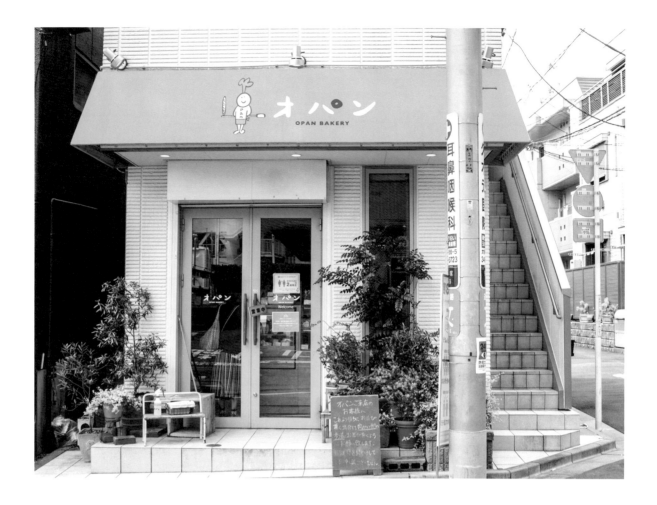

オパン

OPAN

東京都渋谷区　since 2016
URL: opan-bakery.com
Facebook: @opanbakery
Instagram: @opan_bakery
E-mail: opanbakery2016@gmail.com

☑ パン　　　☐ 焼き菓子　　　☐ ドリンク　　　☐ デザート
☐ プロダクト　　☑ テイクアウト　　☐ イートイン
☐ オンラインショップ

コンセプトは「近所にある、いつものパン屋、オパン」。提供するのは、流行のお洒落で高価なパンではなく、どこかホッとするような温かみのある素朴なパン。素材と手間ひまを惜しまず、徹底的にこだわって作られるパンは、特別な日のパンではなく、毎日食べることができ、家族のくらしの中に共に存在できるパンとなっている。

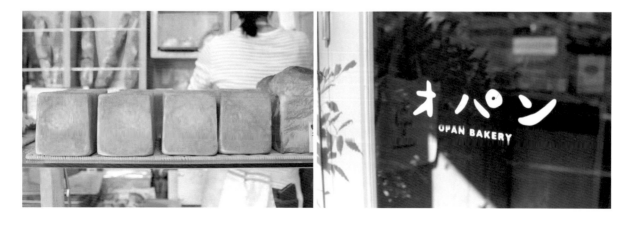

　設計, 内装デザイン：プレイスコスガ　施工：beacon　イラストレーター：山田敦彦

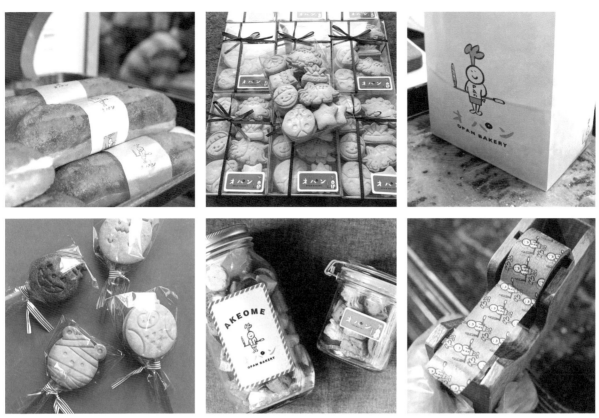

フランスパンとシェフのイラストがかわいいロゴ「オパン君」。イラストは山田敦彦さん作。ショッパーやテープ、ラベルなどに使われている。

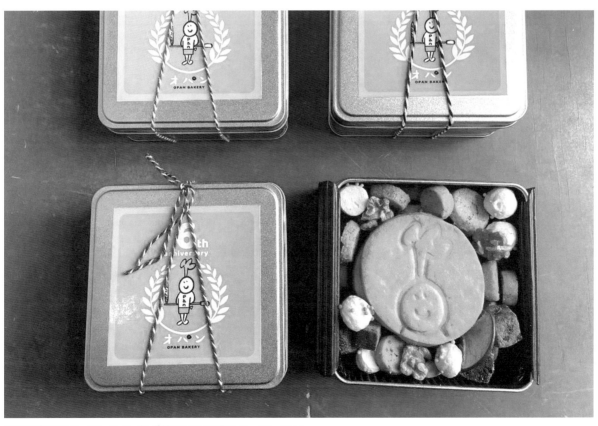

6周年記念のアニバーサリークッキー缶。愛嬌のあるオパン君クッキーが入っている。

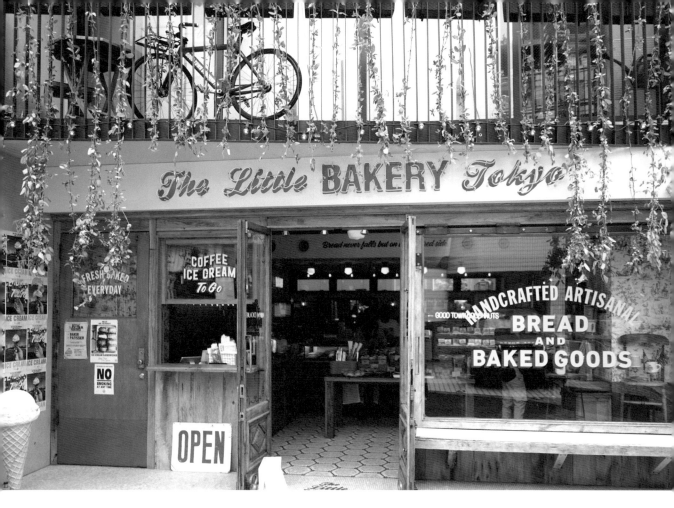

The Little BAKERY Tokyo

ザ リトル ベーカリー トウキョウ

☑ パン ☑ 焼き菓子 ☑ ドリンク ☑ デザート
☑ プロダクト ☑ テイクアウト ☑ イートイン
☑ オンラインショップ

「フレンチアメリカン」をテーマにしたベーカリーカフェ。国産小麦や天然酵母など環境にもカラダにも良い食材を使用し、毎日店内で焼き上げるパンやペイストリー、さらにヴィーガンアイテムや系列のドーナツショップのドーナツも販売。店内は、フレンチとアメリカンな世界観をカントリー調にまとめたレトロかわいい雰囲気で、海外にいるような気分に。

東京都渋谷区　since 2021
Instagram: @thelittlebakerytokyo

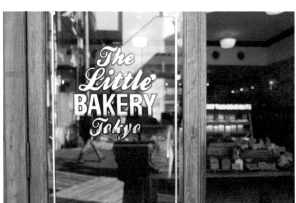

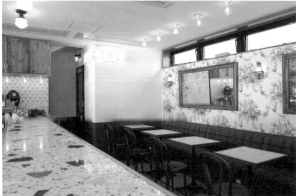

設計, 内装デザイン：trim tub　施工：ストリーム　内装デザイン, GD, イラストレーター：車田 篤　家具制作者：LOGGER

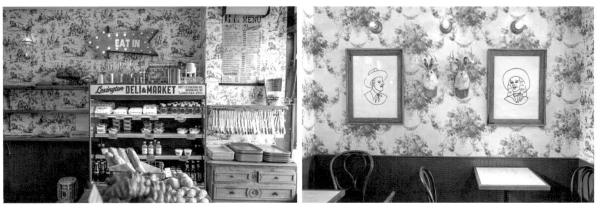

フレンチアメリカンスタイルの内装デザインや、ロゴやポスターなどのグラフィックデザインやセレクトは車田 篤氏によるもの。
床のタイルも車田氏が模様デザインし、空間の細かいところまでこだわりを詰め込んで作り上げている。

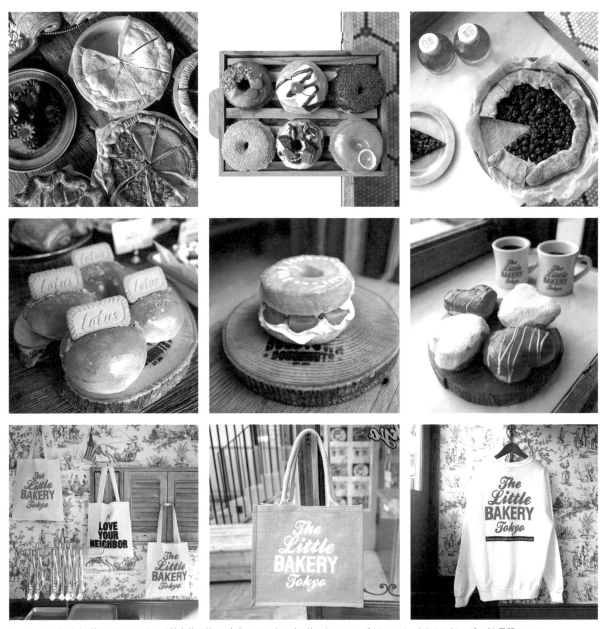

ドーナッツやパイなど、甘くておいしいものが魅力的に並ぶ。店名のPOPなロゴが効いたエコバッグやトレーナーなどオリジナルグッズも展開している。

Equal

イコール

東京都渋谷区　Since 2019
Instagram: @equal_pastryshop
E-mail: info@equaltokyo.jp

☑ パン　　☑ 焼き菓子　　☐ ドリンク　　☑ デザート
☑ プロダクト　☑ テイクアウト　☑ イートイン
☑ オンラインショップ

フランスの三つ星レストラン「トロワグロ」にてアジア人初のシェフパティシエを務めた後藤裕一が帰国後に開業した洋菓子店。フランスで体感した「菓子を通して家族や仲間との時間や心に愉しみが生まれる」を信念として掲げる。フランス菓子が日本の大福のような毎日に寄り添う存在として受け入れられるよう、定番の洋菓子を独自のスタイルで発信する。

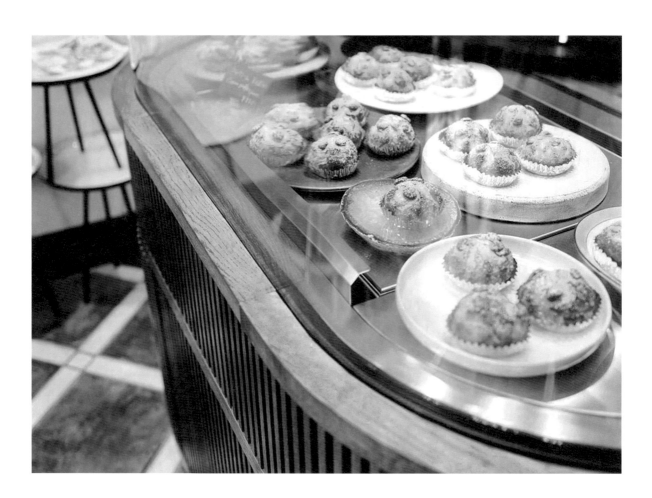

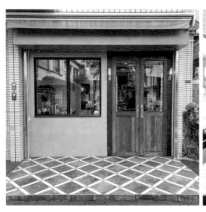

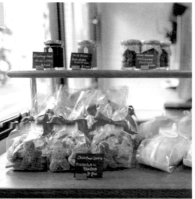

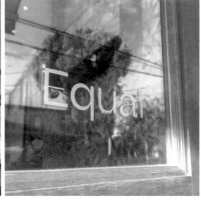

　設計, 内装デザイン：大木将太朗（マネレ）　ロゴ, GD：田部井美奈

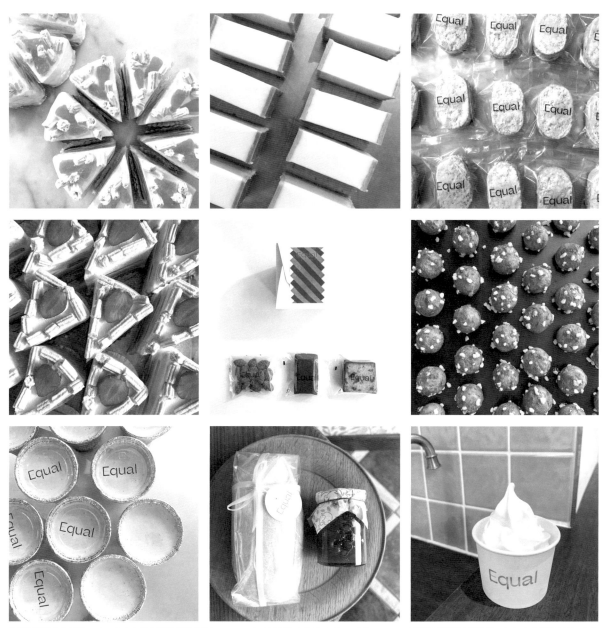

左頁）店舗の内装は、マネレの大木将太朗氏が手がけた。ヨーロッパ / アメリカなどのアンティークや、モロッコの建築から着想を得た床のタイルなど多彩な国の文化の世界観を具現化している。ショーケースは楕円形でやや小ぶりのサイズがかわいらしい特注品。看板商品のレアチーズケーキをはじめ、焼き菓子や冷菓も人気。

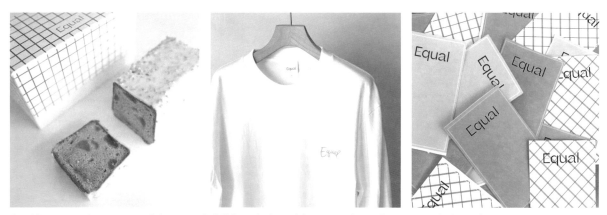

左・右）Equalのロゴやステッカーはデザイナーの田部井美奈氏が担当。　中）EqualロングスリーブTシャツは平野暢達氏にデザインを依頼した。

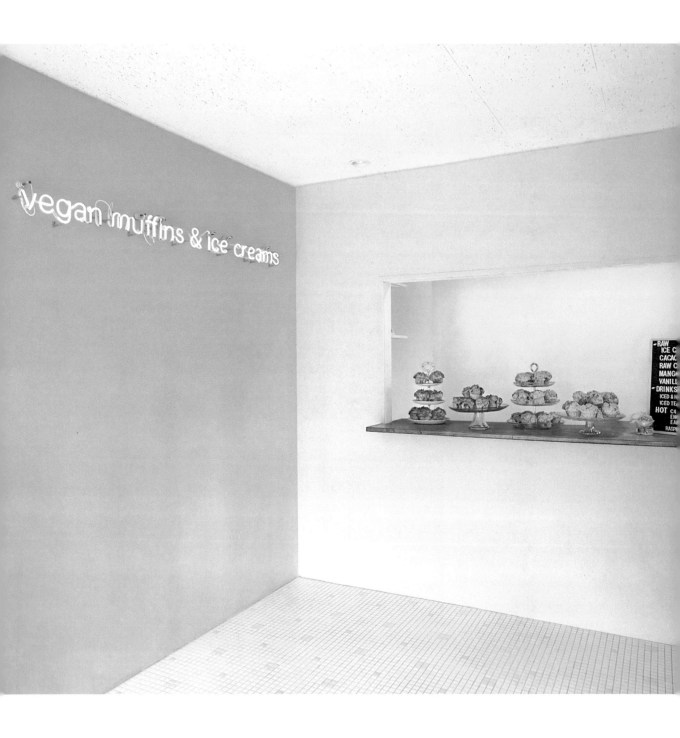

GO! MUFFINS GO!

ゴー・マフィンズ・ゴー

東京都杉並区　since 2015
URL: gomuffinsgo.com
Facebook: @gomuffinsgo2013
Instagram: @gomuffinsgo
E-mail: gomuffinsgo.event@gmail.com

□ パン　　☑ 焼き菓子　　☑ ドリンク　　□ デザート
☑ プロダクト　☑ テイクアウト　☑ イートイン
☑ オンラインショップ

店主がニューヨークのヴィーガンレストランで勤務経験があり、アメリカンな食べ応えのあるマフィンが主要商品。マフィンに使う果物の組み合わせなどは日替わりで用意、リピーターにも楽しんで頂けるよう努めている。店舗のコンセプトはアメリカのフルーツパーラーを参考に。楽しくおいしいヴィーガンスイーツを提供できるよう、店名や内装にその想いを込めた。

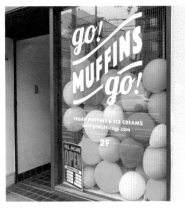
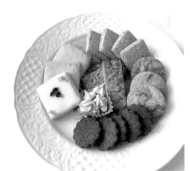
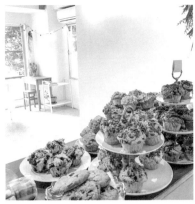

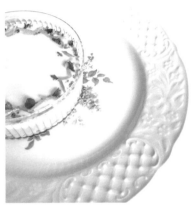
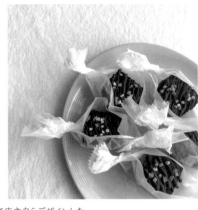
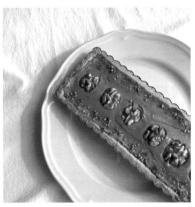

内装はアメリカのアイスクリームパーラーをイメージして店主自らデザインした。
清潔感のあるミントグリーンがアクセントになっている。焼き菓子の種類も充実。

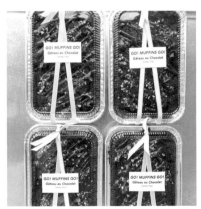
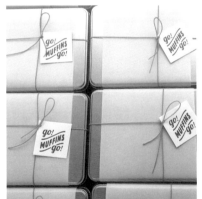
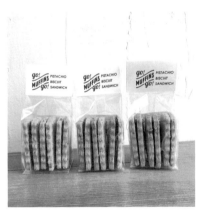

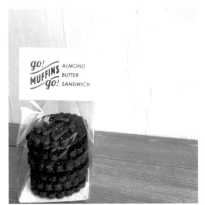
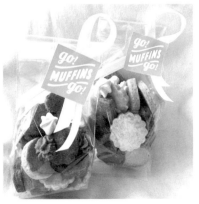
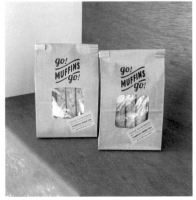

マフィン以外にもショートブレッドやクッキーサンドが並ぶ。季節限定商品はInstagramにて発信している。
店舗ロゴやパッケージは店主がデザインし、一つ一つ丁寧に梱包されている。

cotito ハナトオカシト

コチト　HANATOOKASHITO

☐ パン　☑ 焼き菓子　☑ ドリンク　☐ デザート
☐ プロダクト　☐ テイクアウト　☑ イートイン
☐ オンラインショップ　☑ その他（花屋）

東京都杉並区　Since 2014
Instagram　　@_cotito____
E-mail　　　 info@cotito.jp

花とお菓子、カフェの店。日々のおやつにほっこりするような素材の味を大切にして作る素朴なクッキーたちや、ギフトにおすすめのエディブルフラワーを使った商品などをご用意。小さなお子様から大人まで安心して食べられる食材をできる限り選び、卵や乳製品不使用のお菓子をメインに作っている。花は個性的なものを中心に取り扱っている。

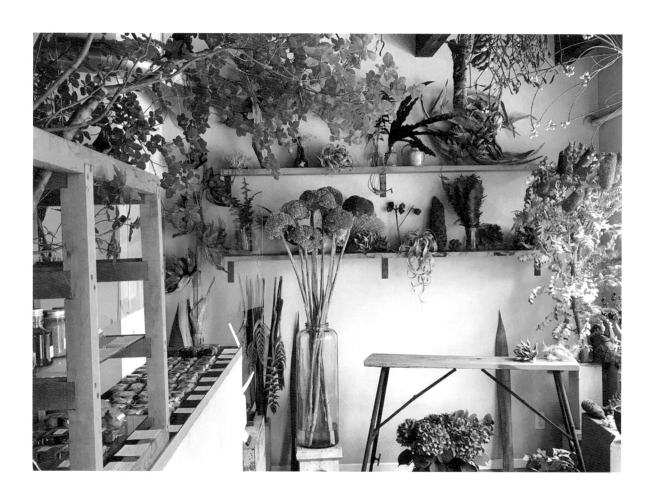

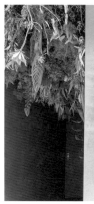
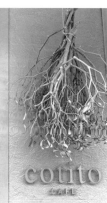
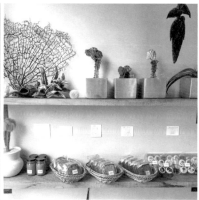
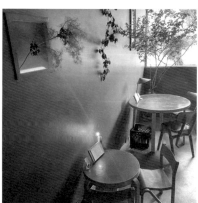

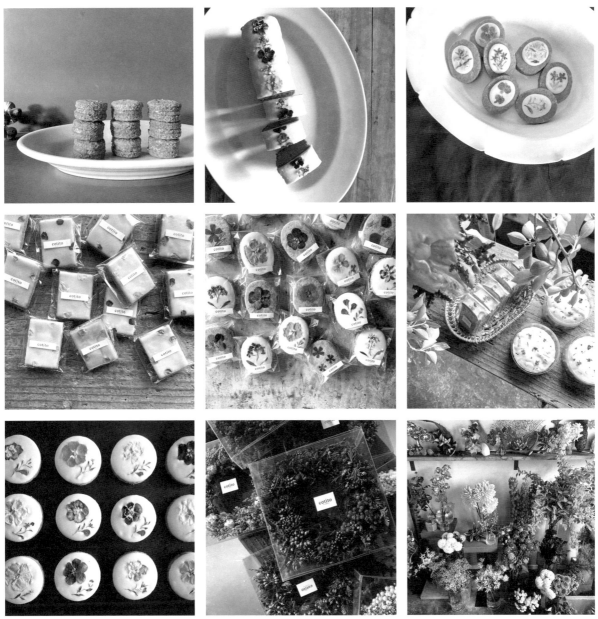

花屋の店内で焼き菓子を販売していて、植物は季節ごとに入れ替わり、棚には個性的な鉢植えが並んでいる。
ハナサブレやお花のジンジャーケーキなど、花を用いたお菓子のバリエーションが多いのも魅力。

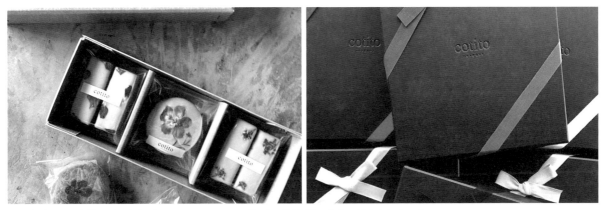

シックなギフトBOXを開けるとつややかなホワイトチョココーティングの上に色とりどりの花がのせられたクッキーが。
まるで、小さな絵画やブローチのようなかわいらしさ。

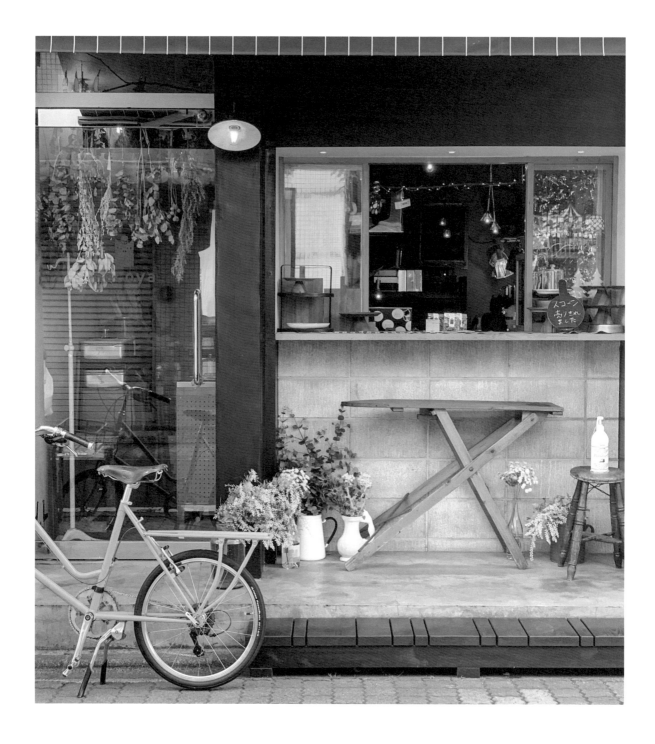

nécoya BAKESTAND

ネコヤベイクスタンド

東京都荒川区　since 2015
Instagram: @necoya_bakestand
E-mail: necoya.bakestand@gmail.com

☐ パン　　☑ 焼き菓子　　☐ ドリンク　　☐ デザート
☐ プロダクト　　☑ テイクアウト　　☐ イートイン
☐ オンラインショップ

のら猫のたくさん住む街、東京都荒川区にて一人で営む焼き菓子屋。地域に根付き、お客様と会話を楽しむ近い距離感でいられるよう、基本は店頭販売のみ、売り切れ仕舞いとしている。ちいさな空間にワクワクをたくさん詰め込んで、スコーン、マフィン、ケーキ、クッキーなどの焼き菓子をトータル15種ぐらい用意している。夏には自家製シロップでかき氷も。

　設計，内装デザイン：コバヤシカズアキ　施工：シンケン　GD：芦川敏昭

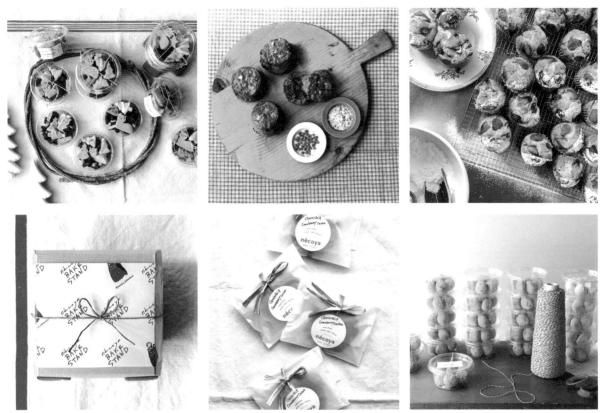

ロゴやパッケージは極力シンプルに。素朴で飾らないお菓子は、塩の効いたチョコレートスコーンやいちごのスノーボール、クッキーの詰め合わせなどがあり、季節によりスコーンやクッキーの種類は変わる。　下左）ガトーショコラをスペシャルアレンジしたパッケージ。イラストは元消しゴムハンコ作家さんによるもの。

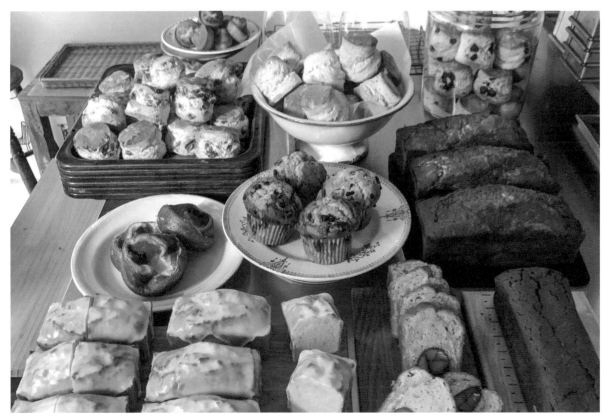

左頁）ブルーの外壁とイエローがアクセントになった店舗外観。　上）スコーン、パウンドケーキ、マフィン、フィナンシェなど所狭しとおいしい焼き菓子が並ぶ。

CICOUTĒ BAKERY

チクテベーカリー

☑ パン   ☑ 焼き菓子   ☑ ドリンク   ☐ デザート
☐ プロダクト   ☑ テイクアウト   ☐ イートイン
☐ オンラインショップ

東京都八王子市　since 2001（2013年に移転）
URL: www.cicoute-bakery.com
Facebook: @bakerycicoute
Instagram: @cicoutebakery
E-mail: cicoutebakery@gmail.com

自家製酵母と国産の小麦でじっくりゆっくり作るパンの店。外観は無機質で工場のようなたたずまいだが、小学校の廃材を利用した家具や建具など、店内は木の温もりを感じられる落ち着いた雰囲気。躯体を活かした内装は素材を活かした素朴なパンとも馴染みが良い。波波のファサードから射し込むやわらかな西陽もパンをおいしそうに見せてくれる。

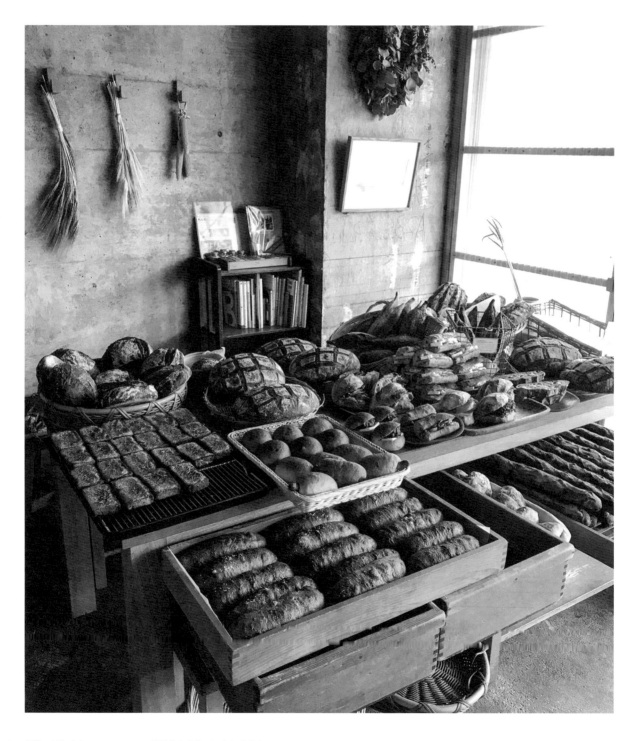

   設計, 内装デザイン：コムレール一級建築士事務所　家具制作者：MOBLEY WORKS　GD：前田景　イラストレーター：秋山花 / shunshun / 酒井亮平

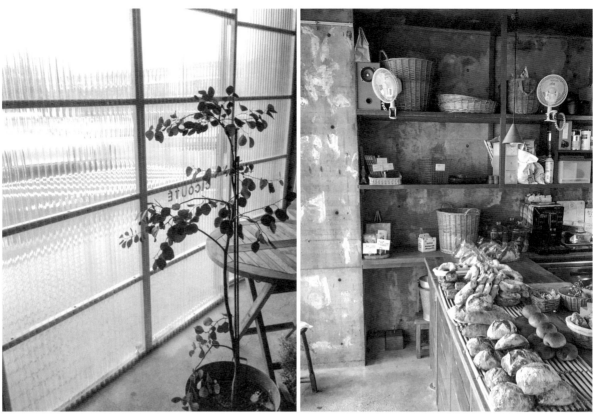

躯体を活かしたコンクリート打ちっぱなしの店内。棚にはパンの陳列にも使用することがあるカゴが並ぶ。

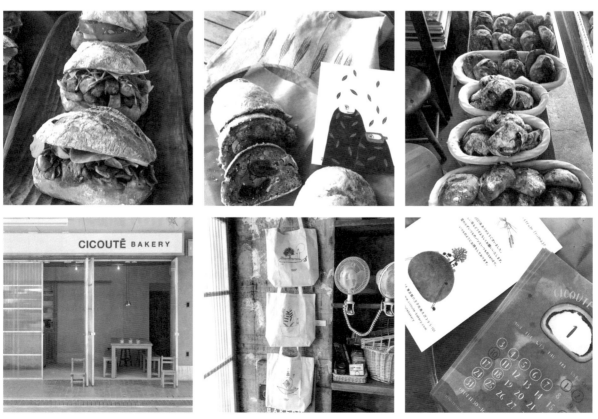

ハード系のパンや惣菜パンのラインナップも充実。stollenオリジナルポストカードは秋山花さん、エコバッグやカレンダーは酒井亮平さんによるもの。

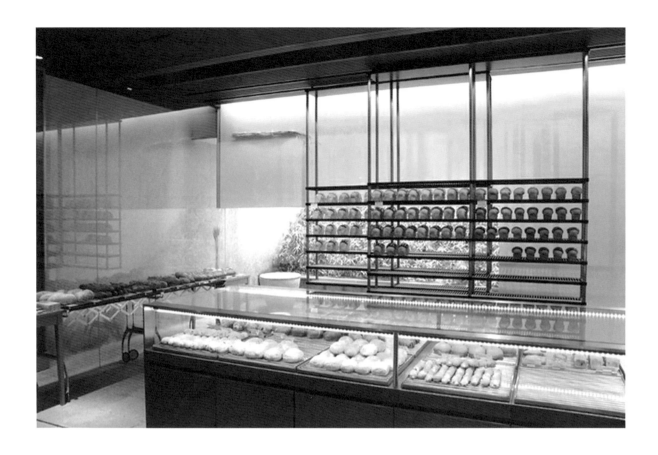

Dans Dix ans

ダンディゾン

東京都武蔵野市　since 2003
URL: dansdixans.net
Instagram: @dansdixans2003
E-mail: panya@dansdixans.net

☑ パン　　☑ 焼き菓子　　☐ ドリンク　　☐ デザート
☑ プロダクト　☑ テイクアウト　☐ イートイン
☑ オンラインショップ　☑ その他（乾物）

パン職人ではないオーナー夫妻が、自分たちが住む街に自慢できるおいしいパン屋を作りたいとオープン。皆様の食卓が笑顔になること、おいしいで幸せになれることを目標に、体にやさしい素材にこだわる。おいしいパンで喜んでもらうのはもちろん、スタッフも業者さんもみんなが幸せになるコンセプトで、チーム一丸となって運営している。

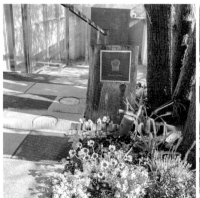
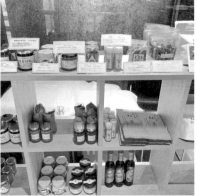
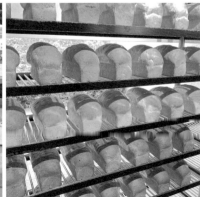

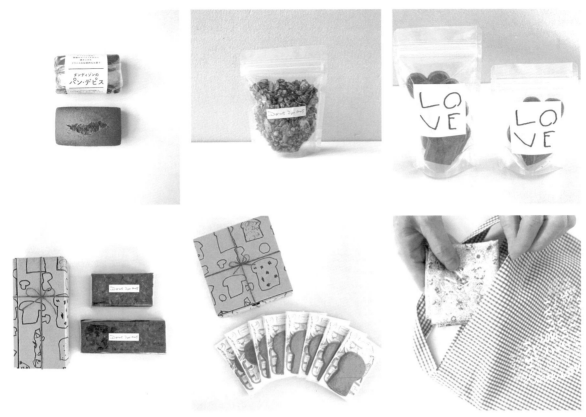

凛としたたたずまいのパンのフォルムが美しい。かわいいサブレの台紙は中西なちおさんのイラスト。
右下）CHECK&STRIPEとコラボして製作したギャラリーfeve LOVE企画 ミニトート・ハンカチ。

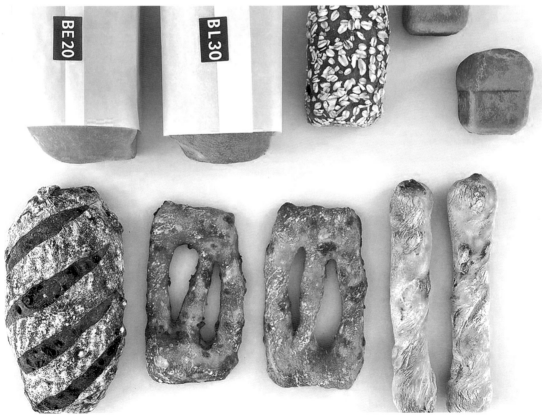

左頁）内装のコンセプトは地下にありながら光が差し込む空間。清潔感のある棚にパンが整然と並べられていて、まるでギャラリーのよう。

レモンノキ
LEMONNOKI

□ パン　　☑ 焼き菓子　　□ ドリンク　　□ デザート
□ プロダクト　☑ テイクアウト　□ イートイン
☑ オンラインショップ

東京都 狛江市　Since 2021
URL: lemon-noki.net
Instagram: @lemon_noki
E-mail: lemonnoki.komae@gmail.com

レモンが好きすぎる店主が選び抜いた素材だけを使った、レモン菓子の専門店。

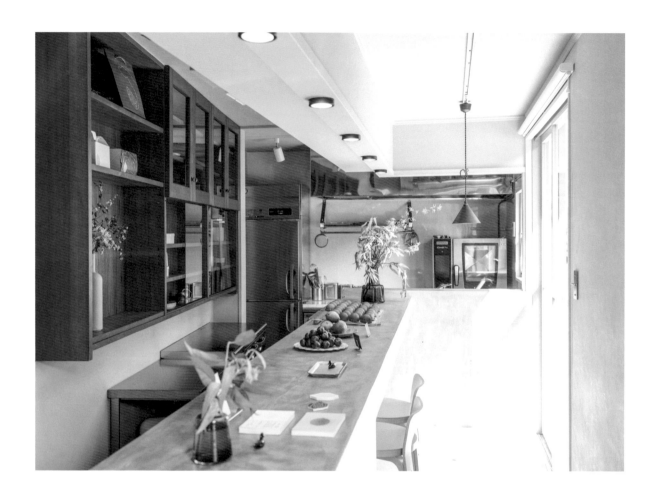

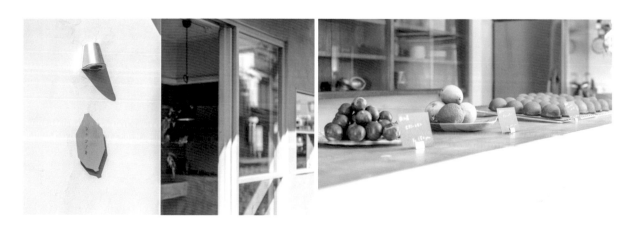

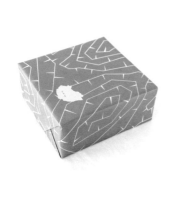 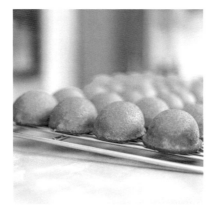 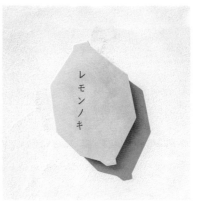

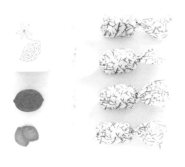 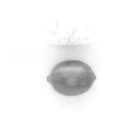 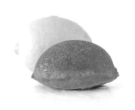

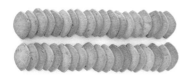 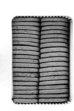 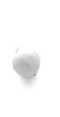 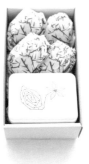

左頁)店舗の外壁付けの真鍮製看板は、背面にステンレスのピンを取り付けて壁から少し浮かせる仕様になっている。
国産のレモンを使った爽やかな焼き菓子の数々。

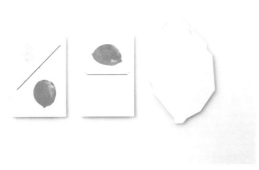 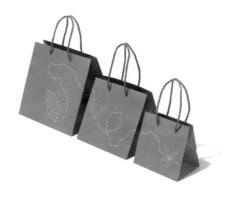

包装紙やショップカードなど、グラフィックは関本明子(ヒダマリ)さんのデザイン。

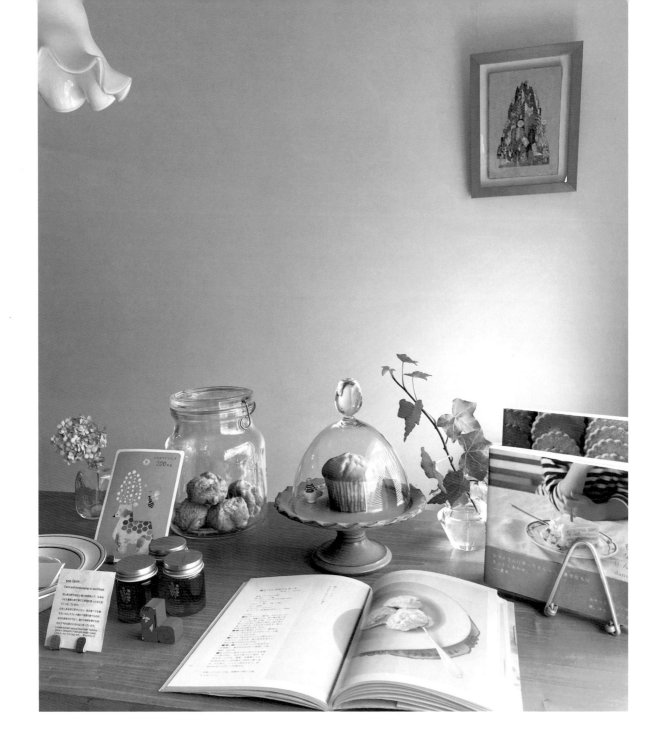

dans la nature

ダンラナチュール

東京都調布市　Since 2012
URL: danslanature.net
Instagram: @danslanature
E-mail: dans-la-nature@ion.ocn.ne.jp

☐ パン　　　☑ 焼き菓子　　☐ ドリンク　　☐ デザート
☑ プロダクト　☑ テイクアウト　☐ イートイン
☑ オンラインショップ

千葉奈津絵が一人で営む。パン屋、紅茶専門店での製造も経て、2008年に活動を開始、全国の雑貨店等への卸、イベントなどへの出店を経て工房をオープン。主材料は国産、副材料のうち季節の果物は信頼する全国の農家や地元調布・三鷹産のもの、ドライフルーツやナッツはできるかぎりオーガニックのものを使用し、シンプルな焼き菓子を作っている。

　内装デザイン：井田耕市　家具制作者：岩﨑朋子（巣巣）　イラストレーター（ロゴ. 包装紙. 他デザイン）：福田利之　ウェブデザイン：鶴間育将（stubborn）

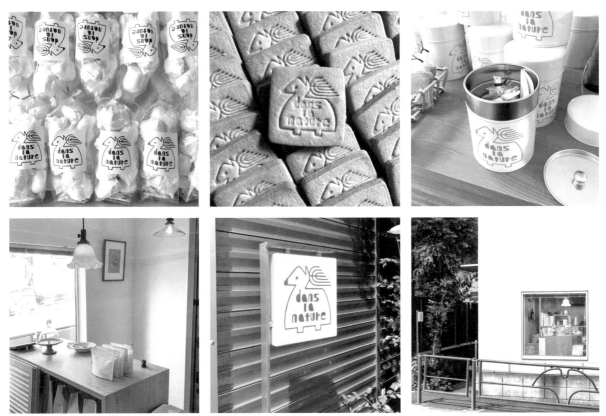

工房の内装デザインは井田耕市さん、家具は巣巣の岩﨑朋子さんが手がけた。白い壁と木の温もりがやさしい雰囲気を醸し出している。
工房を不定期にオープンして対面で販売することも。ロゴはイラストレーターの福田利之さんにお願いした。

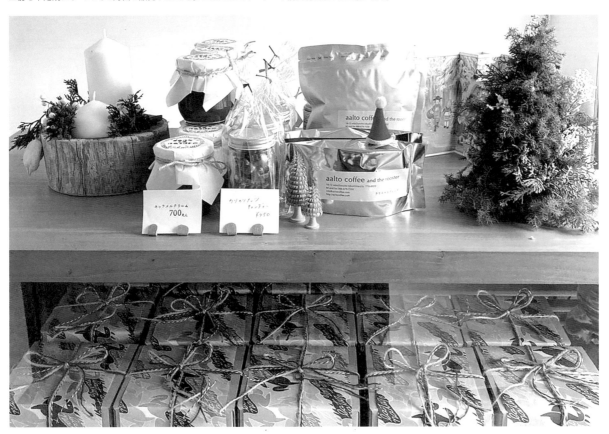

棚下のギフトボックスの包装紙も福田利之さんがデザイン。

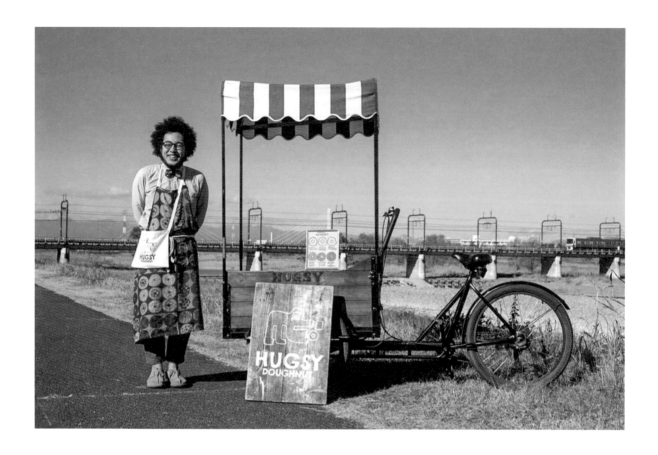

HUGSY DOUGHNUT

ハグジードーナツ

東京都多摩市　since 2014
URL: www.hugsycafe.com
Instagram: @hugsydoughnut
E-mail: hugsydoughnut@gmail.com

☐ パン　　☐ 焼き菓子　　☑ ドリンク　　☑ デザート
☑ プロダクト　　☑ テイクアウト　　☑ イートイン
☐ オンラインショップ

「あそぼう」をコンセプトにしたドーナツ屋。古民家のお店とテント付きのカーゴバイクでドーナツを販売している。営業日は土日祝日のみ。店主が商品のデザインを絵に描いて、管理栄養士の妻がカタチにしている。住宅地の奥にひっそりある店舗なので、SNSや口コミで少しずつ顧客が増えていった。

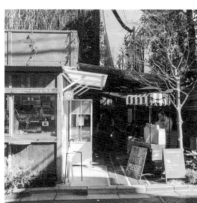 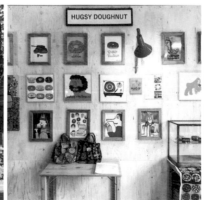 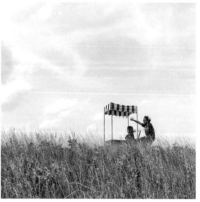

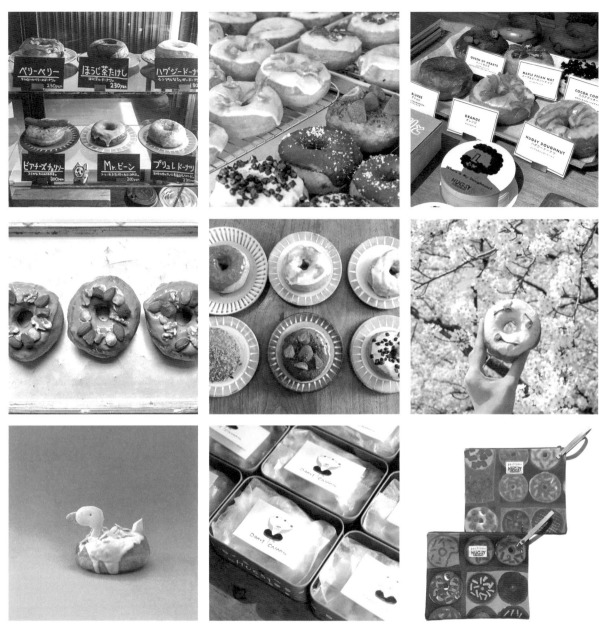

食べる前から心が躍るポップで色とりどりのドーナツ。「ほうじ茶たけし」「Mr.ビーン」などドーナツの名前もユニーク。
オリジナルファブリックを使ったポーチも販売している。

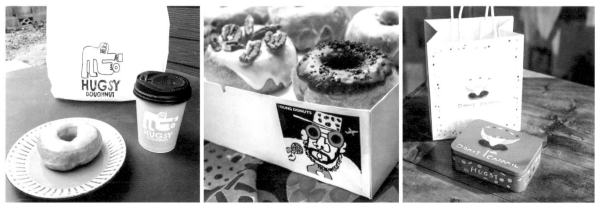

左・中）ファンキーなイラストは店主自ら手がけている。　右）AkiIshibashiのイラストが素敵なドーナツキャラメル缶。
キャラメルは詩とキッチンさんと開発したもの。手紙社soelのイベントにて販売をスタート。

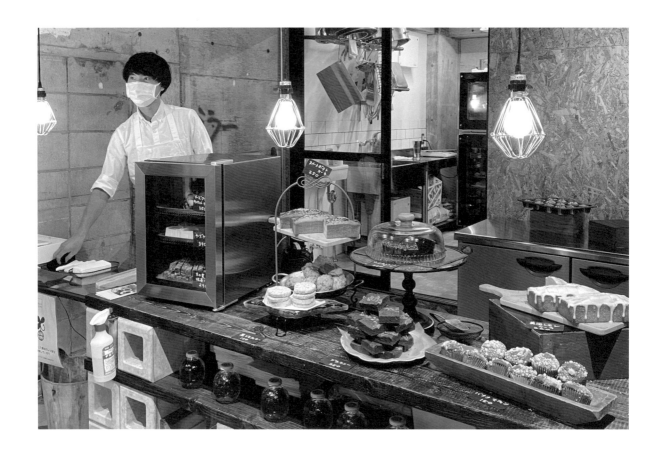

焼き菓子工務店

YAKIGASHI KOUMUTEN

神奈川県横浜市　since 2018
Instagram: @yakigashiko

☑ パン　　☑ 焼き菓子　　☑ ドリンク　　☐ デザート
☐ プロダクト　　☑ テイクアウト　　☐ イートイン
☑ オンラインショップ

本場英国で焼き菓子を学んだ店主が、横浜・白楽で100年ほど続く実家の工務店の一角で少し無骨なおやつを作っている。英国菓子を日常のモノにしたい、それを地元から広めていけたらと。店の核となる商品はロンドンクロワッサン。店舗の建物は築50年と古く、その古さを活かしたデザインに。地元の女性客中心だが、最近は男性客も増えてきた。

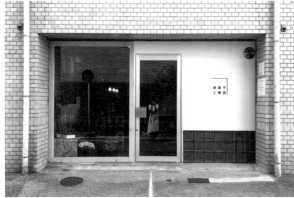
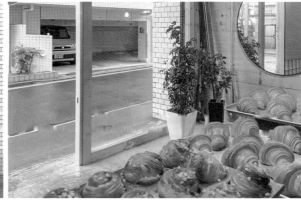

　設計, 内装デザイン：小松 洋介 / 小松アナスタシア　施工, 家具制作者：小松工務店　GD：小松アナスタシア

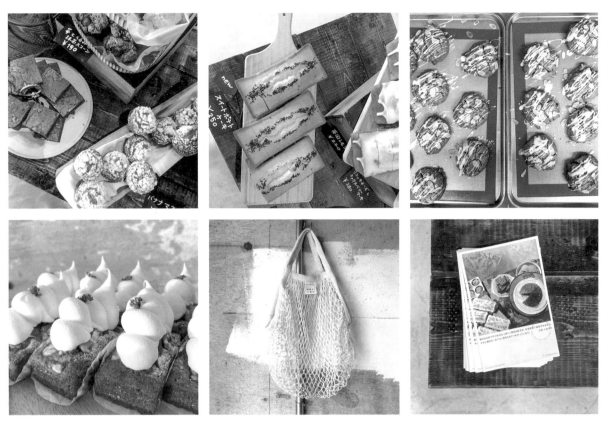

ロンドンの焼き菓子店のように華美に陳列された感じがなく、素材を生かしてシンプルに焼き上げられた菓子がおいしそうに並ぶ。
下中）1周年記念の店舗ロゴ入りエコメッシュバッグ。　　下右）店主がデザインしたお店のポストカード。

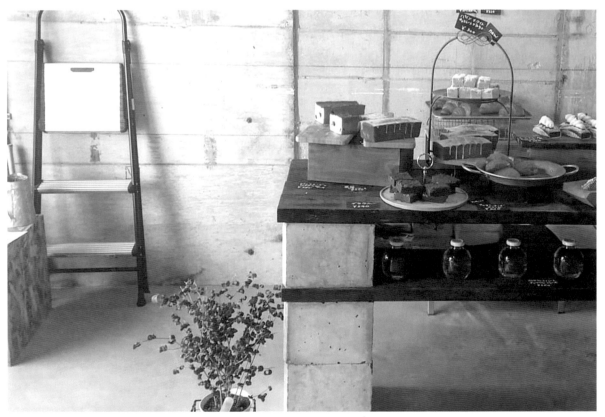

曽祖父が創業した「小松工務店」ビルを店主自ら設計・デザインして店内をリノベーションした。
内装はコンクリート打ちっぱなしで、ブロックを積んだ台の棚上にパンを陳列し、どこか工務店の雰囲気が漂う。

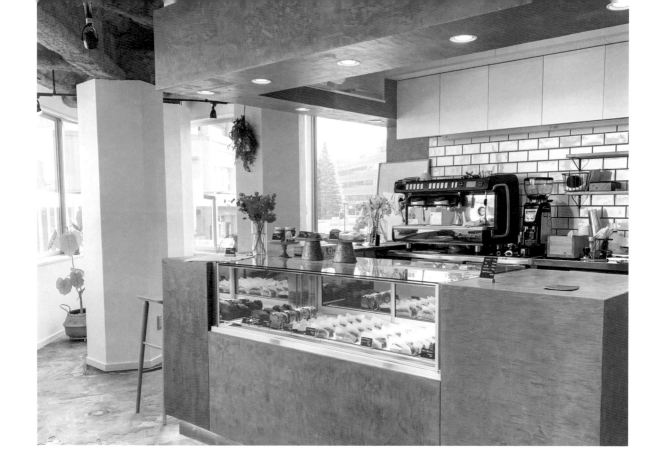

SUMI BAKE SHOP

スミベイクショップ

神奈川県相模原市　Since 2021
Instagram: @sumibakeshop
E-mail: sumibakeshop@gmail.com

☐ パン　　☑ 焼き菓子　　☑ ドリンク　　☑ デザート
☑ プロダクト　　☑ テイクアウト　　☐ イートイン
☑ オンラインショップ　　☑ その他（ワイン）

店主は多摩美術大学大学院出身の女性。飲食店勤務の後、2020年からオンライン販売の菓子店をスタート。2021年に大学時代から馴染みのある街にタルトを中心とした季節のフルーツを使った洋生菓子とクッキーなどの焼き菓子を取り扱う実店舗をビルの4Fにオープン。イートイン併設でケーキと共にコーヒーやワインを提供している。

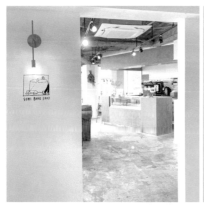
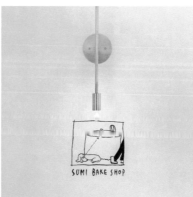
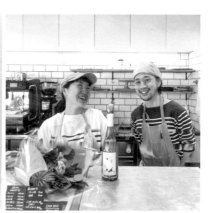

設計：早川誠也（アーキデザインクラフト）　施工：コジマ住建　内装デザイン：山中さよこ　家具制作者：小島正治（コジマ住建）
イラストレーター，ロゴデザイン：イ・ナヨン

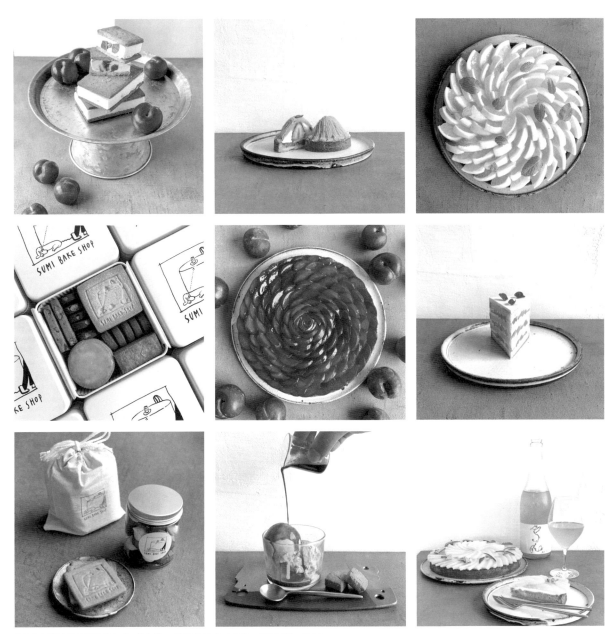

左頁）内装は店主がデザインし、白とグレーを基調とした心地良い空間になっている。
店主が作り出すケーキの一つ一つは、フォルムがグラフィカルにデザインされていて、食べる前からワクワクする。

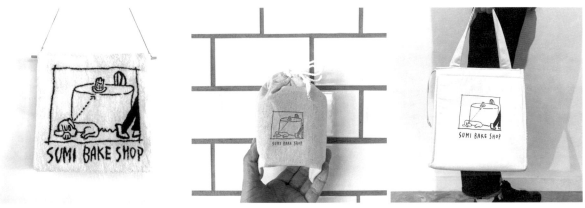

ロゴ・イラストは友人でもあるイ・ナヨン氏によるもので巾着やトートバッグにも使用されている。
左）お店のロゴのタペストリーは中武薫平さんによる作品。

Pacific BAKERY

パシフィック ベーカリー

神奈川県鎌倉市　since 2017
URL: transit-web.com/content/shops/pacific_bakery
Instagram: @pacific_bakery

☑ パン　　　☑ 焼き菓子　　☑ ドリンク　　☑ デザート
☑ プロダクト　☑ テイクアウト　☑ イートイン
☐ オンラインショップ

鎌倉・七里ヶ浜で地元の人々に親しまれているハワイアンベーカリー。定番のバゲットや、リニューアルにあたり開発された新シグネチャー「ココナッツミルクブレッド」などが並ぶ。ショップインショップとして入る京都のアメリカンベイクショップ「NAKAMURA GENERAL STORE」の大人気のスコーンやマラサダの新フレーバーもおすすめ。

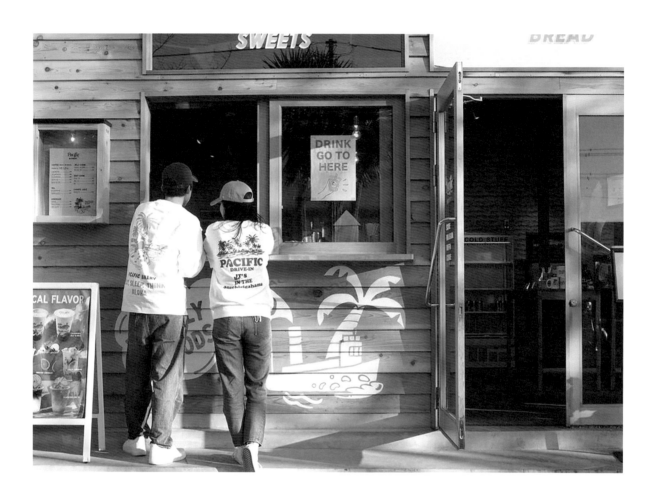

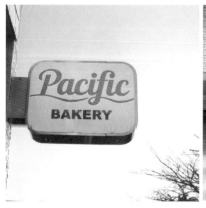
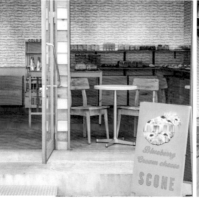
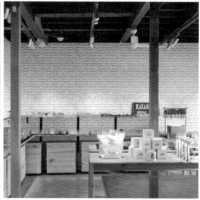

　設計，内装デザイン：TRIPSTER　GD（ロゴデザイン）：冨安修一（SANKOFA）　イラストレーター（グッズイラスト）：FACE

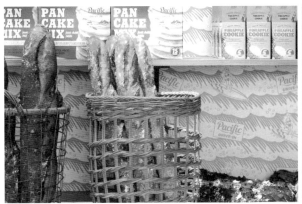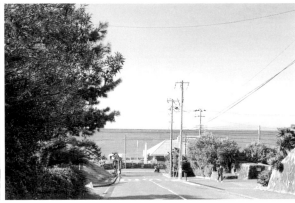

左頁）設計・内装デザインはTRIPSTERに依頼。七里ヶ浜の気持ち良い風を感じる店構え。

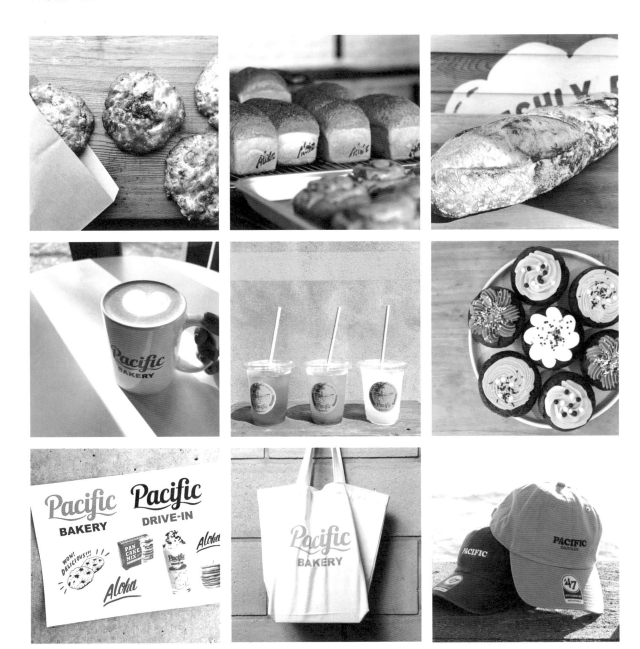

ロゴデザイン、イラスト、配色、グラフィックツールのどれをとっても軽やかなハワイの空気感がうまく表現されている。

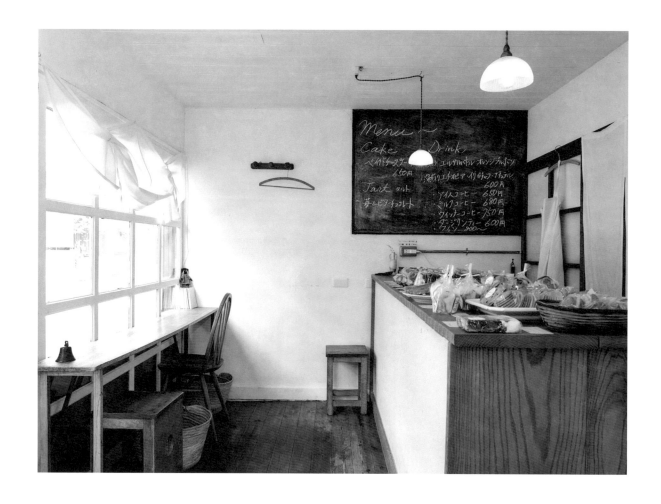

焼き菓子TOROkko
YAKIGASHI TOROKKO

神奈川県鎌倉市　since 2019
URL: torokko-h.com
Instagram: @torokko_h
E-mail: info@torokko-h..com

☐ パン　　☑ 焼き菓子　　☑ ドリンク　　☑ デザート
☐ プロダクト　　☑ テイクアウト　　☑ イートイン
☑ オンラインショップ

焼き菓子・自家焙煎珈琲・ナチュールワインが楽しめる北鎌倉の路地にたたずむ小さな店。日々の暮らしを豊かにする「日常」を大切にできる場所になれたら、と夫婦二人で営んでいる。店名の由来は自宅前の道が昔訪れた屋久島のトロッコ道を思い出させたことから。ワインは鎌倉・由比ヶ浜にある老舗「鈴木屋酒店」の協力のもと、焼き菓子に合うものをセレクト。ワインとのペアリングが楽しめる「焼き菓子3種の皿」というユニークなメニューもある。

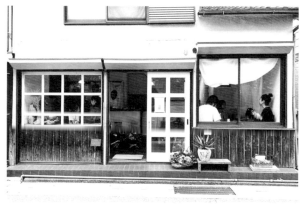

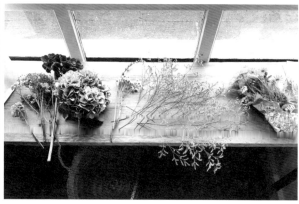

　設計：一級建築士事務所ATELIER SUMIYOSHI　施工，家具制作：ATELIER SUMIYOSHI

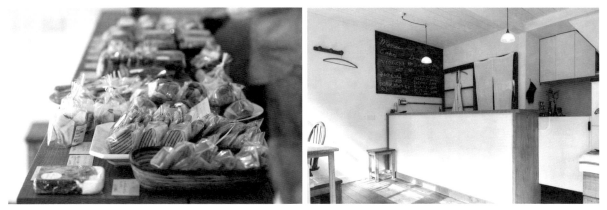

村田一博氏製作のカウンターは、店内のいちばん大切な要素。食品をのせることに配慮し、自家焙煎の珈琲液で自然な塗装を施した。
壁の塗装はDIYで行い、思いを込めた空間に仕上げた。

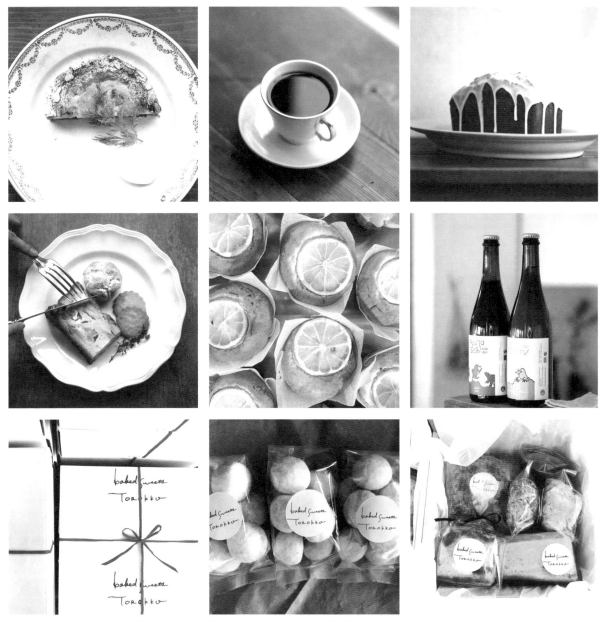

シンプルな筆記体のロゴは店主が描いた文字をデザイナーに依頼したもので、パッケージやラベルの主役に。

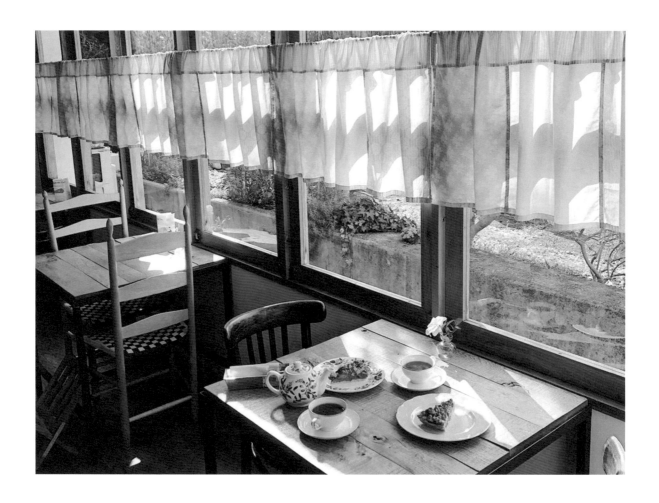

POMPON CAKES

ポンポンケークス

神奈川県鎌倉市　Since 2015
URL: pomponcakes.com
Facebook: @pomponcakes
Instagram: @pomponcakes_pantry
E-mail: info@pomponcakes.com

☐ パン　　☑ 焼き菓子　　☑ ドリンク　　☑ デザート
☑ プロダクト　　☑ テイクアウト　　☑ イートイン
☑ オンラインショップ

当初はケーキを三輪自転車で移動販売していたが、その後鎌倉駅から少し外れた場所に、自分たちのやりたいことを自分たちのペースでゆっくりやっていける店をオープン。「Traditionally new」というテーマのもとで作られているケーキはアメリカやフランスの家庭で作られる伝統的なケーキの味や型を大切にしながら、ありそうでないオリジナルなもの。素材選びにこだわり、フレッシュなケーキを提供している。

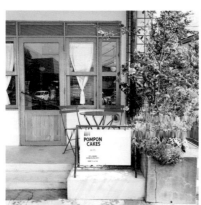
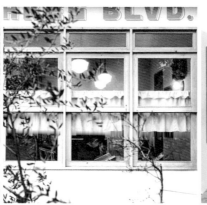
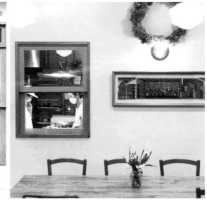

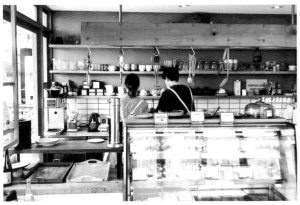
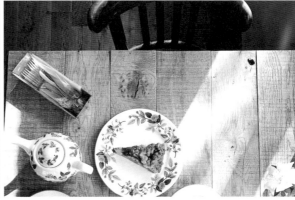

内装、家具類は鈴木一史氏（埴生の宿）に依頼。「Traditionally new.」をモットーに、インテリア、家具、小物が統一され、
どこかなつかしい空気感が驚くほどかたち作られている。

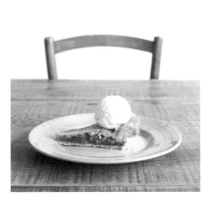
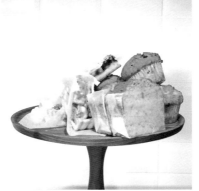
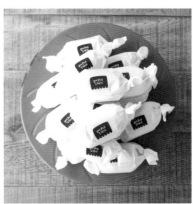
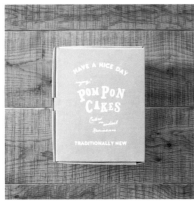
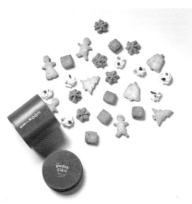
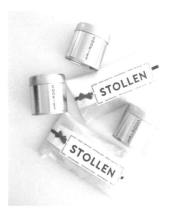
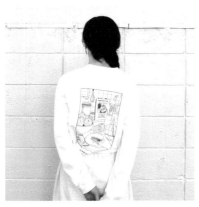
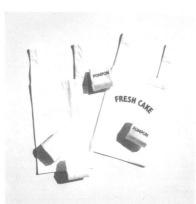
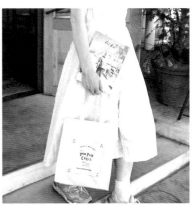

昔ながらの洋菓子をコーヒーショップのコーヒーのように気軽に食べられる、新しいケーキショップ。
エコバッグやトートバッグ、イラストレーター・ユノスケさんが手がけたロングスリーブTシャツなどオリジナル商品も製作している。

Madame Rouge

マダムルージュ

☑ パン　　☑ 焼き菓子　　☐ ドリンク　　☐ デザート
☑ プロダクト　☑ テイクアウト　☑ イートイン
☐ オンラインショップ

神奈川県藤沢市　since 2012
URL: madame-rouge.com
Instagram: @madamerouge2012

パリで出会ったパンに感銘を受けた店主が、手間と愛情を一つ一つのパンに閉じ込め「心も身体も笑顔になるパン」を作る。「発酵」と「熟成」に重きを置き、それぞれのパン生地にあわせて味、香り、食感に特徴を出している。パリの街角のようなたたずまいの店舗は店主自ら内装をデザイン。厳選した食材で作り出されるパンからもパリのエスプリを感じられる。

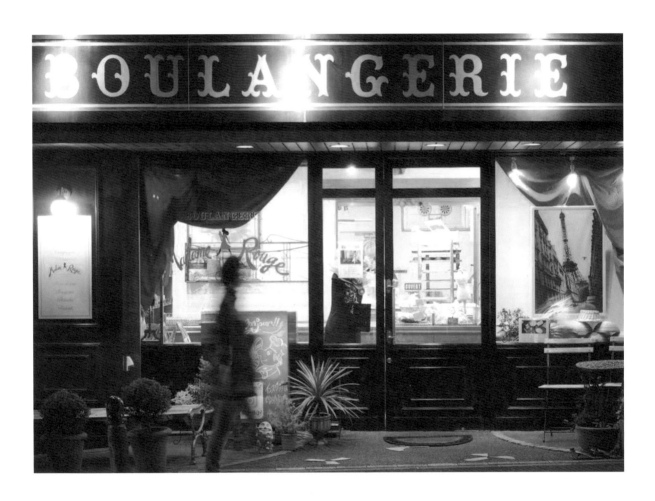

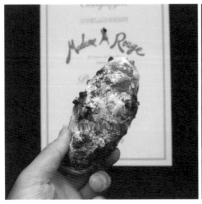

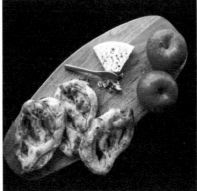

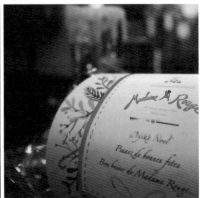

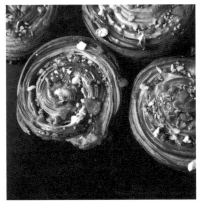
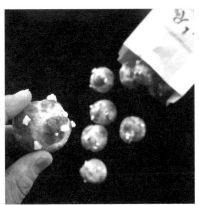
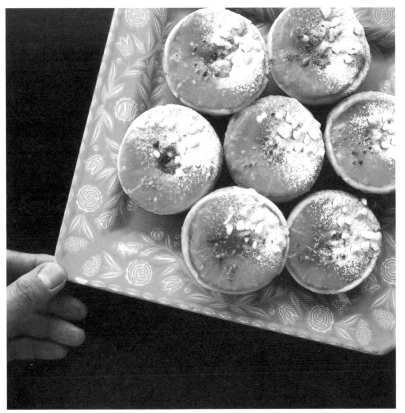
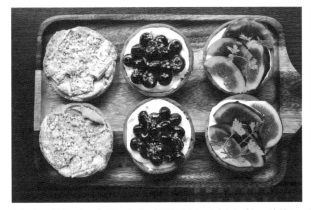
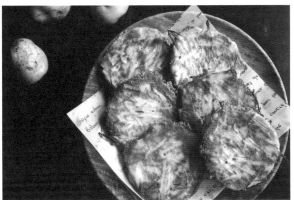

左）パリの街角にあるブーランジェリーを思わせるシックなたたずまい。店舗のロゴやシュトーレンのパッケージは店主自らデザインしている。
インスタグラムはパンの美しさ、おいしさがシンプルに伝わるように背景色を黒にしている。

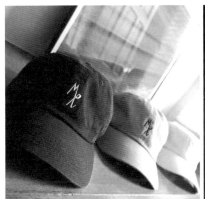
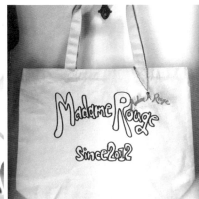
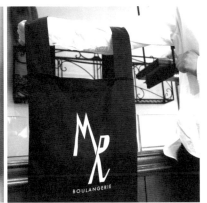

キャップやトートバッグ、キーホルダー、10周年ロゴが入ったエコバッグもオリジナルプロダクトとして販売している。

三角屋根 パンとコーヒー

SANKAKU YANE Bread and Coffee

☑ パン ☑ 焼き菓子 ☑ ドリンク ☑ デザート
☑ プロダクト ☑ テイクアウト ☑ イートイン
☐ オンラインショップ

神奈川県三浦郡葉山町　since 2015
URL: sankaku-yane.net
Facebook: @sankakuyane516
Instagram: @sankaku.yane
E-mail: pan-coffee@sankaku-yane.net

葉山の森戸海岸近くにある店舗はその名の通り三角屋根が印象的で、近隣の方だけでなく観光客にも人気。たまたま遊びに来て気に入ったというこの土地で夫婦で営む。毎日食せるシンプルなパンと、毎日飲める上質で癖のないコーヒーを提供することを心がけている。お店のテーマカラーは白、グレー、イエロー。

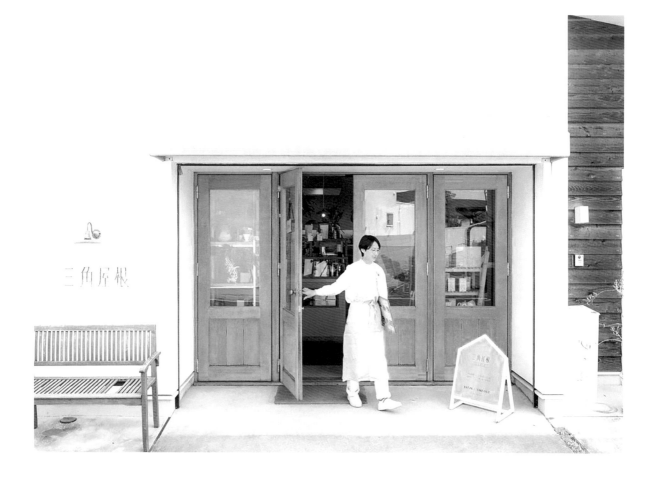

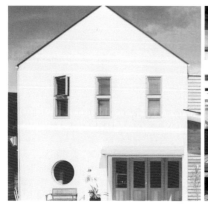
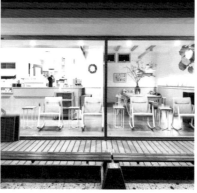
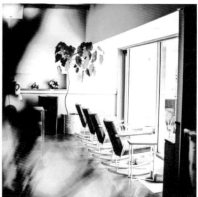

設計：河村草麻生（プレイス総合計画）　施工：鈴木治雄（東湘建設）　内装デザイン, 家具制作者：阿部大輔（NUB）　GD：島 航太（ピーキングオー）

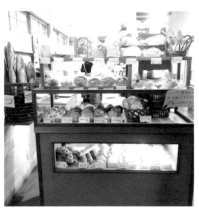 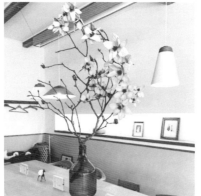 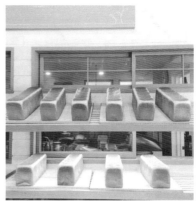

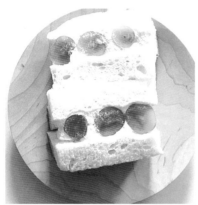 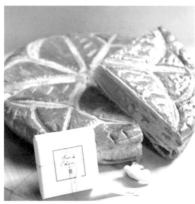 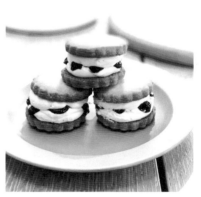

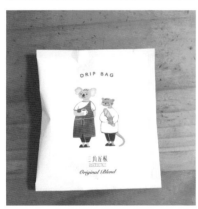 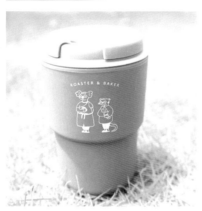 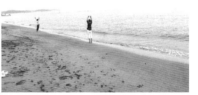

自宅兼、店舗の設計・建築は外部の専門家たちと話し合い、妥協せずに作り上げた。店舗に入ってからすぐのパンの棚、淡いブルーの壁、大きな窓からの庭の眺め、窓際に置かれたロッキングチェアなど訪れた人がまた来たいと思う空間がここにある。店のシンボルイラストはお客様でもある宮川海奈さんに依頼した。

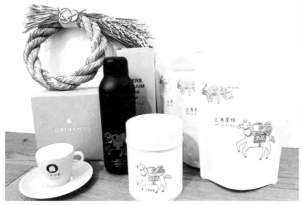 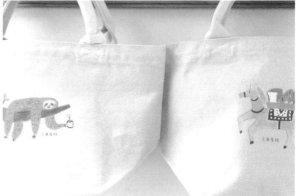

左）福袋の一つとしてコーヒー豆福袋を販売。イラストは樋口たつのさん。　　右）樋口たつのさんとコラボしたトートバッグ

133

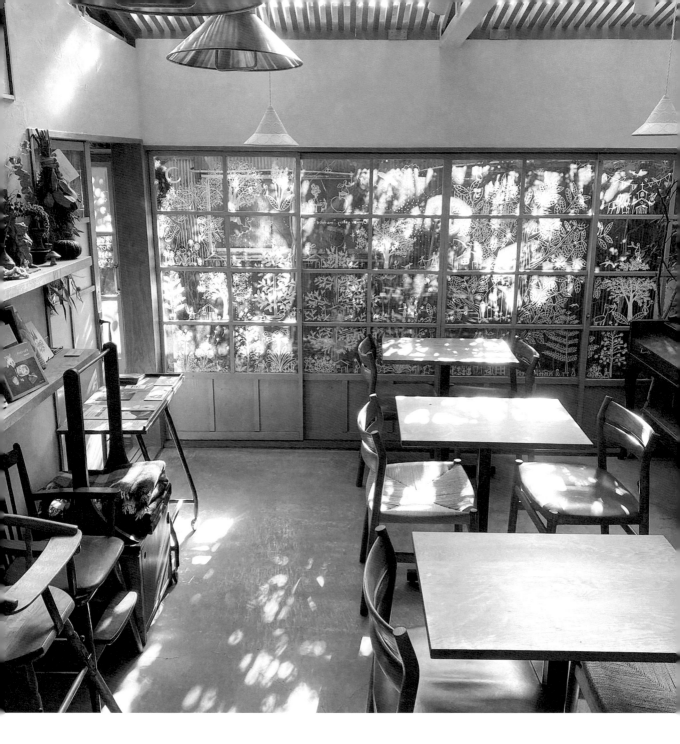

Boulangerie Yamashita

ブーランジェリー ヤマシタ

神奈川県中郡二宮町　since 2014
URL: https://boulangerieyamashita.com
Facebook: @boulangerieyamashita
Instagram: @boulangerieyamashita
E-mail: boulangerieyamashita@gmail.com

☑ パン　　☑ 焼き菓子　　☑ ドリンク　　☑ デザート
☑ プロダクト　☑ テイクアウト　☑ イートイン
☑ オンラインショップ

デンマーク留学、家具メーカー勤務を経てパン職人に転身した店主が湘南・二宮町で営むベーカリー。デンマークの友人が有機栽培しているリンゴから起こした酵母を用いて、日々30種類ものパンを焼いている。店舗は30年以上放置されていた美容院を改築。併設のカフェでも店主の経験や縁を生かした作り手の温もりが感じられる空間作りがされている。

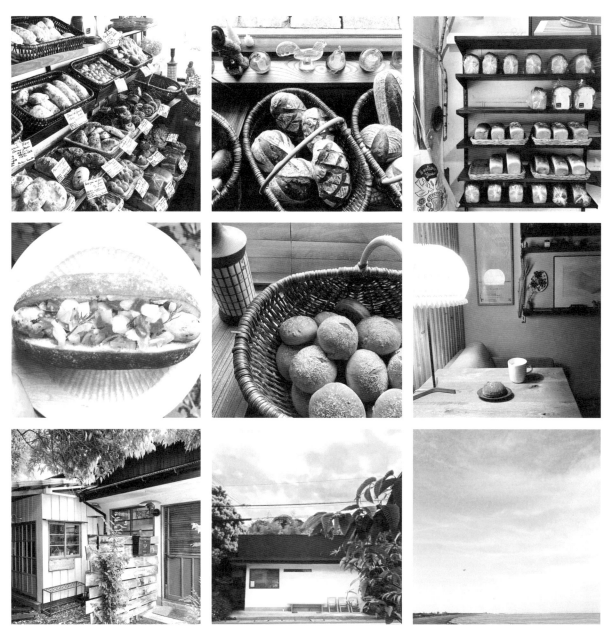

ハード系から惣菜パン、食事パンなどが所狭しと並ぶ。味のある古い平家を自分たちでリノベーションして大切に店を営んでいる。

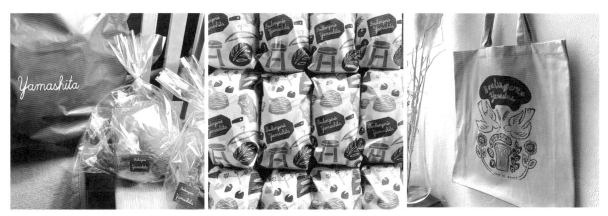

パッケージデザインは店主によるもの。　中）シュトーレンの包装紙は、元スタッフのtotoganashi 近藤百恵さんのデザイン。
オリジナルトートバッグはミナペルホネンに依頼して製作している。イラストは皆川 明さん。

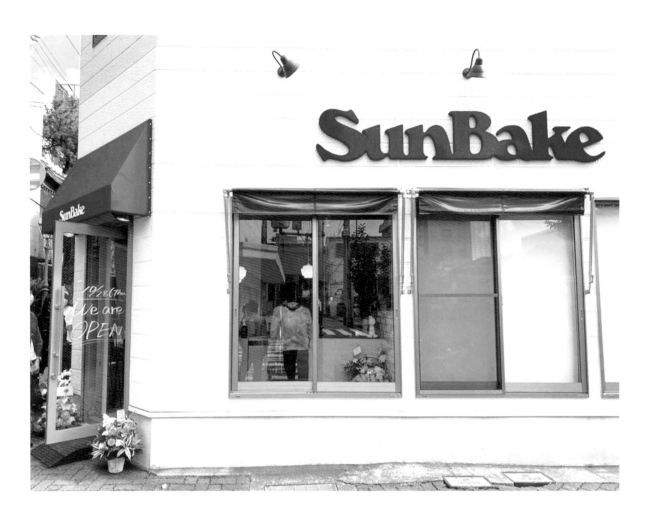

SunBake

サンベイク

新潟県新潟市　since 2021
Instagram: @sun_bake_
E-mail: sunbakeee@gmail.com

☑ パン　　☑ 焼き菓子　　☐ ドリンク　　☐ デザート
☐ プロダクト　☑ テイクアウト　☐ イートイン
☐ オンラインショップ

晴れの日がちょっと少ない新潟で、1日の始まりや休日に陽がさすようなお店。東京のベーカリーで経験を積んだ店主が故郷新潟で起業。何種類でも食べられるようにパンはやや小さめの食べきりサイズで、ジューシーなレーズンを食パン生地に混ぜ込みふっくら焼き上げたレーズンブレッドがおすすめ。都会的な印象を与えられるようすっきりとした内装にした。

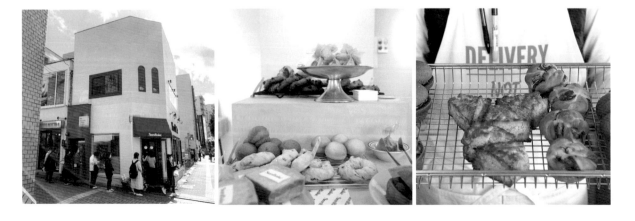

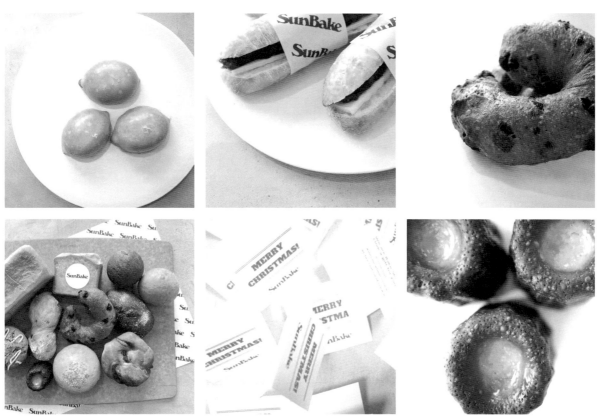

左下）すこしレトロな書体が印象的な白にブルーのロゴが爽やかな包装紙と商品ラベル。三平悠太氏がデザインを担当。
レモンケーキやベーグル、カヌレ、あんこバターパンなど素材を生かしたシンプルなお菓子やパンが並ぶ。

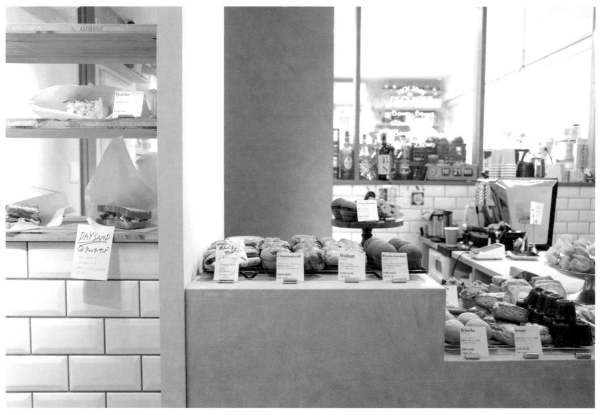

店名の由来は、「曇りがちな新潟だけれど、おいしいパンや焼き菓子を食べて晴れやかな気持ちになってほしい」という思いから。
内装は気軽に立ち寄れる親しみやすい空間に仕上げた。

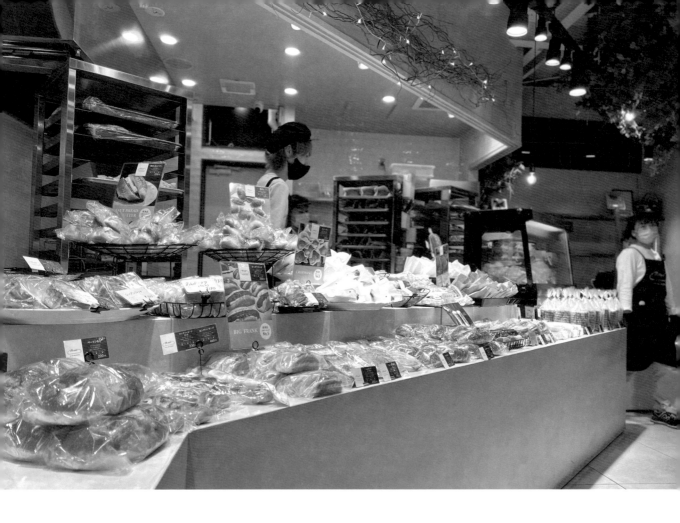

Je suis OWL the Bakery

ジェシー オウルザベーカリー

新潟県新潟市　since 2021
Instagram: @jesuis_owlthebakery

☑ パン　　　☑ 焼き菓子　　☑ ドリンク　　☑ デザート
☐ プロダクト　☑ テイクアウト　☐ イートイン
☐ オンラインショップ

イメージはヨーロッパの小さなベーカリー。パンが主役になるように全体的にシックな色味で統一。お店の裏側にはグリーンのタイルを貼った窓口があり、揚げたてのカレーパンを対面で提供。外観には約1.5mの大きなリースを飾り、季節によってイメージを変えている。バスセンター内の待ち合わせスポットとしてもお客様の楽しみになっている。

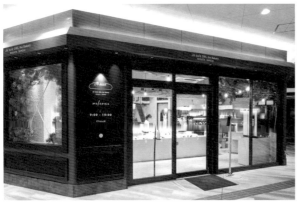

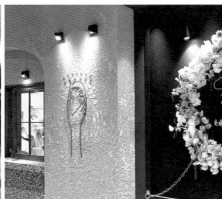

　設計, 施工, 内装デザイン：福井康博（BM企画）　家具制作者：廣川秀樹（廣川美装）　GD, イラストレーター：齋藤進司（プロジェクトTFG）

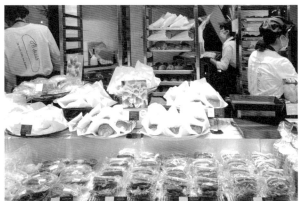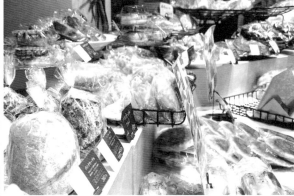

奥に工房、手前に商品棚。顧客の感想がダイレクトに伝わる店内設計でパン作りをしている。

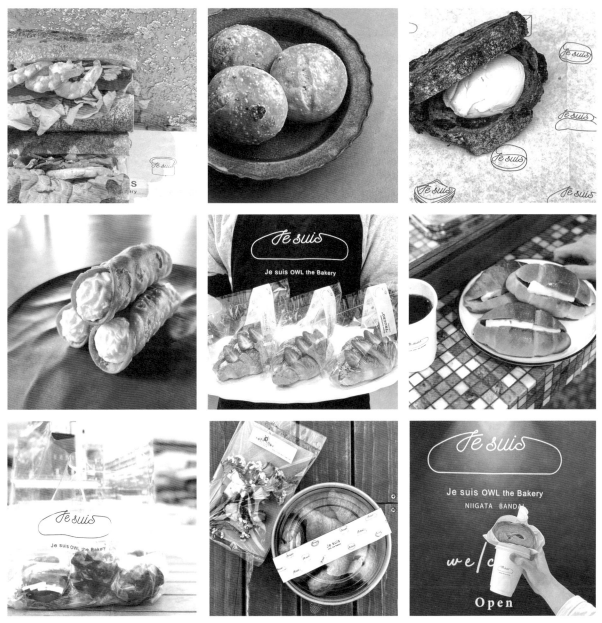

店舗のロゴは店名がパンの形になっているユニークなもので齋藤進司氏が担当。パッケージ、ペーパー類、
エプロン、看板など至るところにキービジュアルとして使用されている。

Boulangerie et Bistro ひらみぱん

Boulangerie et Bistro HIRAMIPAN

☑ パン　　☑ 焼き菓子　　☑ ドリンク　　☑ デザート
☑ プロダクト　☑ テイクアウト　☑ イートイン
☑ オンラインショップ　☑ その他（デリ）

石川県金沢市　since 2011
URL: www.hiramipan.co.jp
Instagram: @hiramipan

大正5年築の鉄工所跡を改装。趣のある店内には地元作家の作品や、店主が集めたこだわりの家具や雑貨、本などが散りばめられている。店頭には自家製酵母を使った焼き立てのパンや焼き菓子が並ぶ。北陸新幹線の金沢開業を機に始めたモーニングでは、クロックマダムやキッシュのセットを楽しめる。今では人気店として旅の目的地の一つに。

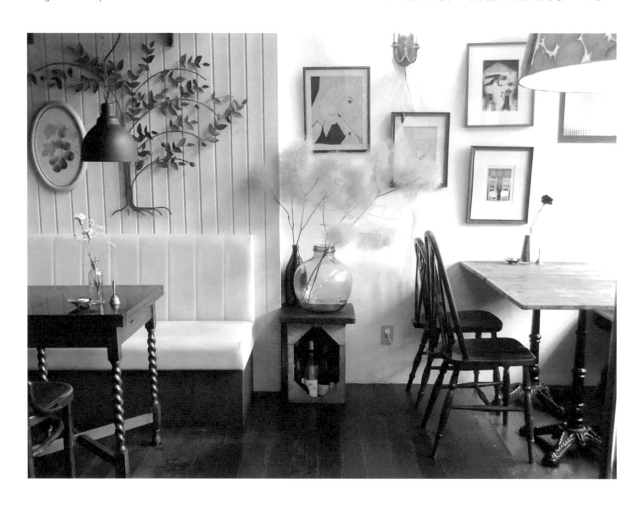

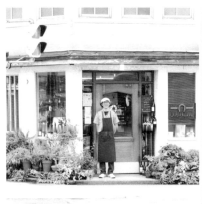

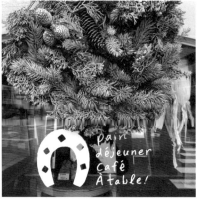

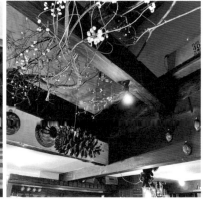

設計, 内装デザイン, 家具制作者：29niqueworks　施工：zuiun　家具制作者：Gloini / 松本建築　GD, イラストレーター：平見百合

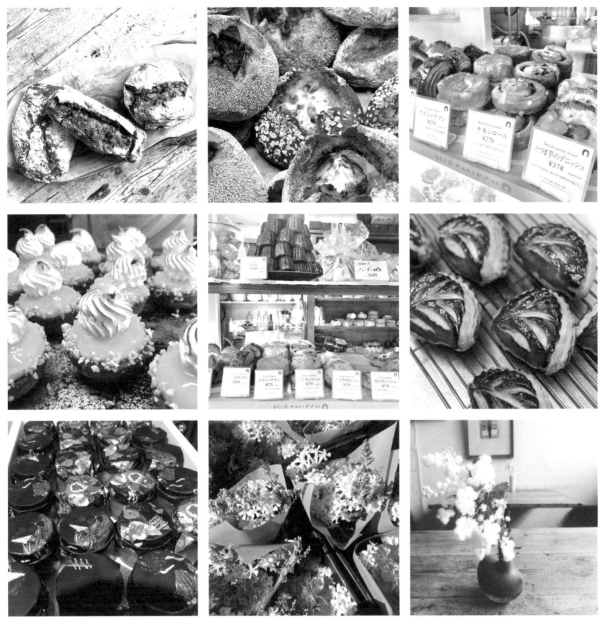

目移りするほどパンの種類が多く甘いデザート系のパンからハード系のパンまで充実している。
左頁）ドアにはお店のロゴマークでもある馬蹄が描かれ、来店客に向けて「たくさんのしあわせが訪れますように」という願いが込められているそう。

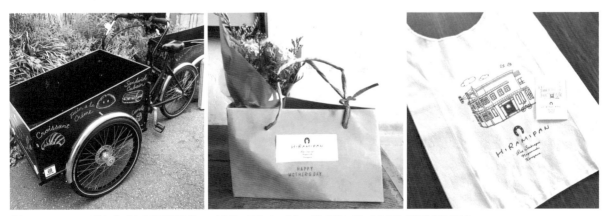

左）かわいいイラストが散りばめられた移動販売車。　中）母の日ギフト　右）ロゴと店舗のイラストは店主の奥様が手がけた。

円居

madoi

岐阜県岐阜市　since 2011
URL: madoi.shop
Instagram: @_madoi
E-mail: madoi@elephant-d.com

☑ パン　　☑ 焼き菓子　　☑ ドリンク　　☑ デザート
☐ プロダクト　☑ テイクアウト　☑ イートイン
☑ オンラインショップ

古くからの街道沿いにある築120年の町屋を改装したパンと喫茶の店。
天然酵母でじっくりと発酵させた生地でパンを焼いており、仕込みに時
間をかけているため営業日は水・金のみ。旬の食材を使ったサンドが
メインのコース仕立てのランチや、喫茶メニューも提供。2021年に内装
を改修、設計・施工は店主のご主人が営む建築事務所が手がけた。

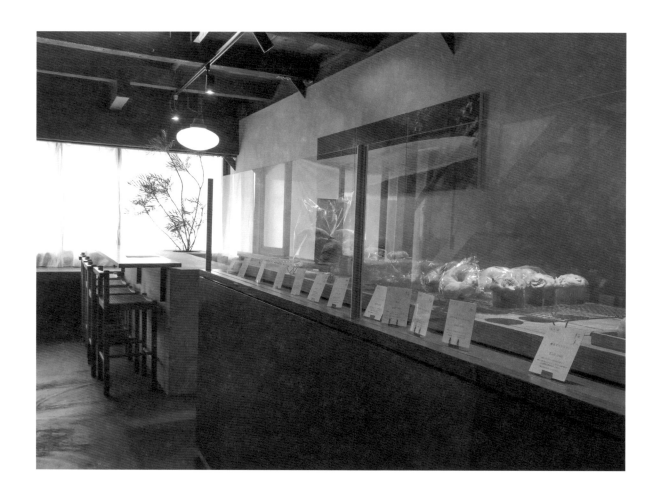

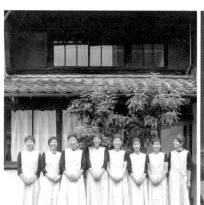

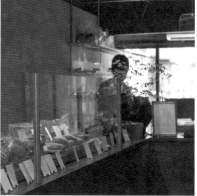

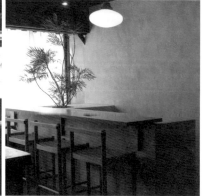

　設計：ELEPHANT design　施工：象工作舎　家具制作者：HOFF&Co.　GD（パッケージデザイン, ホームページデザイン）：DESIGN PERSON

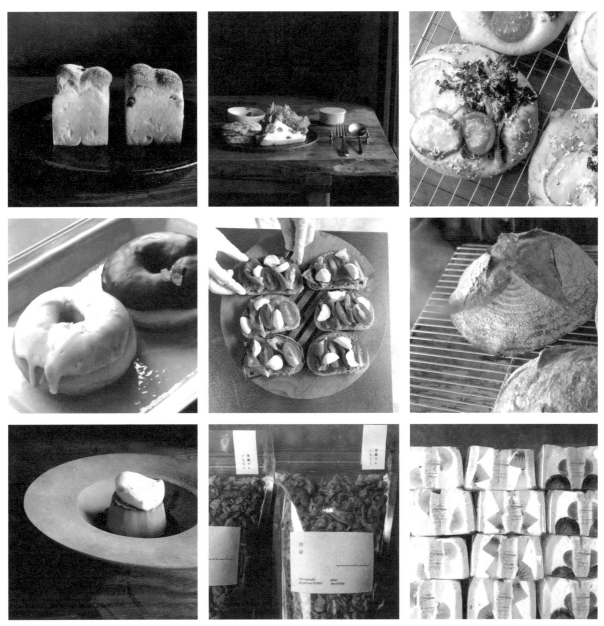

ずっと昔からそこにあったかのようなたたずまいの店舗には静かな時間が流れている。家具はオリジナルでデザインしたものやアンティークでそろえ、下段左のプリンがのった器は岐阜出身の吉田次朗さんの作品。スタッフの仕事着は「服屋 宮」に発注して、店舗全体の独自の世界観を作り上げている。

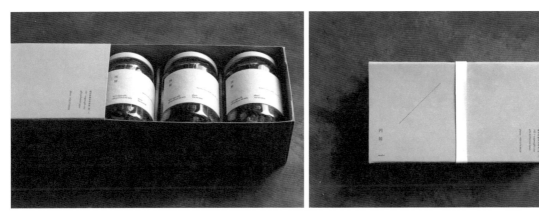

思いが詰まったギフトボックスはDESIGN PERSONがデザインを担当。

thé et toi.

テト

岐阜県岐阜市　since 2019
URL:the-et-toi.world
Facebook: @the.et.toi
Instagram: @the_et_toi
E-mail:info@the-et-toi.world

☐ パン　　☑ 焼き菓子　　☐ ドリンク　　☑ デザート
☐ プロダクト　　☑ テイクアウト　　☐ イートイン
☑ オンラインショップ

コンセプトは「世界各地の上質な材料を自由な発想と確かな技術で縦横無尽に組み合わせ、楽しいお菓子をお届けします」。大好きなインドと研究室の要素を合わせ、お客様もスタッフも楽しくいられる空間に。インドの地方都市ジョドプールの青を背景に、ステンレスやガラスの上で際立つ個性豊かなお菓子、マリーゴールドの鮮やかなオレンジでお客様を迎える。

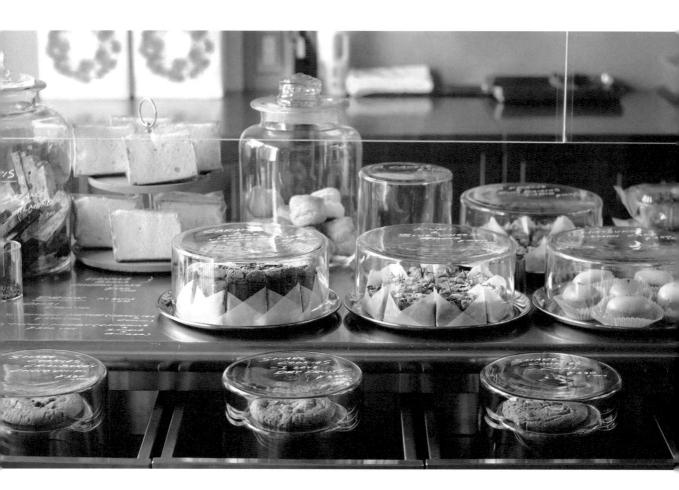

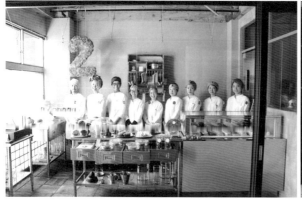

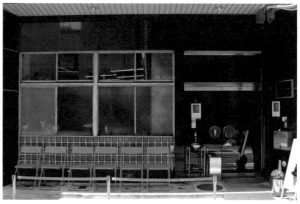

　店舗デザイン, 監理：mldk designs　設計：TAKEICHI SOUSHOKU　建築, 施工：武市装飾　厨房：GOOD KITCHEN　GD：古野雅樹 / 森 勇樹

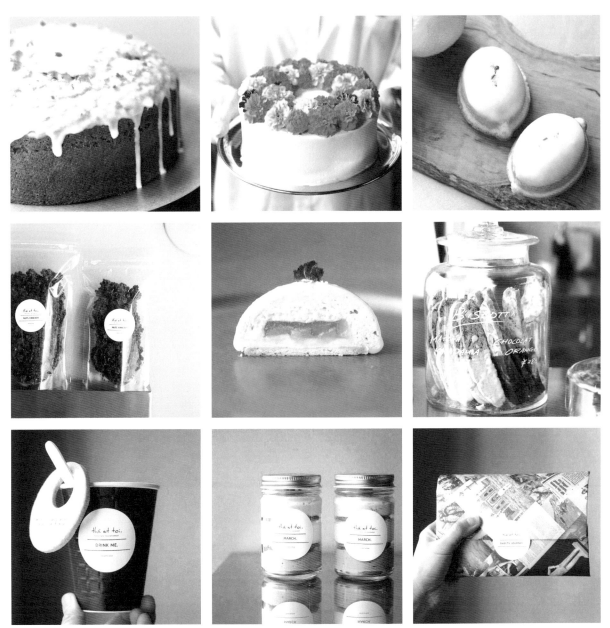

焼き菓子、洋生菓子、グラノーラ、ビスコッティ、スイーツスープのどれをとっても、テト独自のグラフィカルなフォルムが印象的。
好奇心をそそられる、魅惑のお菓子の世界。

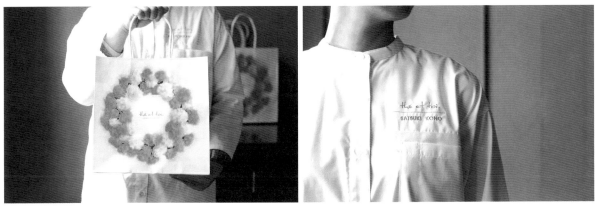

左）ショッパーはマリーゴールドの鮮やかなオレンジのデザイン。　　右）スタッフの仕事着の左胸には店名のロゴが刺繍されている。

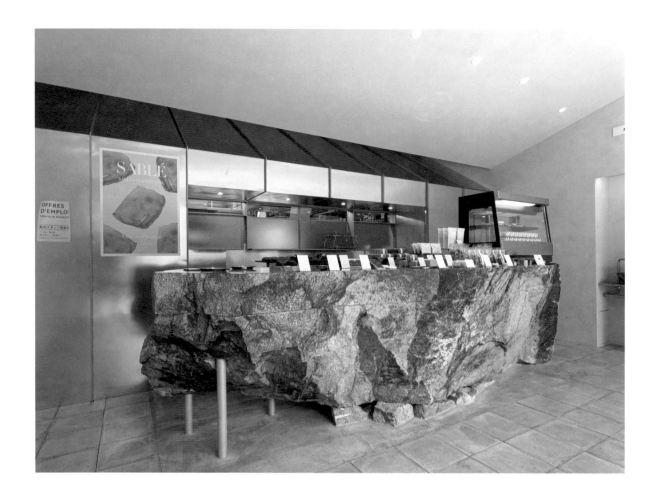

川島

KAWASHIMA

岐阜県岐阜市　since 2020
URL: kawashimayuri.com
Facebook: @Kawashima2020
Instagram: @kawashima_yuri_

☐ パン	☑ 焼き菓子	☐ ドリンク	☐ デザート
☐ プロダクト	☑ テイクアウト	☐ イートイン	
☐ オンラインショップ	☑ その他（チョコレート）		

「La saveur et la saveur. 味で、味よ。」をコンセプトに、なによりも味を優先している。ブルターニュ地方のファーブルトン、イタリアンドルチェをベースにした濃厚カスタードプリン、味ごとに小麦や砂糖の種類から調整する発酵バターサブレなど。10トンの岐阜県産御影石を店の中心に据え、シンプルで力強いお菓子を伝えるステージとした。

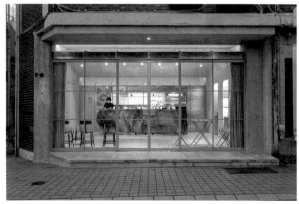

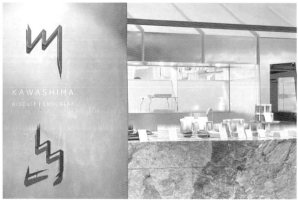

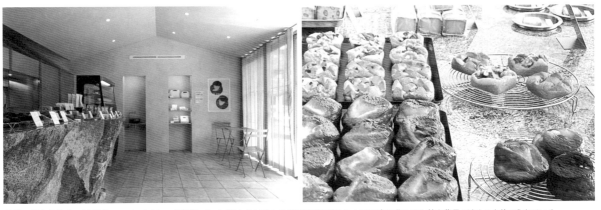

内装は岐阜を拠点に活躍するDesignWalterが担当。どっしりとした10トンの岐阜産御影石の上に丁寧に作られた焼き菓子がきちんと並べられている。

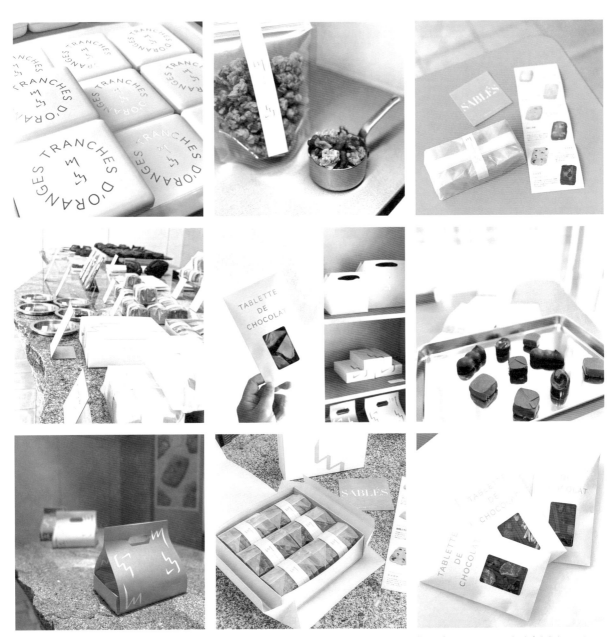

白地に流れるように優美な「川島」のロゴが印刷されている、グラフィックツールの数々。味はもちろんのこと、お菓子を包み込むパッケージにも力を入れている。

御菓子屋かたわれ
OKASHIYA KATAWARE

☐ パン　　☑ 焼き菓子　　☐ ドリンク　　☐ デザート
☐ プロダクト　　☑ テイクアウト　　☐ イートイン
☑ オンラインショップ

岐阜県不破郡垂井町　since 2021
URL: kataware.stores.jp
Instagram: @__kataware
E-mail: okashiyakataware@gmail.com

店主の夫が淹れる珈琲のかたわれに御菓子を、との思いから始めた店。一つ一つ丁寧に、人びととの日々に寄り添う、とっておきの御菓子作りをしている。おすすめは、3カ月毎に変わる季節の御菓子。お気に入りの味を見つけ、贈り物や自分へのご褒美として購入されることが多い。お菓子屋としての実店舗はなく、店主の夫が経営する青島珈琲焙煎所で販売。

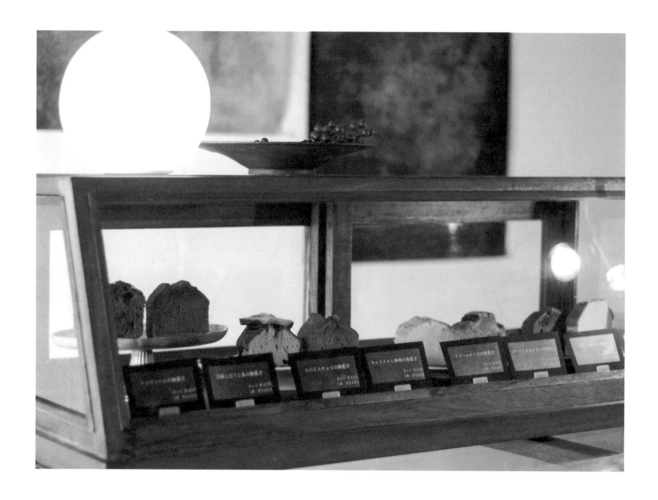

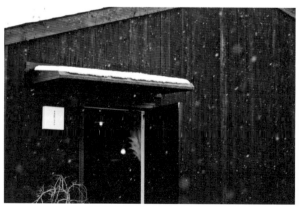

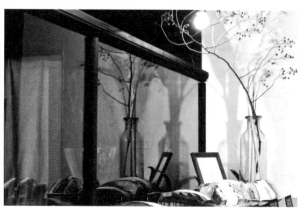

　設計, 施工, 内装デザイン, 家具制作者：青島貴士（青島珈琲焙煎所）　GD：大津 厳（THROUGH）

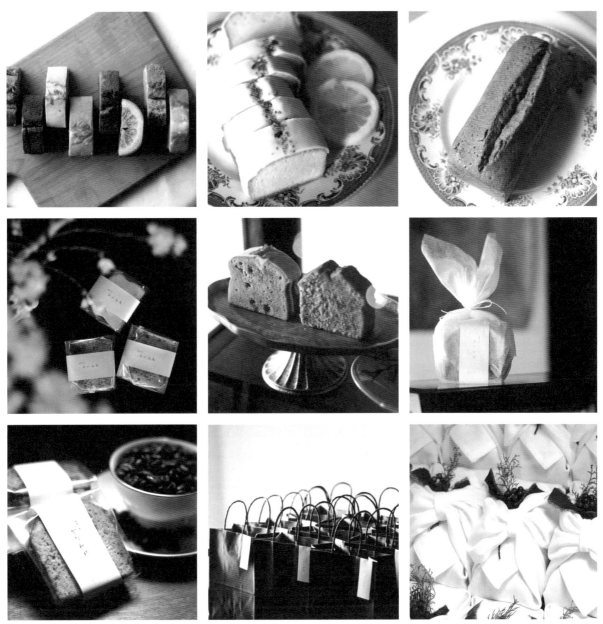

さまざまなフレーバーのパウンドケーキ。陳列用の食器はヴィンテージものや、〈日月窯〉を営む福村龍太氏の器を使用している。
パウンドケーキのクリスマス特別ラッピングはクリスマスをイメージしたものとなるよう、白い布でくるみ、柊を添えた。

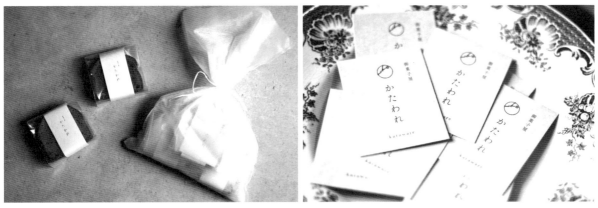

左）夏のお菓子セット　右）ショップカードは大津 厳氏のデザイン。簡素な書体と白色で優美な世界を表現している。

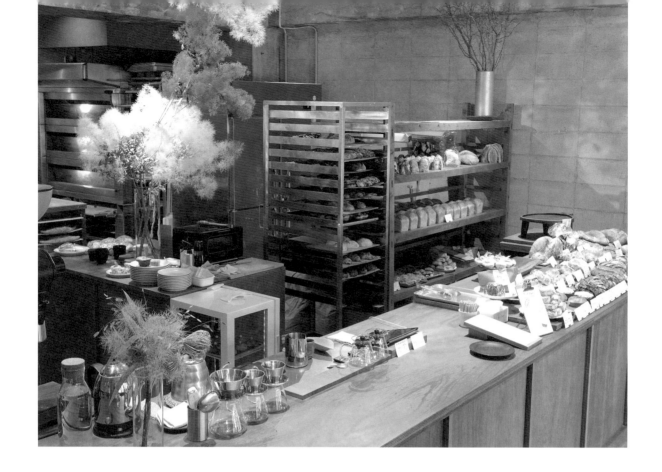

KISO Bread & Coffee

キソ

愛知県名古屋市　since 2021
Instagram: @kiso_nagoya

☑ パン　　☑ 焼き菓子　　☑ ドリンク　　☐ デザート
☑ プロダクト　☑ テイクアウト　☑ イートイン
☐ オンラインショップ

人々の生活の基礎になりたいという想いで、パン職人夫婦とバリスタ夫婦の4人が営む店。素材、製法、組み合わせなどにこだわった"ここにしかないパン"と、産地から一杯のカップに至るまで多くの人が繋げた"ストーリーのあるコーヒー"を提供。パンとコーヒーの両方が主役になるよう、メインカウンターではパンが並ぶ横で一杯ずつ丁寧にコーヒーを淹れている。

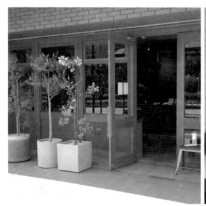
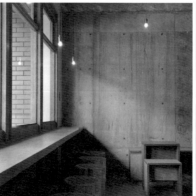
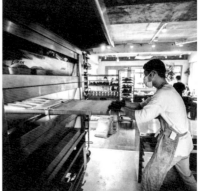

　設計, 内装デザイン：Spumoni　施工, 家具製作：ナガオ装工　ビジュアルデザイン, イラストレーション：長尾美術

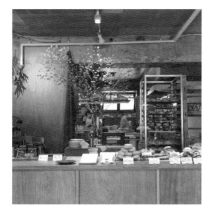

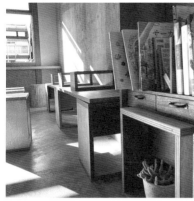

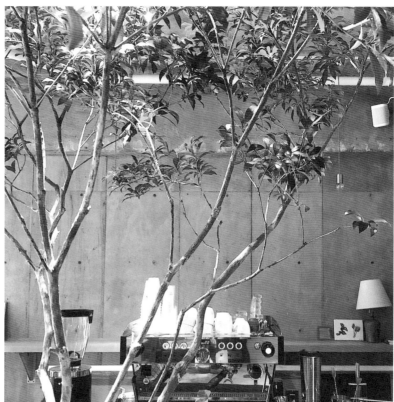

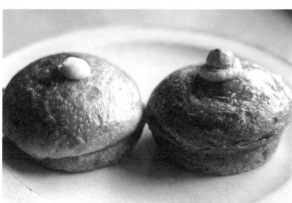

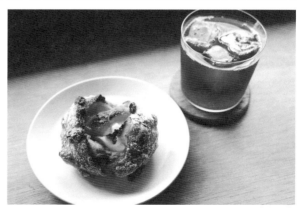

設計・内装デザインはSpumoniが担当。むき出しの壁、解放感のあるオープンキッチン、すっきりとした空間、ところどころに配置されたグリーンがゆったりとした時間を演出する。店内には絵本をメインとした小さな本棚も。　下左）ピスタチオクリームの「ピスタ」とヘーゼルナッツクリームの「ヘゼル」

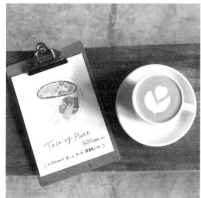

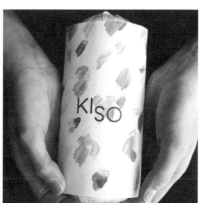

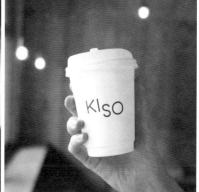

左）手描きの「Tasting Plate」のメニュー　中）パッションフルーツとピスタチオのシュトーレン。包装紙はシュトーレンのフレーバーのイメージでデザインされている。
右）シンプルな店舗ロゴは長尾美術が担当。

熟タルトの店atelierbrico

アトリエブリコ

☐ パン　☑ 焼き菓子　☐ ドリンク　☐ デザート
☐ プロダクト　☑ テイクアウト　☐ イートイン
☑ オンラインショップ

愛知県名古屋市　Since 2018
Facebook: @bricotart
Instagram: @atelier_brico

「熟タルト」というオリジナルの焼き菓子がメイン商品。「熟」とは時間や手間をかける、完熟した素材、熟成した素材、でできたタルト。焼き菓子だが見た目は華やかで食感にはジューシーさもあり、珈琲や紅茶はもちろんのこと、ワインなどのお酒にも合う味わい深いお菓子。自分へのご褒美や、大切な方への贈り物などに利用されている。

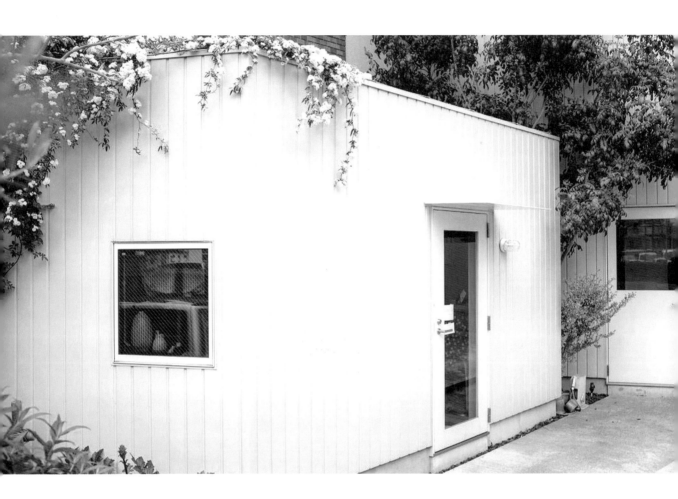

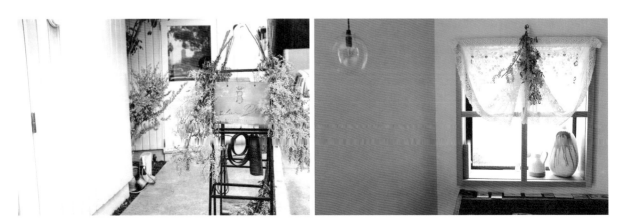

設計：謡口志保（ウタグチシホ建築アトリエ）　施工：森 章芳（誠和建設）　内装デザイン：atelierbrico　家具制作者：家久ゆう子（TRIMSO）

GD：下斗米勇輔（スーベニア）

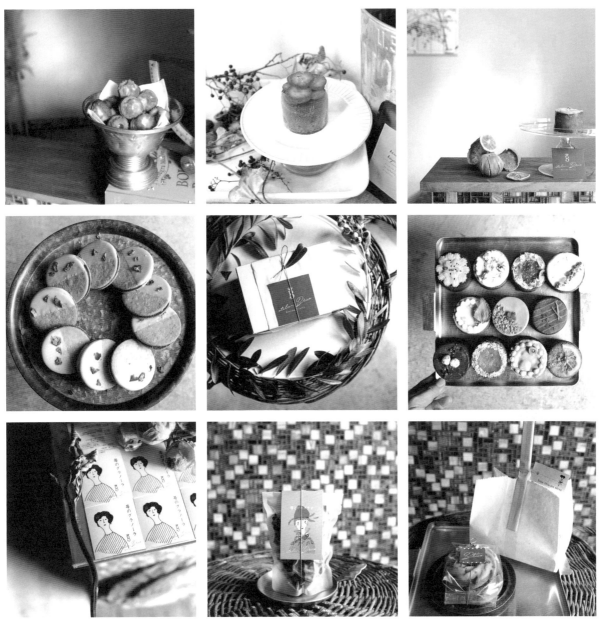

春は店の看板にミモザが飾られ、白い外観の良い目印になっている。フルーツを使った焼き菓子やクッキー、季節のグラノーラなど丁寧に作られたお菓子が並ぶ。
陳列皿やプレートはアンティークや作家ものを利用している。小ぶりで長い持ち手がアクセントの紙袋やイラストのパッケージがどこか楽しげ。

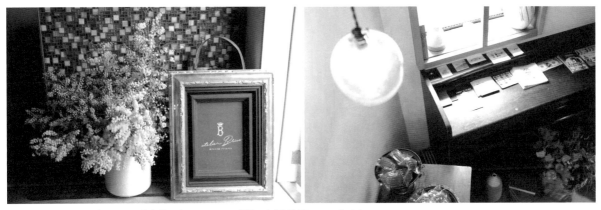

店内はクラシックな雰囲気で照明は名古屋天白区のCarafeで購入した「琉球ガラスペンダント」。
アンティークのオルガンの上には他店のフライヤーやショップカードが置かれている。

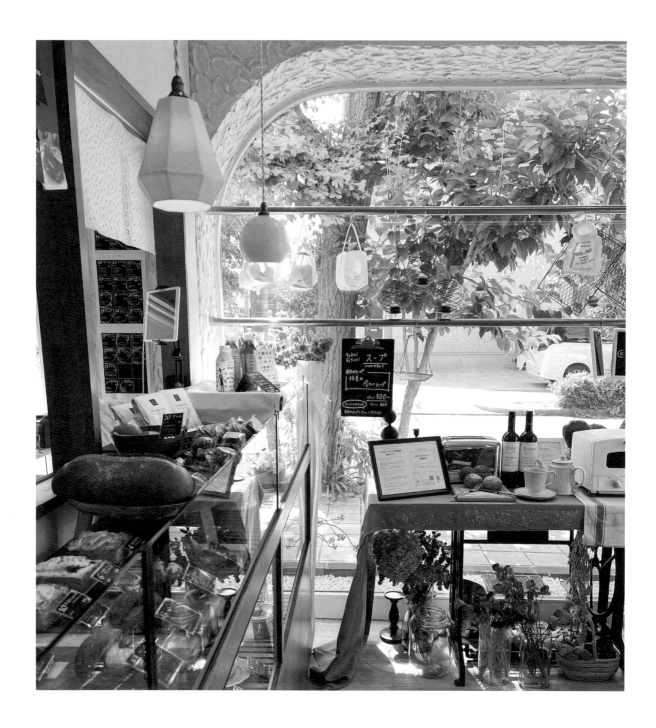

BRICO Table

ブリコターブル

愛知県名古屋市　since 2020
Instagram: @brico_table
E-mail: bricotable@bricolage.co.jp

☑ パン　　　　　☑ 焼き菓子　　　☑ ドリンク　　　□ デザート
□ プロダクト　　□ テイクアウト　　□ イートイン
☑ オンラインショップ

カラダとココロにうれしいパン食生活の店。油脂・砂糖不使用のパン
生地。2種類の生地（16種類の雑穀を加えた生地、全粒粉・ライ麦・
ルヴァン（発酵種）から成る生地）のパンをベースにした、見た目にも美
しく楽しい、そしておいしい惣菜系サンドイッチが人気。手作りデリカテッ
センも販売。

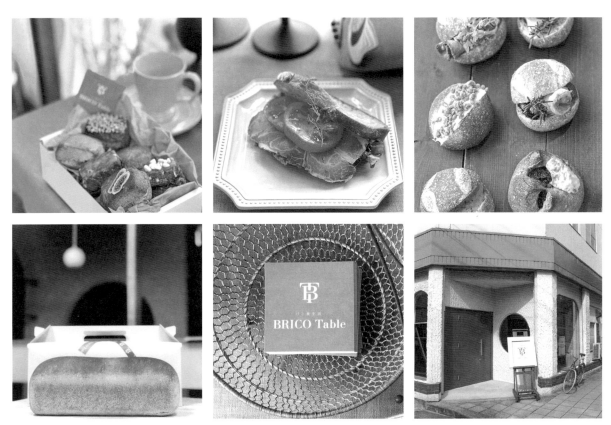

ショップのイメージカラーはラベンダー色。
ロゴと食パンのテイクアウト用のBOXデザインはスーベニアに依頼。ロゴがデザインされたオリジナルテープがアクセント。

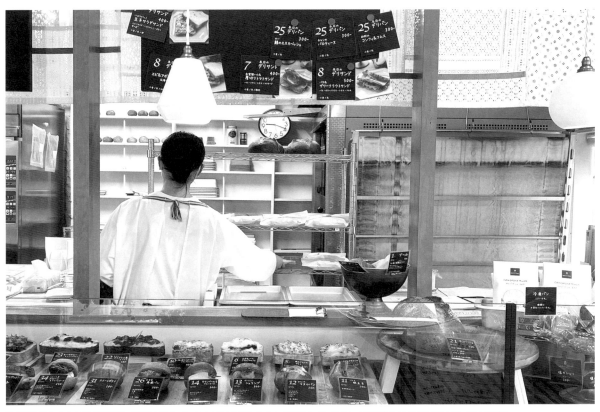

光が差し込む大きな窓が印象的。内装デザインのコンセプトはフランスの小さな町のパン屋さん。家具デザインはアトリエトリシクルに依頼し、
照明はideotのModern Porcelainのもの。対面式のカウンターショーケースには、自家製デリ（お惣菜）と組み合わせた30種類超のサンドイッチが並んでいる。

焼菓子店 slow

slow Bakery

愛知県名古屋市　Since 2021
URL: slow-patisserie.com
Instagram: @slow_patisserie
E-mail: slow.izumi@gmail.com

☐ パン　　☑ 焼き菓子　　☐ ドリンク　　☑ デザート
☐ プロダクト　　☑ テイクアウト　　☐ イートイン
☑ オンラインショップ

近くにある本店が手狭になったため、徒歩4分のところに焼き菓子専門店としてオープン。店内はモルタルの販売台にあるお菓子を挟み、お客様とスタッフから生まれる会話と笑顔があふれるワンシーンをイメージ。あくまでもお菓子と笑顔が主役であるため、店舗デザインは控えめであるべきだという考えをデザイナーに汲んでもらい完成した。

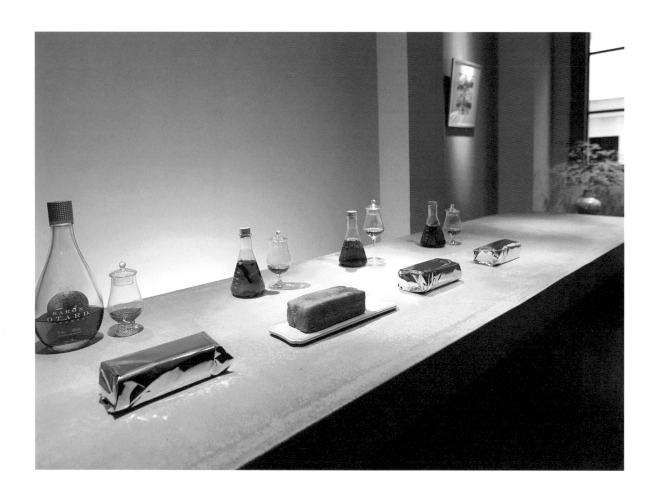

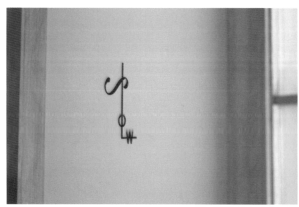

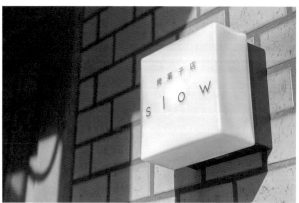

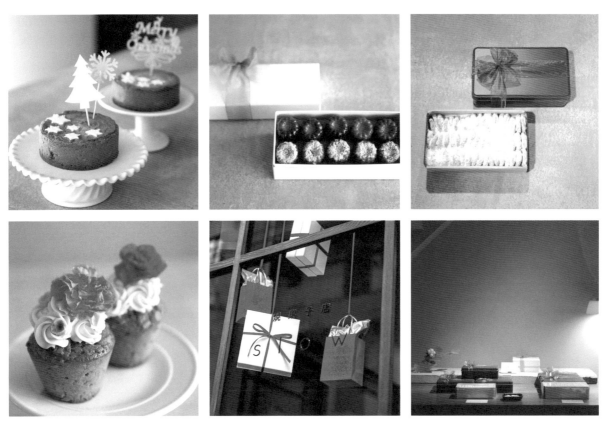

左頁）4種類の異なるブランデーを染み込ませたブランデーケーキは店の看板商品。シンプルなラベルやBOXがお菓子のおいしさを引き立たせる。

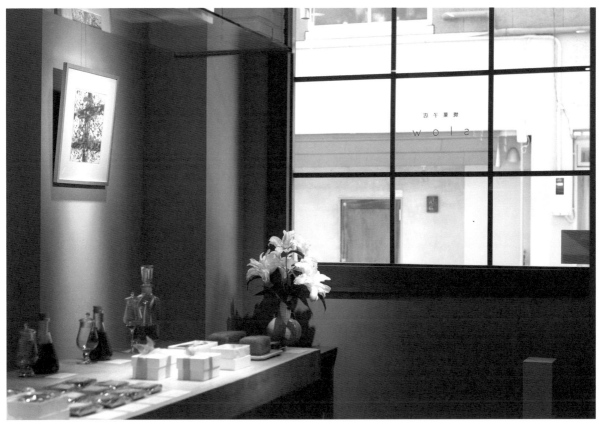

隠れ家のような店内に入ると、整然とした美術館のような雰囲気のなか、大切に焼き菓子が並べられている。

157

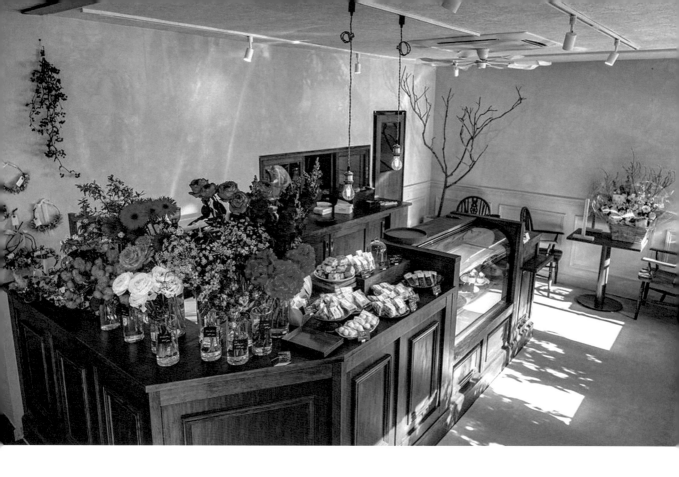

カシヅキ

KASHIDUKI

愛知県名古屋市　Since 2021
URL: kashiduki.shopselect.net
Facebook: @kashiduki
Instagram: @_kashiduki

☐ パン	☑ 焼き菓子	☐ ドリンク	☐ デザート
☐ プロダクト	☑ テイクアウト	☐ イートイン	
☑ オンラインショップ			

女性のイラストが描かれた看板が目印の店。店名の「カシヅキ」は、古語の「傅（かしづ）く」が由来。「傅く」とは丁寧に扱い、育てること。その言葉通り、お菓子作りの際にも素材、製法にこだわっている。「お菓子がある時間」は、心が落ち着いたり、ふわりと華やいだり、日々の暮らしにかけがえのないもの。地域の人だけでなく、遠くから訪れる人もいる、人びとに愛されるお店。

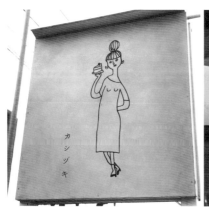

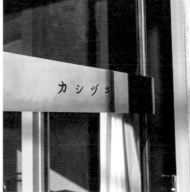

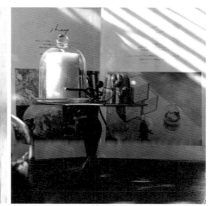

　設計, 施工, 内装デザイン, 家具制作者：ツール・ファクトリー

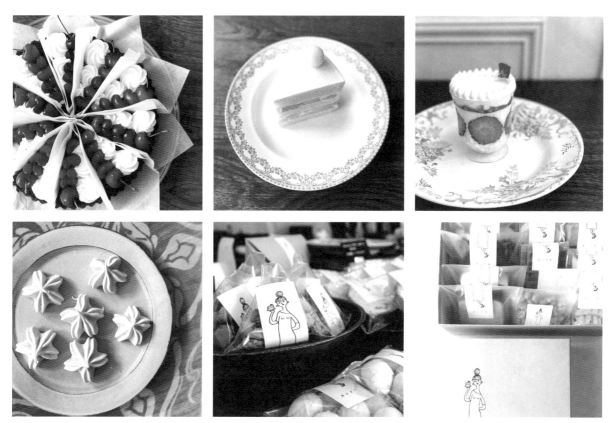

左頁）店内は白い壁、家具はシックな木製で統一され、「epanouir（エパヌウィール）」のドライフラワーが飾られている。洋菓子、焼き菓子、メレンゲなど、お菓子自体のデザインも華やかでかわいらしい。プレート類はアンティークのものと塚本友太さんの器を使用。看板にもなっているカシヅキの女の子は、店主の奥様（パティシエ）によって描かれた。

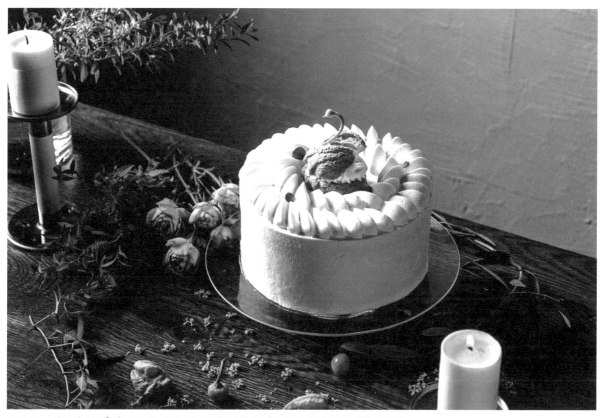

スワンシューがのったシンプルなホールケーキは一つ一つ思いを込めて作られている。まるでアート作品のよう。

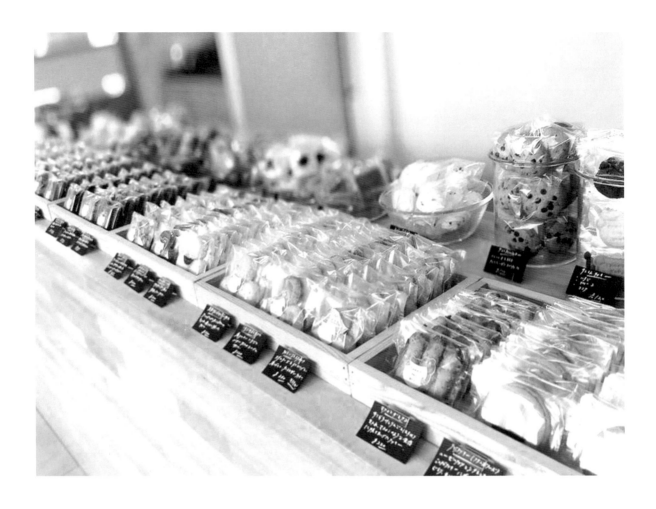

THANKYOU,BAKE

サンキューベイク

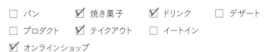

□ パン　　☑ 焼き菓子　　☑ ドリンク　　□ デザート
□ プロダクト　　☑ テイクアウト　　□ イートイン
☑ オンラインショップ

幅広い層の方に渡すことができるお菓子屋さんがあるといいなぁと思い、うまれた店。食べておいしいは大前提として、見た目からかわいい！と思ってもらえるように包装には特に工夫を凝らしている。またギフトだけではなく気軽におやつを買いに来られる店にしたかったため、絵本に出てくるようなお菓子屋さんを目指した雰囲気作りをしている。

愛知県名古屋市　Since 2018
Instagram: @thankyoubake0908
E-mail:thankyoubake0908@gmail.com

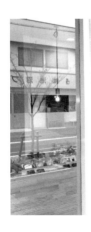
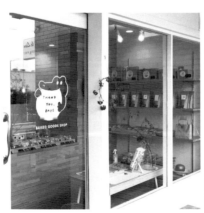
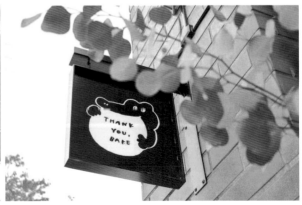

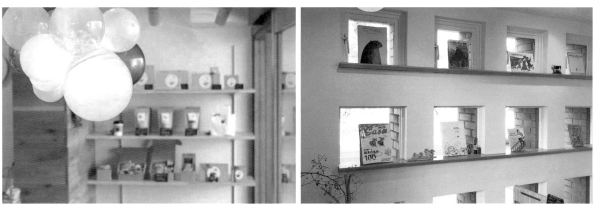

色とりどりの照明「しゃぼんランプ」は、作家のオカベマキコさんによるもの。お菓子屋に合わせて優しい色合いに仕上げてもらった。

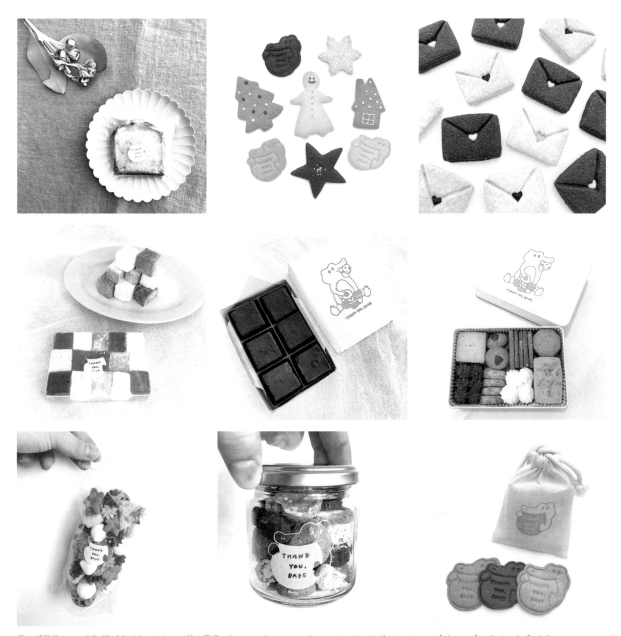

思わず微笑んでしまう、遊び心があるかわいい焼き菓子。店のシンボルマークであるワニくんは、くさださやかさんのデザイン。プレゼントにもぴったり。

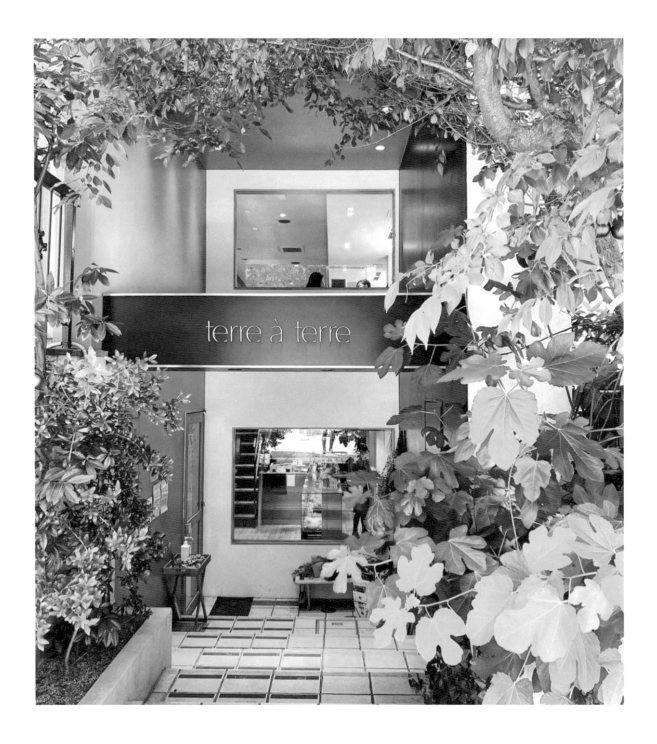

テーラ・テール高岳店

terre à terre

愛知県名古屋市　Since 2013
URL: terreaterre.info
Instagram: @terreaterre_official

☑ 焼き菓子　　☑ パン　　　☑ ドリンク　　☐ デザート
☑ プロダクト　☑ テイクアウト　☑ イートイン
☑ オンラインショップ

「自然に優しく 地球に優しく 人にやさしく」をコンセプトに、素材と味に妥協せず、常に最高のパンをお届けするブーランジェリー。「無農薬」「無添加」「地産地消」を意識した素材選びを大切にし、スタッフ自ら、生産者のもとへ行き、素材に込められた想いをパンにのせてお客様へ届けている。

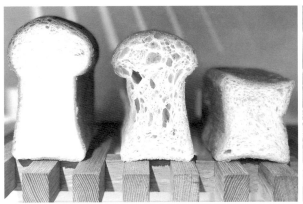
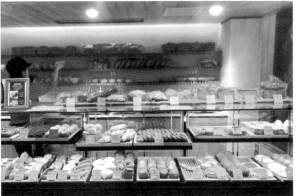

左頁）グリーンの植栽が気持ち良い店舗のファサード。店内は広々とした空間で、木の素材を活かしたおしゃれな内装になっている。

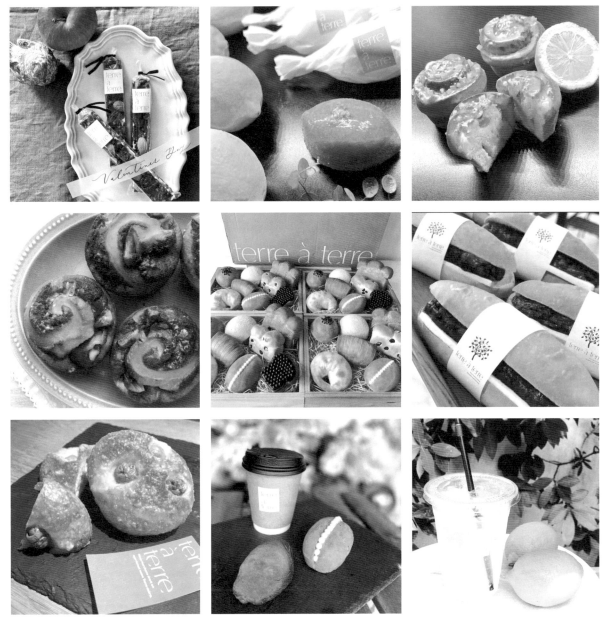

店舗のキーカラーはグリーン。ショップカードやラベル、ショッパーなどにも使用されている。

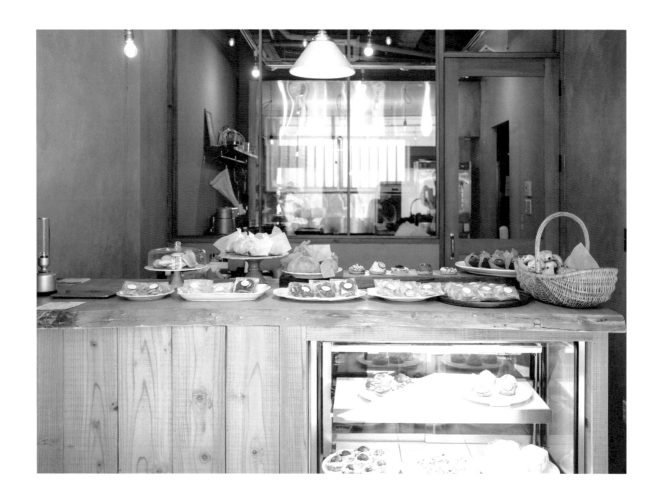

菓子屋shirushi

カシヤ シルシ

愛知県犬山市　Since 2020
URL: kashiya-shirushi.com
Facebook: @kashiya.shirushi
Instagram: @kashiya_shirushi
E-mail: kashiya.shirushi@gmail.com

- □ パン
- ☑ 焼き菓子
- □ ドリンク
- □ デザート
- □ プロダクト
- ☑ テイクアウト
- □ イートイン
- ☑ オンラインショップ

「感謝のしるし」「季節のしるし」に当店のお菓子を使ってほしいということから名づけた店名。店頭にはクッキー缶やレモンケーキ、旬の食材を使ったタルトや焼き菓子が並び、オンラインショップでは二十四節気に合わせて季節のお菓子の定期便をお届け。国宝犬山城のあるこの街が好きで選んだ。2階には食をテーマにした本屋「tsuide」も。

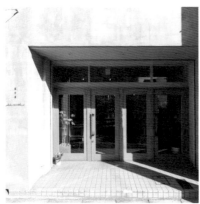
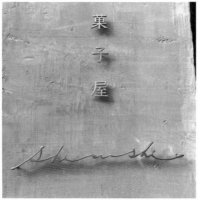
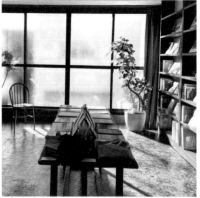

　設計，施工，内装デザイン：ABパートナーズ　GD，イラストレーター：ミヤタヒロミ（mart）

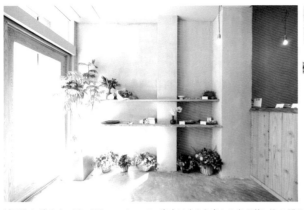
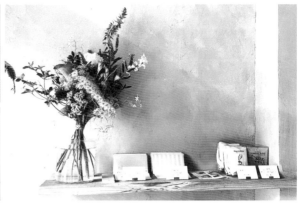

城下町に残る古いビルをリノベーションし、店内は大きな窓から光が差し込み明るい空間となっている。
グレーの漆喰塗りのコンクリートとシンプルな木目の什器がナチュラルな空気感を醸し出している。

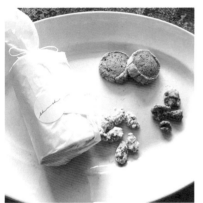
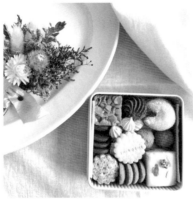
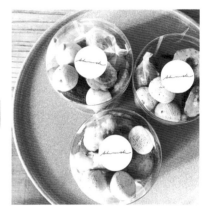

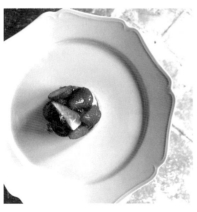
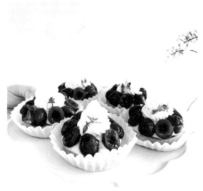
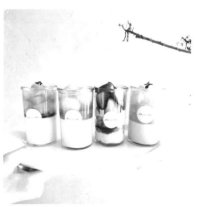

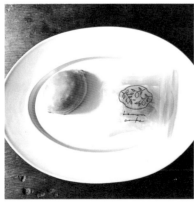
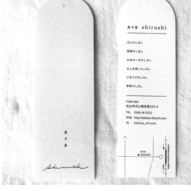
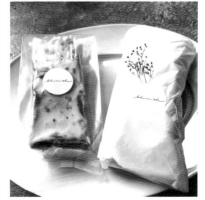

焼き菓子やフルーツを使ったタルト、冷菓などお菓子のフォルムも色味もシンプルで洗練された雰囲気。
ショップカードはミヤタヒロミさんに依頼し、包装紙は四季をモチーフにしたものを提供しお客様に喜ばれている。

バプール

VAPEUR

愛知県岡崎市　since 2018
URL: laviedureve.jp
Facebook: @vapeur11.12
Instagram: @vapeur11.12
E-mail: info@laviedureve.jp

☑ パン　　☑ 焼き菓子　　☑ ドリンク　　☐ デザート
☑ プロダクト　☑ テイクアウト　☐ イートイン
☐ オンラインショップ

バプールはフランス語で湯気という意味で、お店は町の銭湯をイメージ してデザイン。パンやコーヒーの温かな湯気に誘われ町の人が集まる、 古き良き時代の銭湯のようなコミュニティの場を提案する。看板商品は 湯気をモチーフにしたクロワッサン。オーナーは独自の冷凍パン生地の 技術で店舗プロデュースを行い、パンのある生活の輪を広げている。

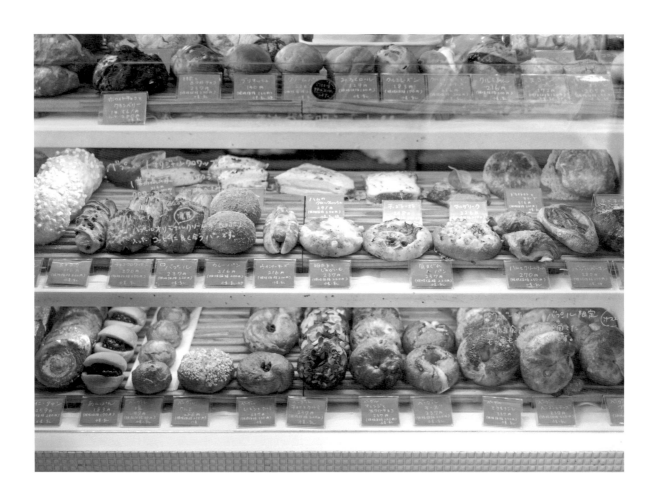

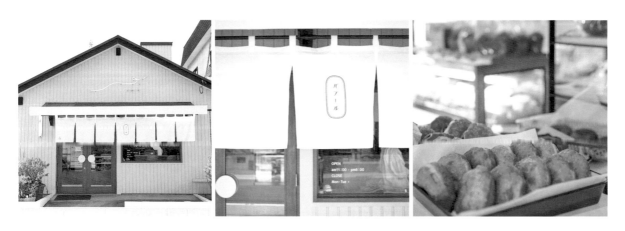

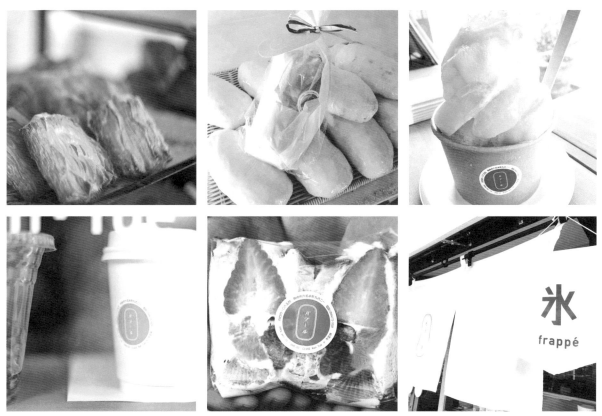

店内は大きな窓から光が差し込み気持ちの良い空間になっている。外観はショップのテーマカラーでもある淡いブルーに白色ののれんがアクセントになっている。
ハード系からデザート系のパンまで種類が豊富。夏季はフラッペも登場する。

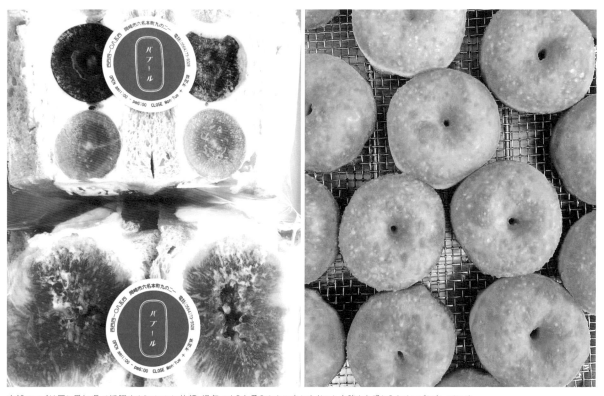

店舗のロゴは同じ愛知県で活躍するSwitchに依頼。湯気のような柔らかさの中にもどこか力強さを感じられるロゴになっている。

Gentil Bake

ジャンティ ベイク

三重県伊賀市　Since 2016
URL: gentilbake.com
Instagram: @gentil_bake_coffee
E-mail: gentilbake@gmail.com

☐ パン　　☑ 焼き菓子　　☑ ドリンク　　☐ デザート
☐ プロダクト　　☑ テイクアウト　　☐ イートイン
☑ オンラインショップ

器好きが高じて伊賀焼で有名な地元で始めたお店。古民家を改装し、木の温もりを感じる温かい雰囲気を大切にしている。ロゴなどのデザインは、カッコいいを軸にシンプルな中にもインパクトがあるものを目指している。以前メイクの仕事をしていた店主は、優しい気持ちになれるお菓子作りを心がけており、多種多様なクッキーは贈り物にも喜ばれている。

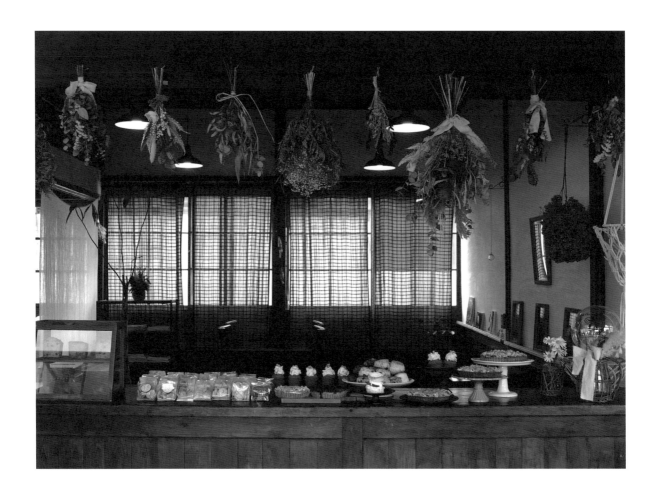

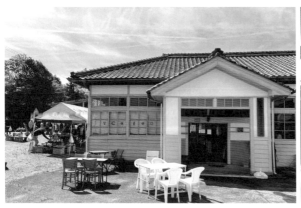

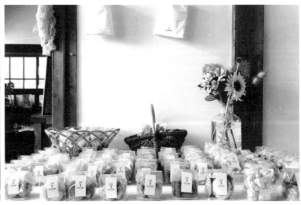

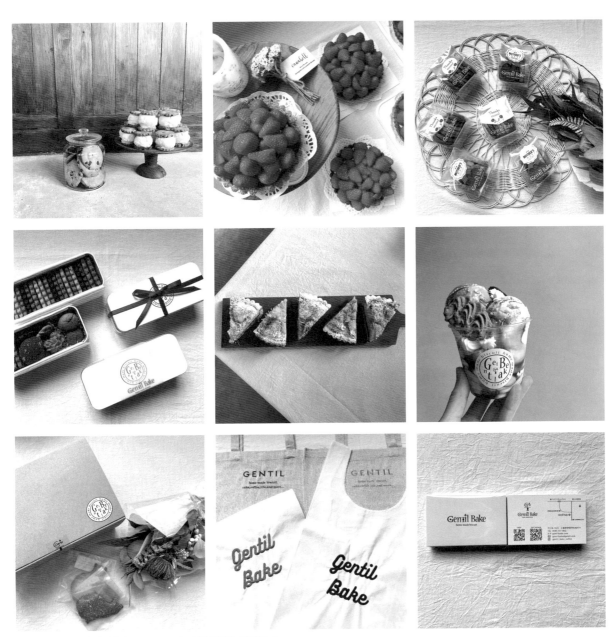

左頁）大正時代の木造建築をリノベーションし、外観は店主が塗装した。
お菓子はもちろんのこと、パッケージやオリジナルエコバッグなどのデザインにも力を入れている。

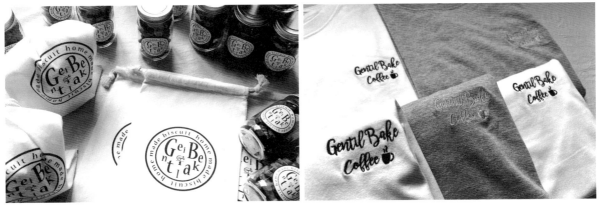

左）カケラクッキー瓶ときんちゃくのセット。　　　右）Gentil Bake オリジナルロンT。店のスタッフと考えたデザインで刺繍は福井県の田村刺繍に発注。

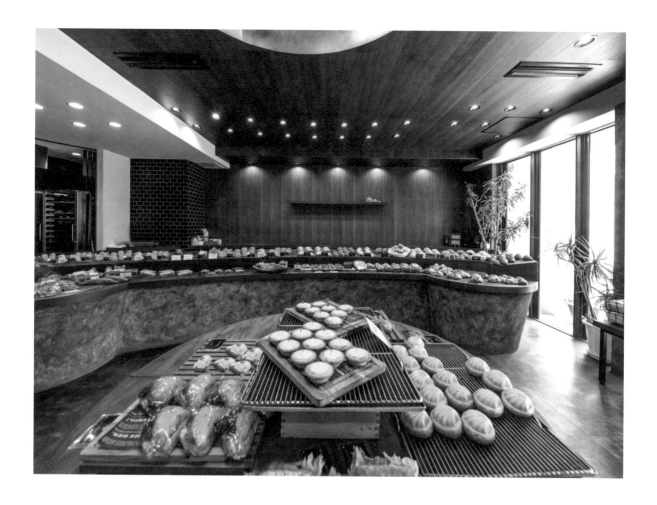

fiveran

ファイブラン

京都府京都市　since 2015
URL: fiveran.jp
Facebook: @fiveran
Instagram: @boulangerie.et.cafe.fiveran
E-mail: info@fiveran.jp

☑ パン　　☑ 焼き菓子　　☐ ドリンク　　☑ デザート
☑ プロダクト　☑ テイクアウト　☑ イートイン
☑ オンラインショップ

美術系大学出身でフレンチの修行を積んだシェフが作るのは、味だけではなく彩や美しさにもこだわった翌日もおいしく食べられるパン。京都ならではの鰻の寝床状の奥行のある店内は、木造とコンクリートで都会さと自然の融合を演出している。入り口はお客様が入りやすいようにパンにゆかりのあるオリーブの木やハーブ類の緑で囲み明るい雰囲気に。

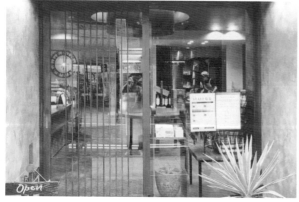

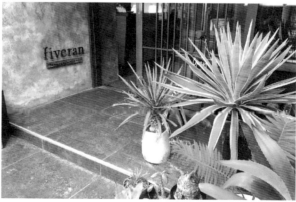

170　設計, 施工, 内装デザイン, 家具制作者：谷 信幸（空〈KOO design〉）　GD：八木 仁（インターナショナルパブリックアート）　イラストレーター：菅谷智子（ブランワン）

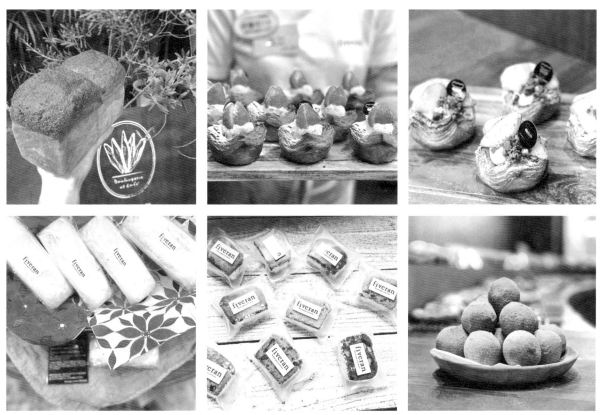

パンだけではなく、焼き菓子やシュトーレンなど種類が充実していて選ぶのも楽しい。シュトーレンのラッピングも華やか。

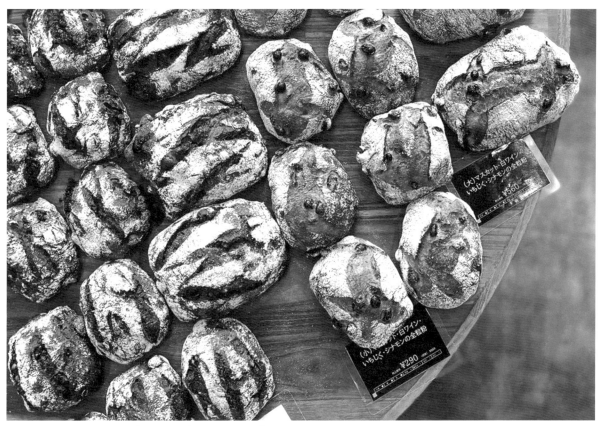

パンを陳列している棚は谷 信幸氏（KOO design）に依頼した。オープンカウンターのため、焼き上がったパンをすぐに並べられる。

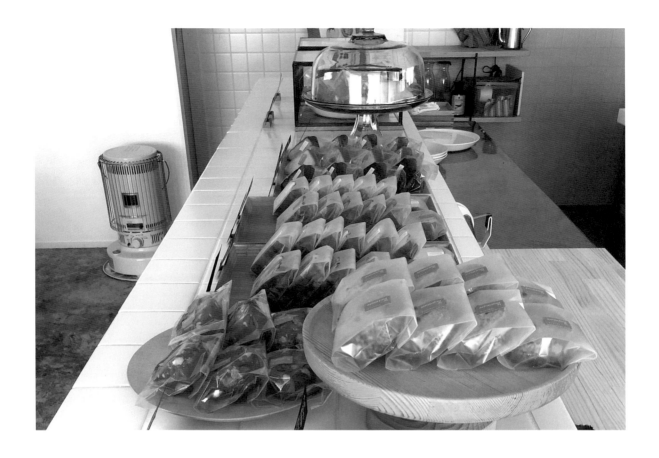

Le murmure

ミュルミュール

京都府京都市　since 2021
URL: lemurmure.net
Facebook: @lemurmure.kyoto
Instagram: @lemurmure.cakes
E-mail: lemurmure@lemurmure.net

☐ パン　　☑ 焼き菓子　　☐ ドリンク　　☐ デザート
☐ プロダクト　　☑ テイクアウト　　☐ イートイン
☑ オンラインショップ

自分たちが好きなもの、おいしいと思うものだけを作って販売する気持ちで始めた店。2002年ネット通販からスタート、2021年秋に京都・西陣の町家を改装したアトリエショップをオープン。定番のタルトタタンは秋冬の限定。20種ものケーク、がりがりとした食感の分厚いガレット、生地に餡をまぜたピレネーなど、生菓子も含めお菓子が並ぶ。

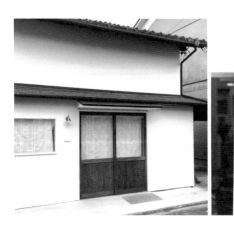
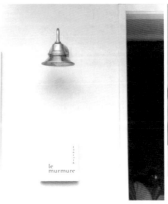
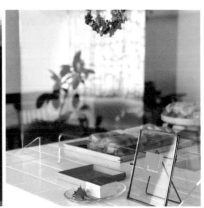

　設計, 施工：よしさか工務店　内装デザイン, GD：丸井栄二デザイン室

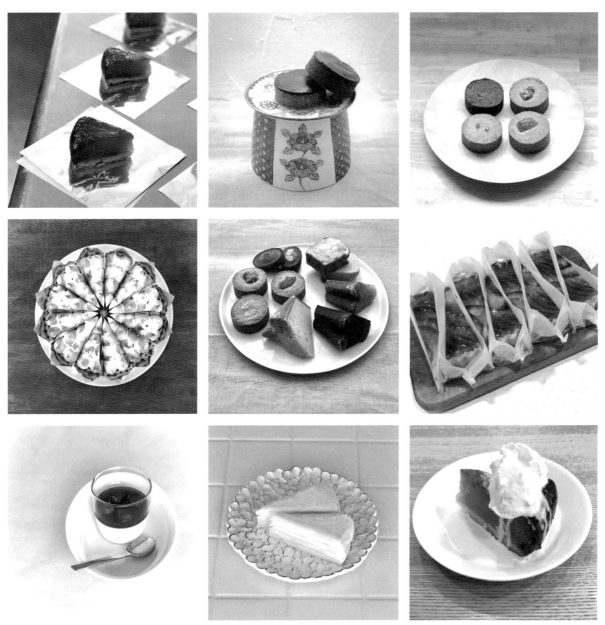

住宅街にひっそりとたたずむ町家を洒落た雰囲気にリノベーションした。お菓子を並べているプレートはアンティークや陶芸作家の一点もの。お菓子の形もかわいらしくミュルミュールの世界観に引き込まれる。

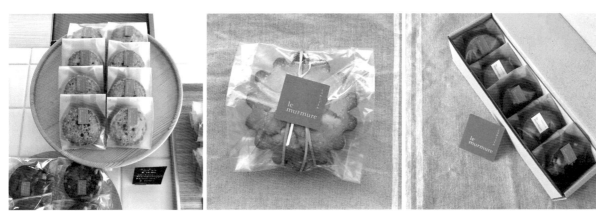

ブルーのロゴは丸井栄二デザイン室に依頼した。ロゴのコンセプトは清潔感、深い青。

loose kyoto

ルースキョウト

京都府京都市　since 2020
Instagram: @loosekyoto
E-mail: t.umeda@loose-kyoto.com

☑ パン　　☑ 焼き菓子　　☑ ドリンク　　☑ デザート
☑ プロダクト　☑ テイクアウト　☑ イートイン
☑ オンラインショップ

店内をさまざまなグレーで統一し、古材とアルミを使用して、無機質だけど温かみがあるデザインに。可動式のテーブルもポイント。京都の観光地に店を構え、常連さんと観光客が混じり、また来たいな、と思っていただけるようにお客様との距離感を一番大事にしている。看板メニューは店内で揚げるこだわりのドーナッツと自家焙煎のコーヒー。

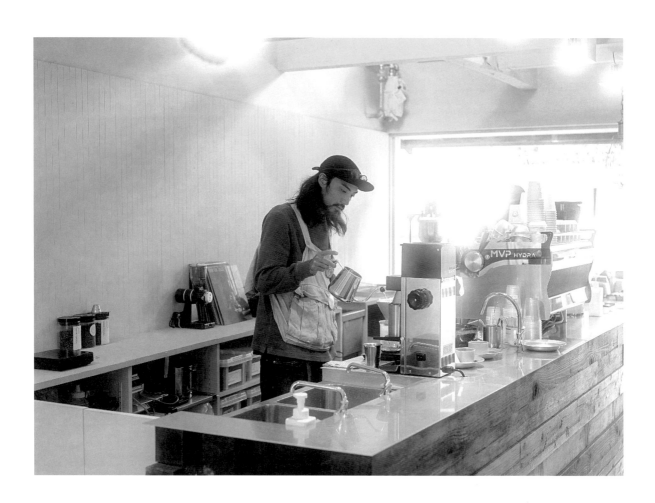

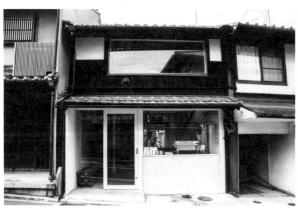

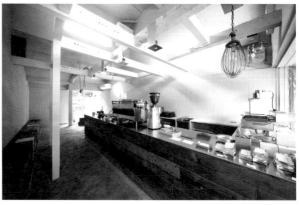

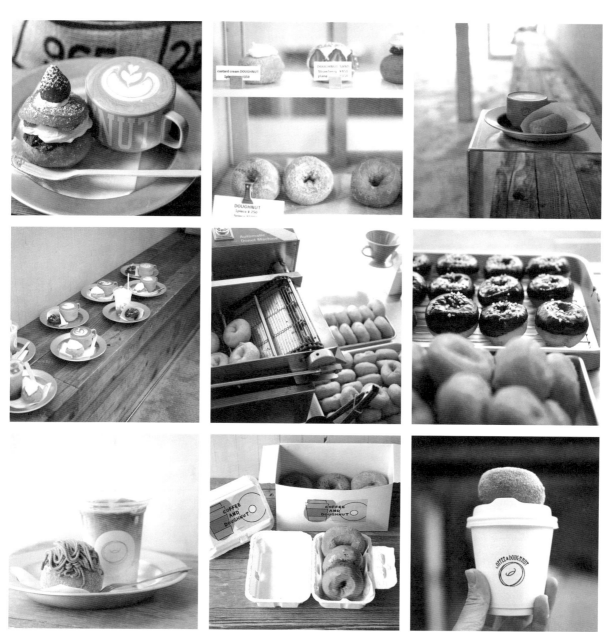

昔ながらの京町家をUNC STUDIOに内装、設計を依頼し、リノベーションした店舗。
ライトグレーとシルバーで統一されたクールな雰囲気の店内においしそうなドーナッツが次々と並べられる。

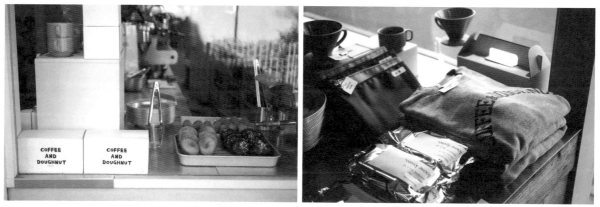

店のロゴはどこか温かみがある書体のデザイン。トレーナーやTシャツ、オリジナルブレンドのコーヒー豆なども販売されている。

foodscape! BAKERY 北浜 パンとスープ

foodscape! BAKERY

大阪府大阪市　since 2015
URL: food-scape.com
Instagram: @foodscape_bakery
E-mail: info@food-scape.com

☑ パン　　☑ 焼き菓子　　☑ ドリンク　　☑ デザート
☑ プロダクト　　☑ テイクアウト　　☑ イートイン
☑ オンラインショップ　　☑ その他

Farm to bakeryをコンセプトに、サステナブルなパンとスープを提供する。愛情を込めて手作りした惣菜パンを中心に、見ているだけで楽しくなるような雰囲気とシズル感を演出。店内に入ってすぐのグリル台ではベーコンやソーセージなどが焼かれ、次々とパンに挟まれていく。ロゴには招き猫のように人を招く、お店の繁栄への願いを込めた。

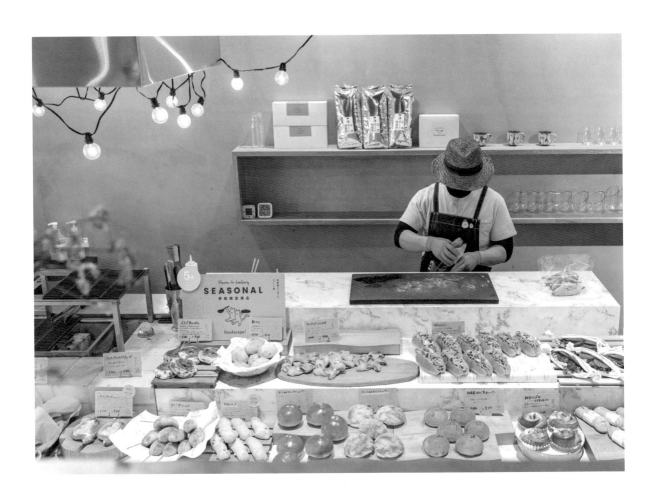

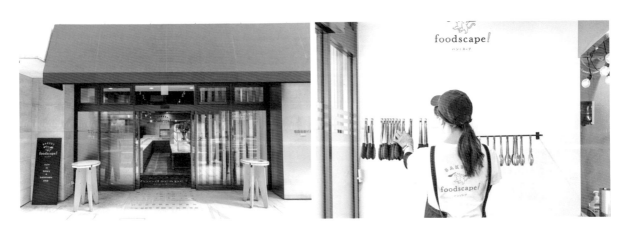

　GD, クリエイター：エルワールド　内装デザイン：高永洋一（space worker）　施工：カプセルコーポレーション

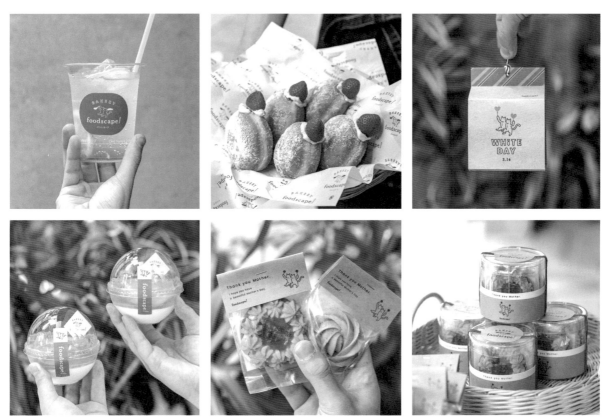

店内はグレーとナチュラルな木の什器で統一され、明るい印象。ネコ2匹が楽しそうにパンとスプーンを持ちながら歩く店舗のロゴイラストは、「招き猫」がコンセプト。親しみやすさ、温かみ、楽しさなどを表現していて、さまざまなグラフィックツールに展開されている。

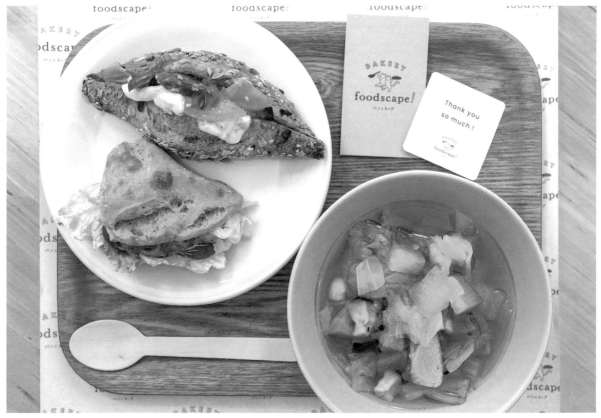

50種類を超える創作パンだけではなく、食材を使いきる「サステナブルなスープ」も提供されている。

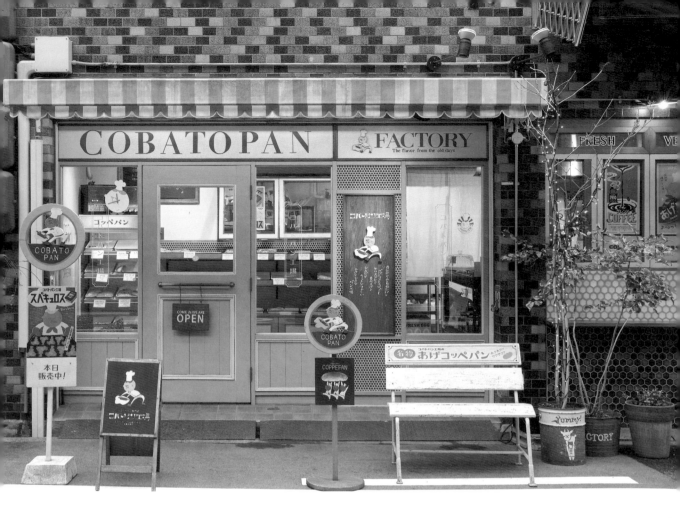

コバトパン工場

Cobatopan Factory

大阪府大阪市　since 2014
URL: baton-group.com
Facebook: @cobatopan
Instagram: @cobatopan
E-mail: help-baton@shop-baton.com

☑ パン　　　☑ 焼き菓子　　　☐ ドリンク　　　☐ デザート
☐ プロダクト　　☑ テイクアウト　　☐ イートイン
☑ オンラインショップ

どこか懐かしくてどこか新しい、小さな町のパン屋さん。昭和レトロを感じつつ古臭くなりすぎない店作りとし、街並みに馴染みつつも目立つよう明るい水色のカラーリングに。手作りのバス停看板など絵本のような世界観で、お客様が楽しめるようにした。ひょうきんな顔のついたコッペパン「タマ助」やクッキーが入った「COBATO スペキュロス缶」が人気。

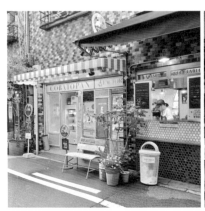 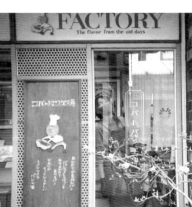 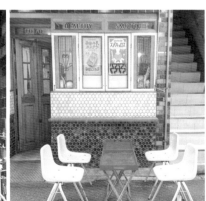

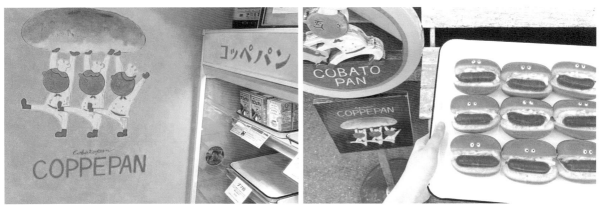

店舗のロゴにもなっているイラストはBATONさん作。

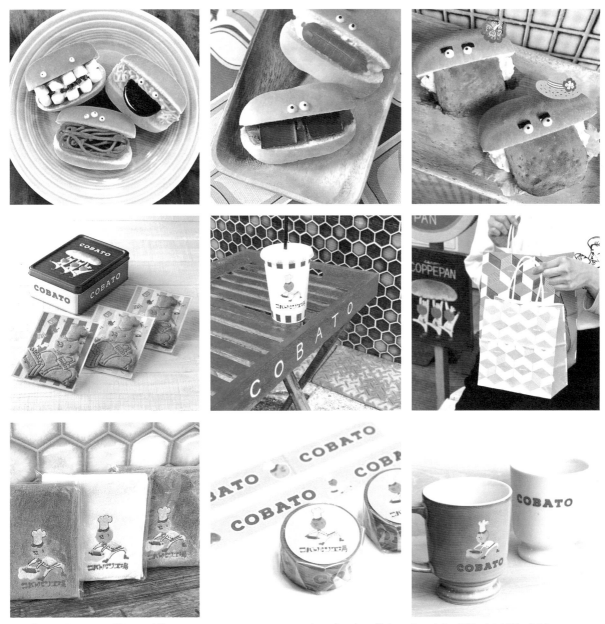

思わずクスッと笑ってしまう愛嬌のある創作コッペパン。タオルハンカチやマスキングテープ、マグカップなどオリジナル商品の種類の多さも驚くほどあり、オンラインショップでも販売している。

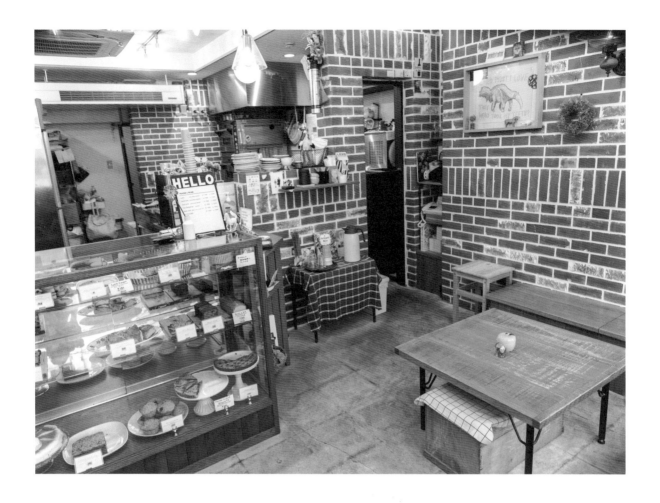

PONY PONY HUNGRY

ポニーポニーハングリー

大阪府大阪市　Since 2016
Instagram: @pony_pony_hungry

☐ パン　☑ 焼き菓子　☐ ドリンク　☐ デザート
☐ プロダクト　☑ テイクアウト　☑ イートイン
☑ オンラインショップ

店主は浮田彩子さん。イギリス菓子とフランス菓子の店で修業し、北欧発のコーヒーブランドでペストリーを担当した経験も。木製のショーケースの中には、クッキーやマフィン、スコーンにN.Y.チーズケーキ……と、国境を超えた焼き菓子が約20種そろう。日常に寄り添うようなお菓子作りを心がけ、地元で愛される人気店。

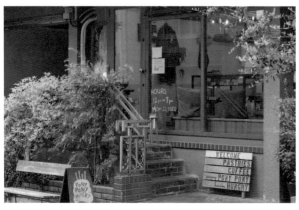

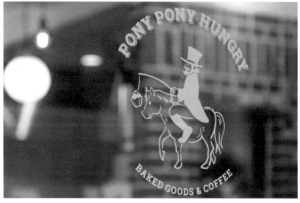

　設計.施工, 内装デザイン, 家具制作者：工房川野　イラストレーター：Bull

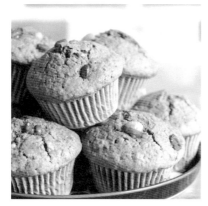
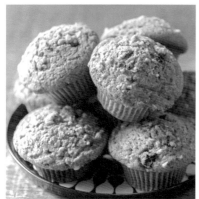
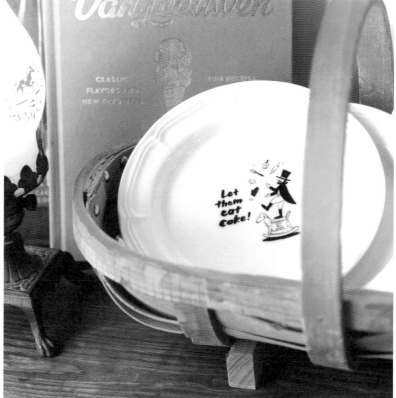
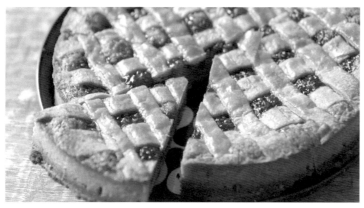
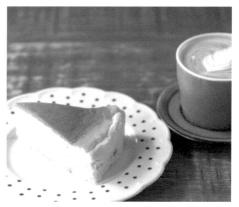

スコーンやパイ、マフィン、チーズケーキなど焼き菓子を中心とした商品展開。ロゴのイラストレーターはBullさん。

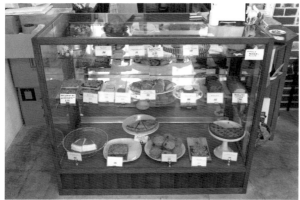
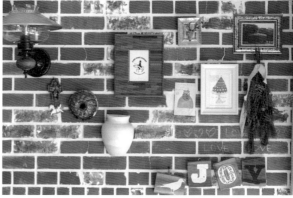

重厚なレンガの壁や照明が個性的な内装。内装全般と家具は工房川野に依頼し、ニューヨークの街角にありそうなたたずまい。

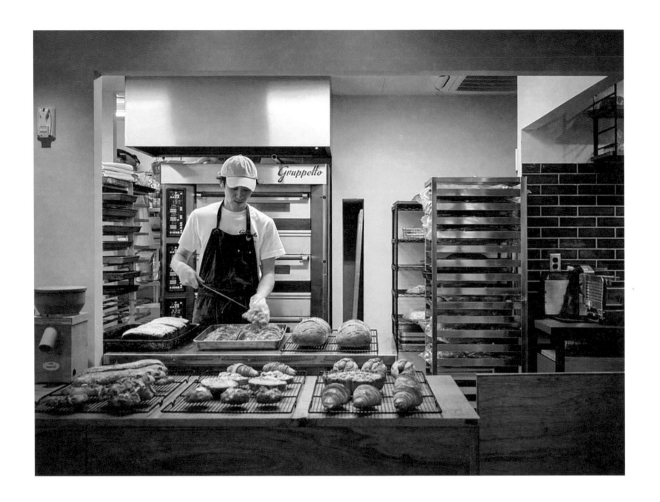

gruppetto

グルペット

大阪府池田市　Since 2020
Instagram　　@gruppetto_bakery
E-mail　　　mail@gruppetto-bakery.com

☑ パン　　　☑ 焼き菓子　　☑ ドリンク　　☑ デザート
☐ プロダクト　☑ テイクアウト　☐ イートイン
☐ オンラインショップ

国産小麦、自家製酵母で長時間発酵させて焼き上げたパンが並ぶ、築45年の元レストランをフルリノベーションした一軒家のベーカリー。旬の食材を使用したその日限定商品が日替わりで登場する。パン職人を志し大学を中退した店主が16年間修行した後に独立。住環境が良く、食への関心が高い大阪北摂地域で出店。

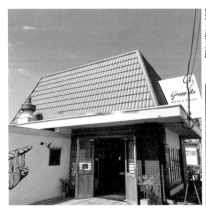
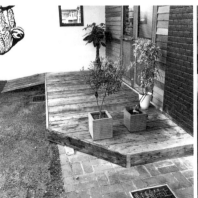
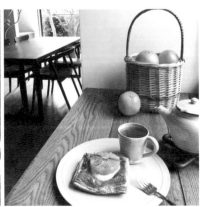

　設計, 内装デザイン, 家具制作者：SQUARE FURNITURE　施工：宝工務店　GD, イラストレーター：丸野龍志（STAMP RUN & CO）

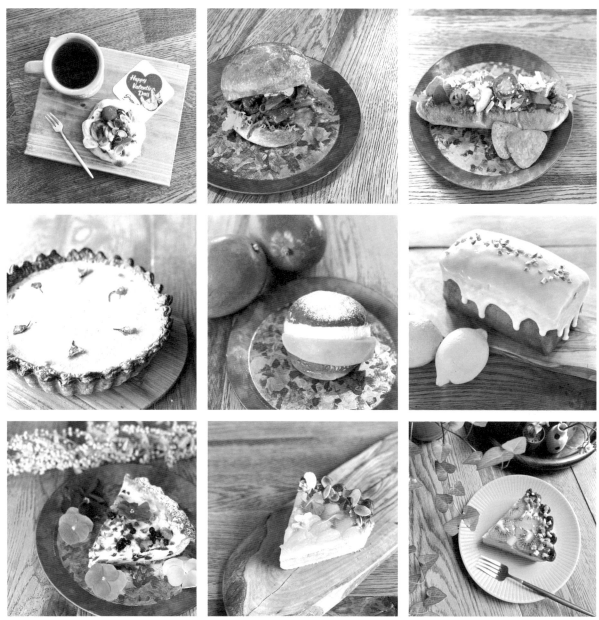

見た目も華やかでおいしそうな惣菜パンや焼き菓子、タルト類。パンは自家製酵母で仕込まれている。
商品自体のデザインも色とりどりでインスタ映えする鮮やかさ。

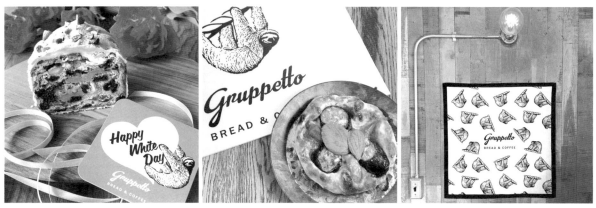

フランスパンにぶら下がったナマケモノがお店のロゴマーク。イラストは丸野龍志さんに依頼。
パンにナマケモノがぶら下がるデザインは店主のアイデアで、「みんなに愛されるお店のランドマークになって欲しい」とう思いを込めて描かれた。

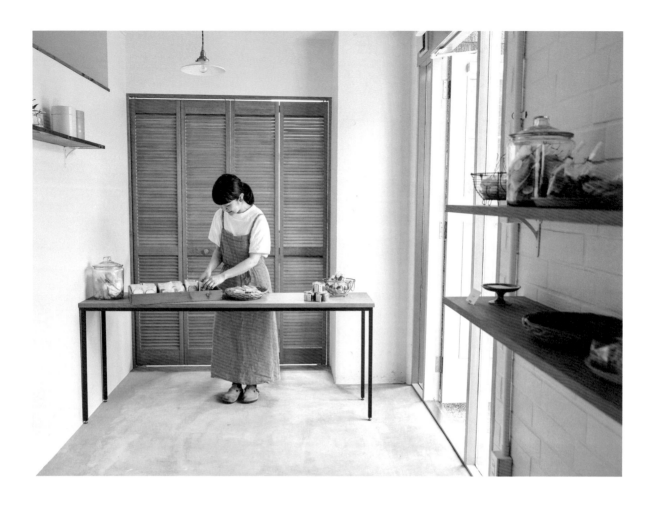

LE PONT

ルポン

兵庫県神戸市　Since 2020
URL: lepont-h.com
Instagram: @lepont_haru

☐ パン　　☑ 焼き菓子　　☐ ドリンク　　☐ デザート
☐ プロダクト　　☑ テイクアウト　　☐ イートイン
☑ オンラインショップ

「普通の日に食べる、ちょっと特別なお菓子」普通のお菓子を、丁寧に、こまめに焼いてお届け。月2回の店頭販売以外は発送をメインにしているので、梱包作業のしやすさも重視し、臨機応変に店舗スペースを使用。お菓子は一つからでもプレゼントに使ってもらえるような包装を。おいしいことはもちろん、かわいい見た目も大切にしている。

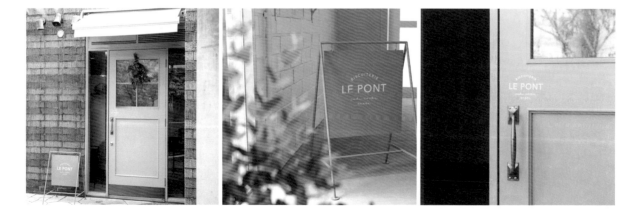

　設計, 施工, 内装デザイン：DEN PLUS EGG　イラストレーター：Kaori Hiei

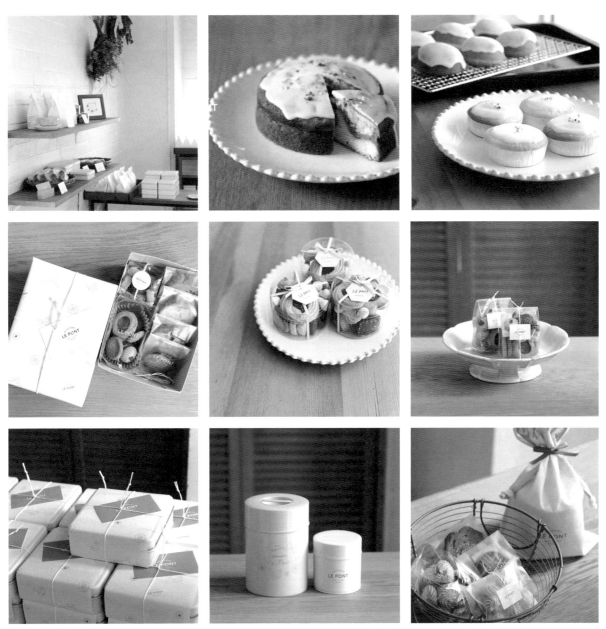

内装設計はDEN PLUS EGGに依頼。店のテーマカラーである淡いグレーにはじまり、壁は白に塗られ、落ち着いた木製のテーブルや棚、ドアのプッシュプレートやドアノブまでこだわりが詰まっている。ドアには手書きで「LE PONT」のロゴが書き入れられ、看板はグレーで仕上げた。

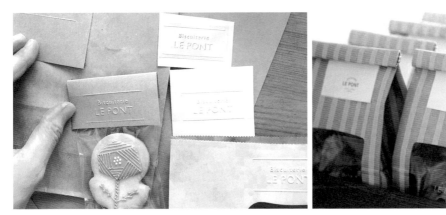

型押しされたショップカードやラッピング用のシール。

efuca.

エフカ.

兵庫県芦屋市　Since 2009
URL: efuca.com
Facebook: @efuca.bageland
Instagram: @efuca
E-mail: efuca@re.ciao.jp

「何でもない日がクスっと楽しくなるようなお菓子を」アートを感じる他に
はないアイスボックスクッキー。おいしいものが好きなefuca.のイトウユカ
さんが、素材にこだわり、心を込めて芦屋の店奥のアトリエで毎日手作
りしている。オーダークッキー製作、クッキーの通販、お菓子教室、アイス
ボックスクッキーのキット販売も行う。

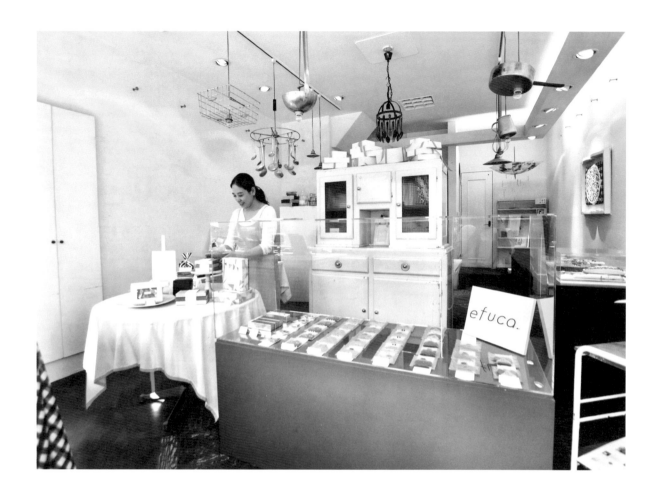

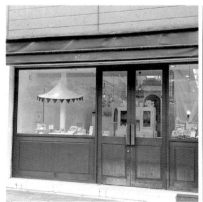
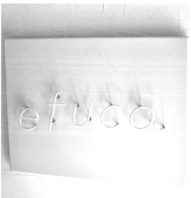
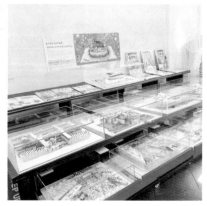

設計, 施工：KU Design Studios　内装デザイン：はらむらようこ（生活デザイン研究室）　家具制作者：馬場謙二（馬遊舎）　看板製作：ナガイアキラ（toridori）
GD：白本由佳（SHIRO）

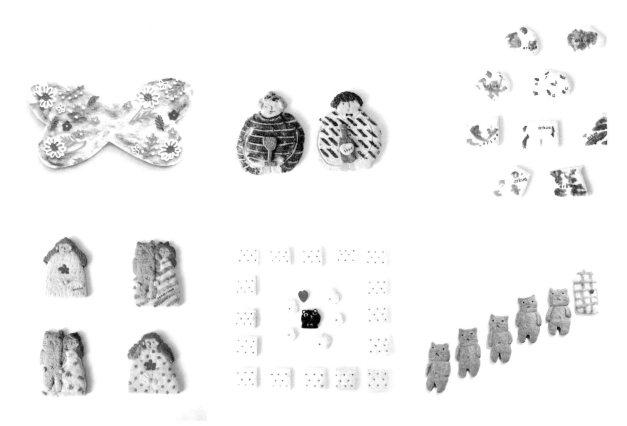

左頁）内装のテーマは「efuca.にどっぷり」内装デザインは、はらむらようこさんに依頼した。店主が作り出すアイスボックス製法のクッキーは、「アートクッキー」と呼ばれるほど物語や世界観が詰め込まれ、食べる人の笑顔をつなぐ。

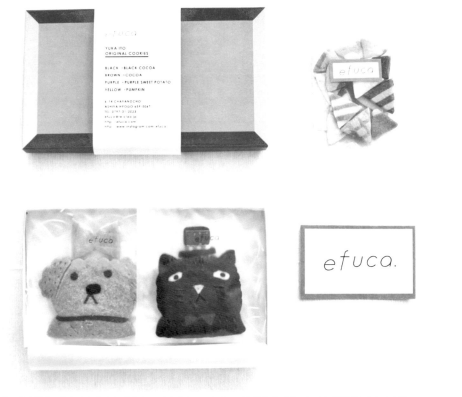

東京ADC賞、JAGDA新人賞を受賞した白本由佳さんデザインのオリジナルのパッケージBOXに入るクッキーは、贈答品にもおすすめ。オンラインショップでも人気の商品。

焼き菓子屋 ピエニ ブラン

pieni blanc

奈良県奈良市　since 2016
URL: pieni-blanc.jimdofree.com
Instagram: @pieni_blanc

☐ パン　　　☑ 焼き菓子　　☑ ドリンク　　☑ デザート
☐ プロダクト　☑ テイクアウト　☑ イートイン
☐ オンラインショップ

北欧の温かさをイメージした店内と、大阪のホテルパティシエとして10年勤務した店主の作る、原材料にこだわったフランス菓子を中心に用意。ショップカードやステッカーは、そんなお店のお菓子を取り入れてデザインしたもの。子供たちの成長に合わせたイラストのシールを個包装に貼り、気軽にプレゼントできる。不定期で作る生菓子はSNSで告知。

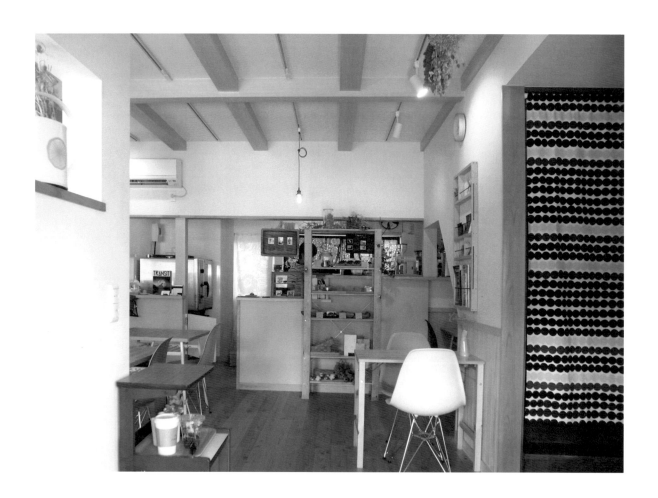

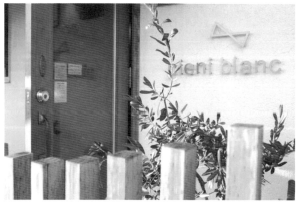

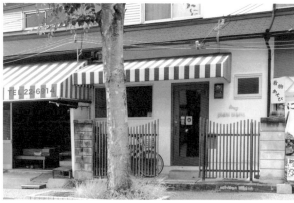

設計, 施工, 内装デザイン：谷本遼太 / 谷本佳子　　GD, イラストレーター：羽角聡子（サトリデザイン）

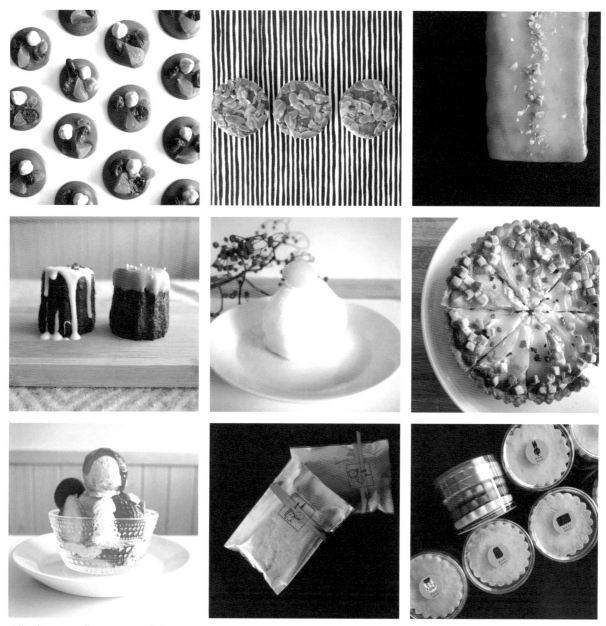

季節に寄り添ったお菓子のメニューを考案している。クッキー、フロランタン、カヌレ、タルト、アイシングケーキ、パフェなど種類が豊富。
パッケージはシンプルでかわいらしい潔いデザイン。

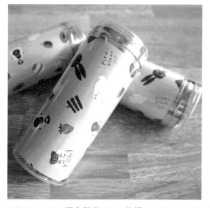

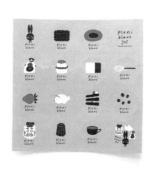

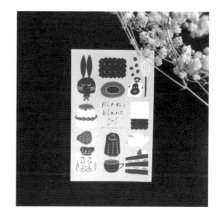

イラストレーター羽角聡子さんに依頼してパッケージやショップカード、ポストカードなどを作成。

コウボパン小さじいち

kouboupankosajiichi

鳥取県西伯郡　since 2006

URL: kosaji-1.com
Instagram: @kosajiichi
E-mail: info@kosaji-1.com

☑ パン　　☐ 焼き菓子　　☑ ドリンク　　☐ デザート
☐ プロダクト　　☑ テイクアウト　　☑ イートイン
☑ オンラインショップ

鳥取県大山の麓、標高約350mにあるお店で作られるのは、自然の力だけでじっくり発酵させた自家製酵母のパン。地元産の小麦を主に使用し、使うその日に石臼で挽いている。隣接する小さな小屋のカフェは、全席から大山の雄大な風景を眺めることができ、焼き立てパンとともにすべての料理に酵母を使った発酵食のランチを楽しめる。

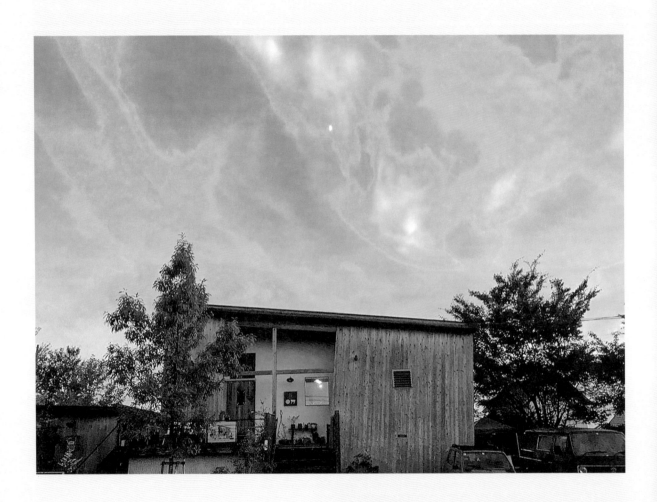

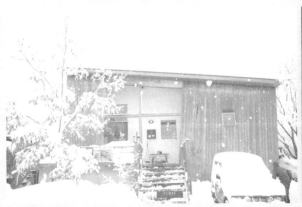

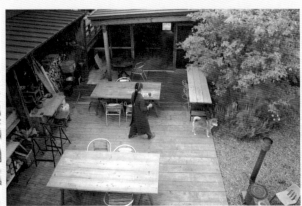

　設計, 内装デザイン：三澤康彦　施工：音田工務店　イラストレーター：ノラヤ

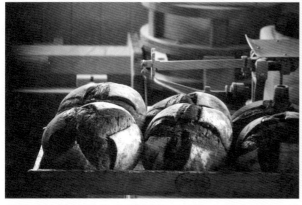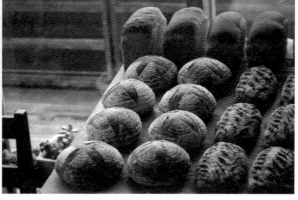

時間や日常を忘れてゆっくりした時を過ごしてもらいたいとの願いから、山の景色が広がる高原にパン屋を作った。

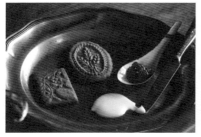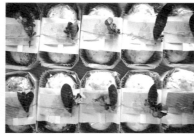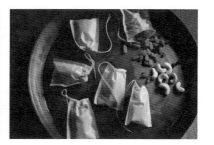

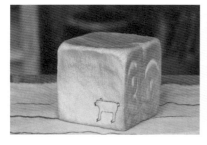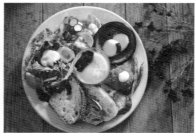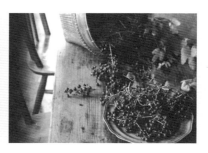

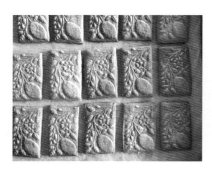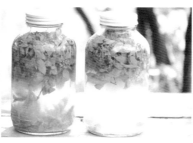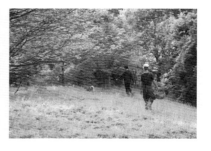

固くて食べにくいと思われがちな天然酵母のパンをおいしく食べられるようにと、自然の旨味調味料でもある「酵母」をすべての料理に使っている。
美しいスペキュロスの焼き型はベルギー製の木型。

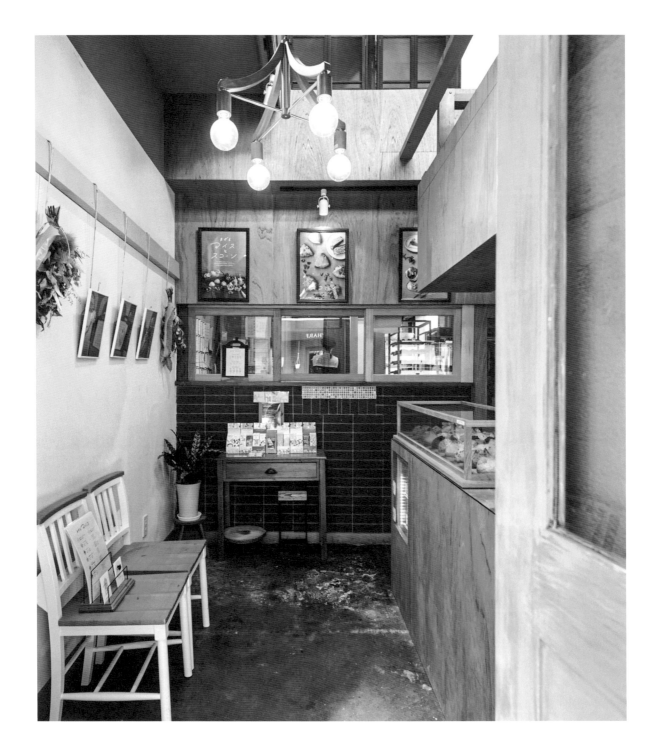

Hachiko Ice Bake

ハチコアイスベイク

岡山県岡山市　since 2021
URL: gricoapart.com/hachiko-ice-bake
Instagram: @hachiko_ice_bake
E-mail: hachikoicebake@gricoapart.com

□ パン　　　☑ 焼き菓子　　☑ ドリンク　　☑ デザート
□ プロダクト　☑ テイクアウト　□ イートイン
□ オンラインショップ

北海道産小麦と生クリームを贅沢に使用したサクサクのスコーンと、注文を受けてから果物を混ぜ合わせて作るアイスクリームのお店。無添加のドライフルーツやナッツをたっぷり使用するなど、からだ想いの食材にこだわる。ゆったりと散策が楽しめる古い商店街にある店舗は木を活かしたシンプルな内装で、木製ショーケースにスコーンがずらりと並ぶ。

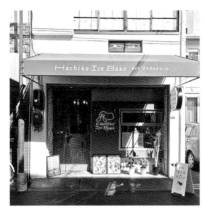

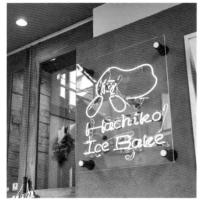

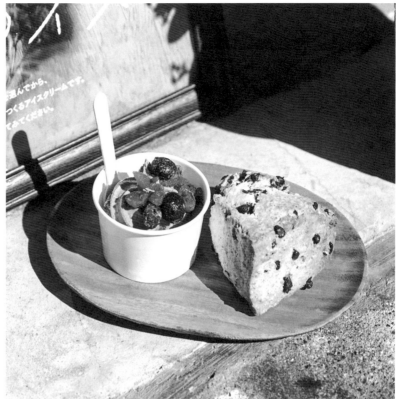

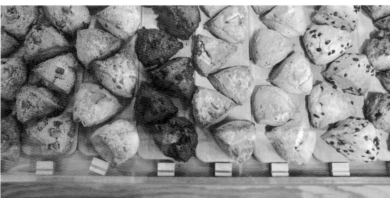

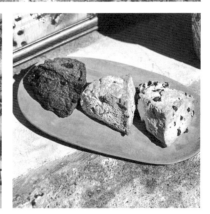

店名の由来はアイヌ語で「小さい」という意味を持つ「ハチコ」から。キービジュアルは「小さい」から連想されて生まれた、「女の子」というモチーフに決まった。
看板は店主のアイデアから着想を得た、落ち着いた雰囲気のネオンサイン。

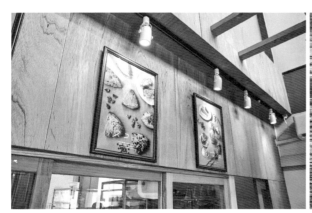

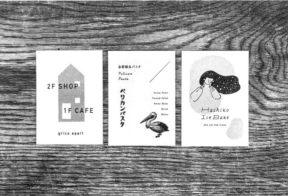

アイスやスコーンの魅力を伝えるポスターやショップカードをフナコシリョウタさんに依頼。ポスター撮影はD-76の池田理寛さん。
その場の空気を切り取ったかのような一枚に仕上がった。

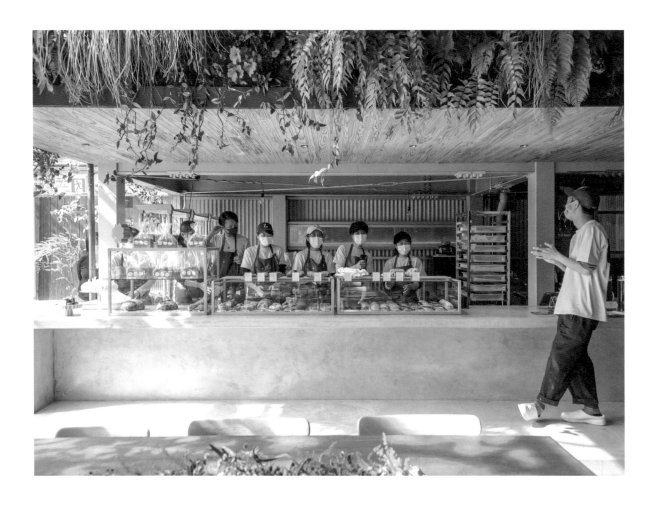

companion plants

コンパニオンプランツ

☑ パン   ☑ 焼き菓子   ☑ ドリンク   ☐ デザート
☐ プロダクト   ☑ テイクアウト   ☑ イートイン
☑ オンラインショップ

広島県広島市　Since 2021
Instagram　　@companion.plants

オーナー・シェフ佐藤一平。「companion plants」とは、異なる植物が良い影響を及ぼし合う寄せ植えの手法の名称でもあり、それぞれの個性を尊重し、互いが互いに良い影響を及ぼす、そんな場が作れたらという思いの詰まったお店。見て楽しい、そして食べて食感と味に驚きを与えられるようなパンを目指し作っている。

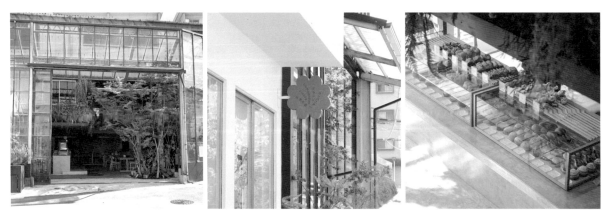

設計者：谷口千春（minagarten）/ 川村文康（VYONE）　施工：イワキ　クリエイティブディレクター：玉村浩一（LIGHTS DESIGN）

アートディレクター, デザイナー：中市 哲（LIGHTS DESIGN）

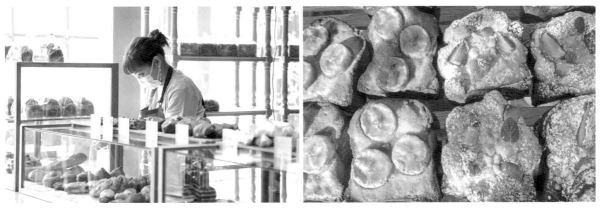

広島市佐伯区皆賀にある、元園芸倉庫をリノベーションして作られたコミュニティ施設「minagarten」の中にあるパン屋。
店内には植物が気持ちよく配置され、パン屋にいながら自然の中にいるような感覚を覚える。

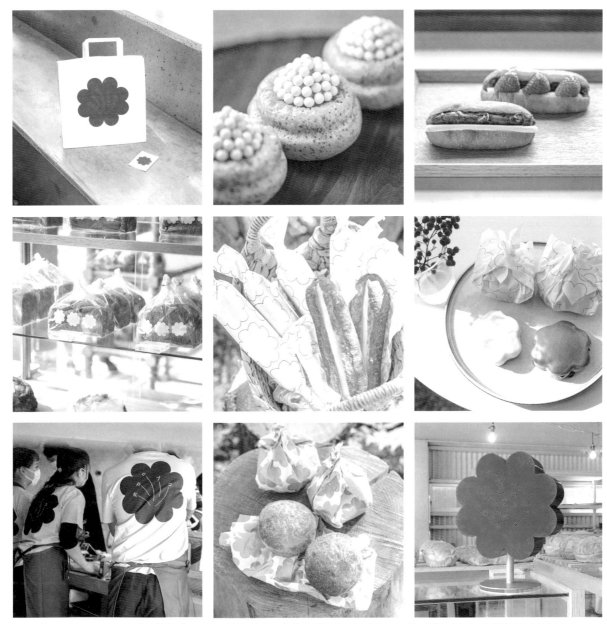

広島県産の牛乳やレモンなど、新鮮な素材を使った約40種類の食パン、惣菜系、菓子系のパンが並ぶ。ロゴのデザインはLIGHTS DESIGN によるもの。
コンセプトは共栄作物。スタッフのTシャツやパッケージ類、看板などキービジュアルとして使用されている。

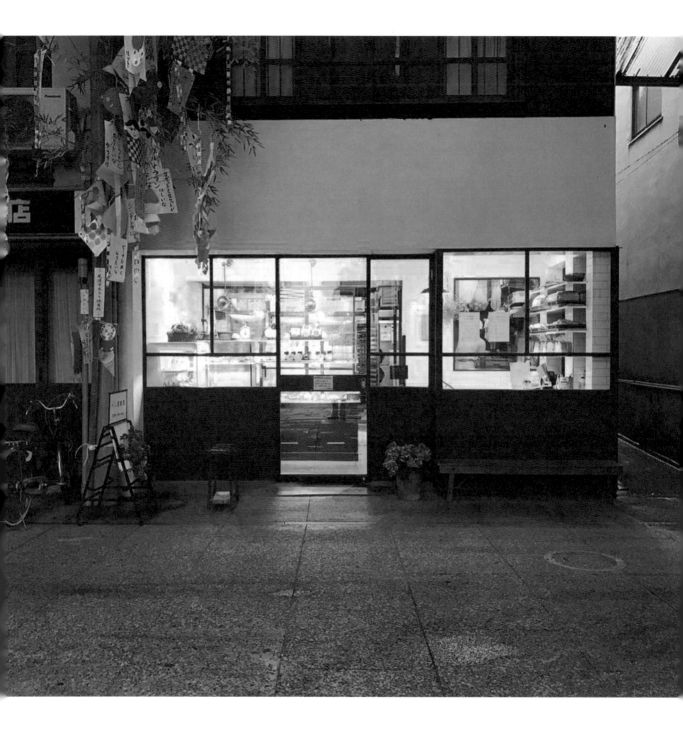

パン屋航路

panya koro

広島県尾道市　since 2011
URL: panyakoro.shop-pro.jp
Facebook: @パン屋航路-1571256129768935/
Instagram: @panyakoro

☑ パン　　　☐ 焼き菓子　　　☐ ドリンク　　　☐ デザート
☐ プロダクト　　☑ テイクアウト　　☐ イートイン
☑ オンラインショップ

店名は尾道と京都が舞台の小説「暗夜行路」から。ハード系のパンを中心に、自家製酵母を使った、粉の滋味を感じられるパン作りをしている。オープン当初は簡素な内装だったが、4年後にニューヨークの地下鉄のようなタイル張りの店内に改装。店主はアンティーク好きで、パン棚やレジ台は広島市のフランスアンティーク家具店に手がけてもらった。

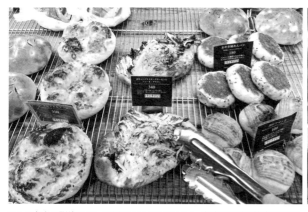
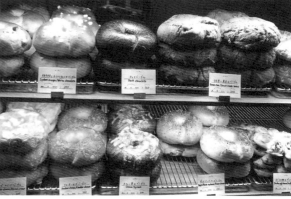

日々の食卓に馴染むパンでありたいという願いから、生地の発酵と熟成にこだわったパン作りをしている。
スペシャリテのバゲットやクロワッサン、人気のベーグルなど、常時40〜50種類の商品が並ぶ。

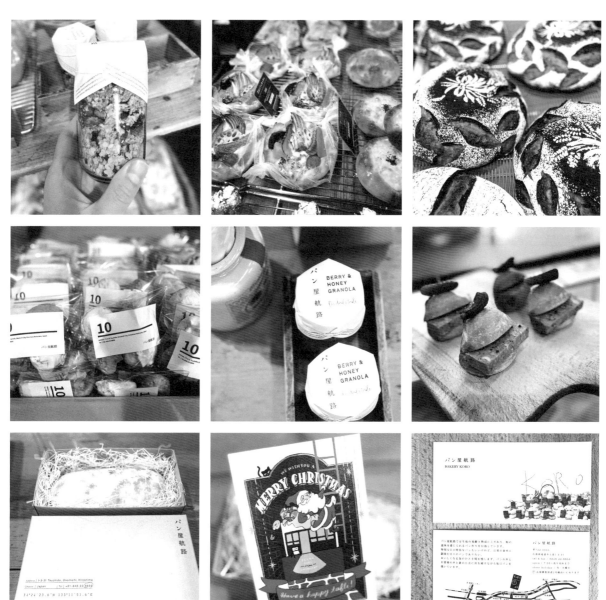

シュトーレンBOX、クリスマスのポストカードはスタッフのyunaさんがイラストとデザインを担当。特別仕様のBOXは空押しされたもの。

muk

ムク

広島県三次市　Since 2021
Instagram: @muk__344

大切にしていることは材料の質とシンプルな組み合わせ、飾りすぎない空間。香川県の天日塩を使ったガレットブルトンヌや地元の養蜂家のシナ蜜のフィナンシェなど、主となる素材を決めたら、それを際立たせるようにレシピを考えている。店舗は歴史ある酒蔵跡地の旧宿舎をリノベーション。建具などは古いものを残し、落ち着いた雰囲気にした。

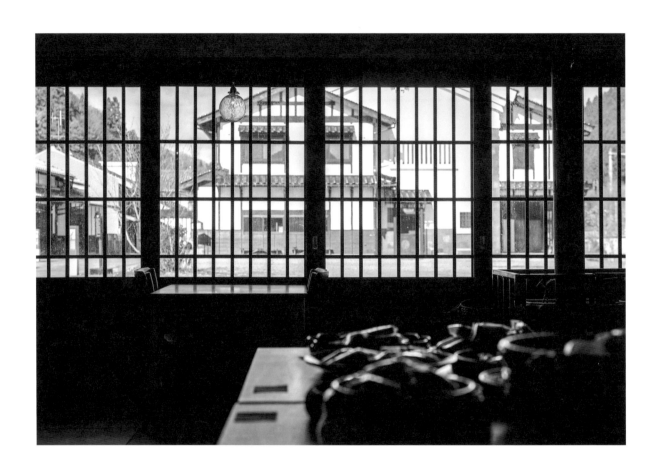

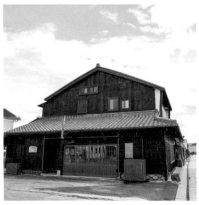

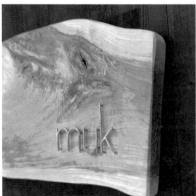

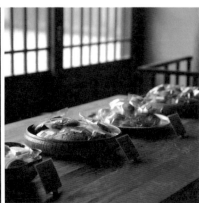

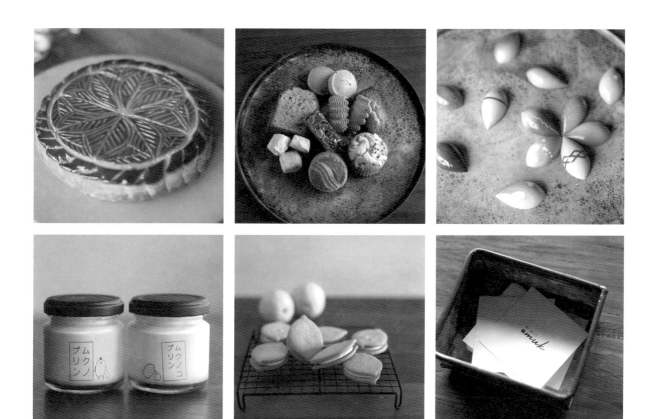

店舗ロゴはショップカードにもデザインされている。パイ、レモンサンド、ボンボンショコラ、広島県産の牛乳を使用したムクノプリンなど
季節に応じたお菓子がたくさんあるのも魅力。

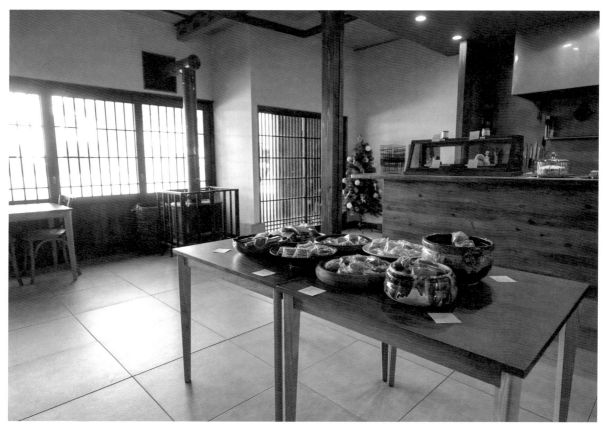

内装は店主自らがデザイン。以前の建物の名残が感じられる趣を保ちながら、広々とした心地良い空間に丁寧に作られたお菓子が並んでいる。
お菓子を並べている器類は、地元の陶芸家から引き継いだものや蚤の市で購入したものを使用している。

Petit lab Bakery

プチラボベーカリー

☑ パン ☑ 焼き菓子 ☑ ドリンク ☑ デザート
☐ プロダクト ☑ テイクアウト ☑ イートイン
☐ オンラインショップ

山口県美祢市　since 2019
URL: petitlabbakery.com
Facebook: @PetitLabBakery
Instagram: @petitlabbakery
E-mail: petitlab@c-able.ne.jp

「素材を大切に、工程を丁寧に。」をコンセプトに、みんなが笑顔になれるようなパンを焼き上げる。看板商品は酵母を使用し長時間発酵させたハード系のパン。たっぷりのデリがのせられたハンバーガーも人気。店舗は築100年の歴史ある建物をリノベーション。外観は原型に戻し、内部は子供たちとともに漆喰を塗るなど家族みんなで改装した。

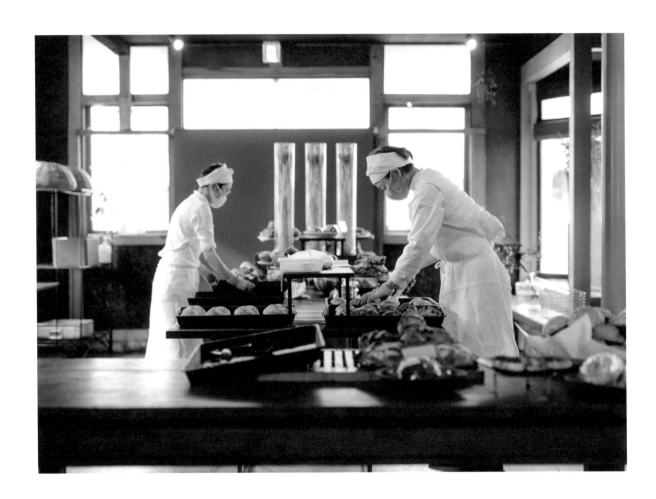

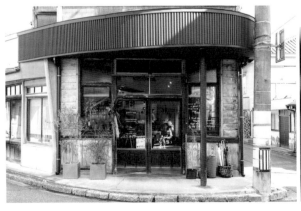

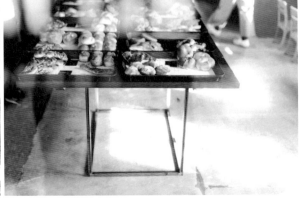

　設計, 内装デザイン: 内藤建材店 建築設計室　施工, 家具制作者: 内藤建材店　家具制作者: M.i.w

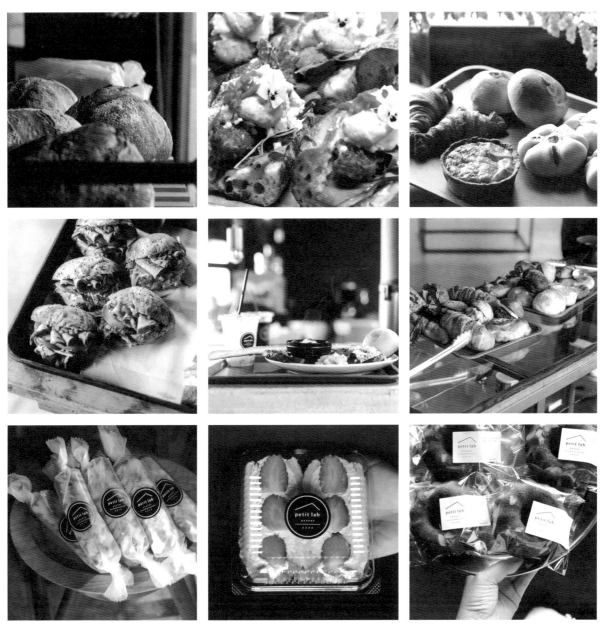

インスタグラムの世界観は「昔からそこにあったかのような親しみやすいパン屋さん」という店舗の魅力を存分に伝えている。
見た目も鮮やかな食欲をそそるパンがいくつも並ぶ店内。什器などの家具製作は内藤建材店とM.i.wの共同製作。

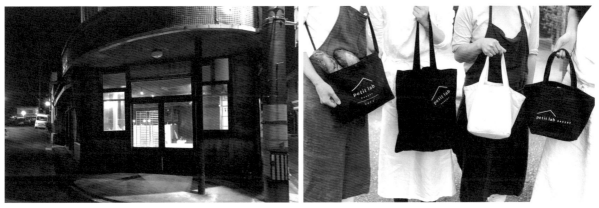

元々は呉服屋さんや郵便局として使われていた築95年の一軒家をリノベーション。夜間のたたずまいも、また趣がある。
店舗ロゴが効いたオリジナルのサコッシュやトートバッグ。デザインは出利葉デザイン室に依頼。

AMAM DACOTAN

アマムダコタン

☑ パン　　☑ 焼き菓子　　☐ ドリンク　　☑ デザート
☑ プロダクト　☑ テイクアウト　☑ イートイン
☑ オンラインショップ

福岡県福岡市　since 2018
URL: amamdacotan.com
Instagram: @amam_dacotan

架空の世界に入り込んだかのような独特な内装の店舗は「石の町にあるパン屋さん」をイメージ。石造りの壁面やドライフラワーの装飾、アンティークの器たちがパンをより一層引き立てる。おすすめはイタリアンの一皿のような味わい深さが人気の明太ペペロンチーノバゲット。オーナーは他にイタリアンやカフェ、ドライフラワーショップなども経営。

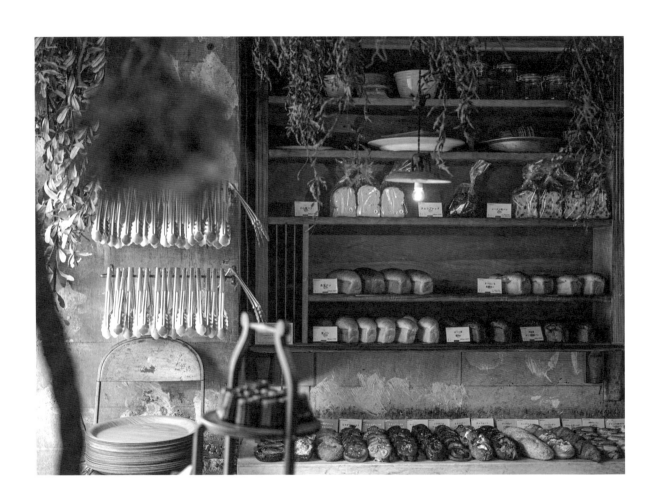

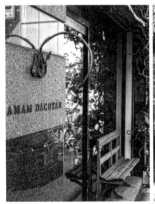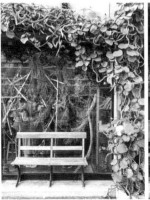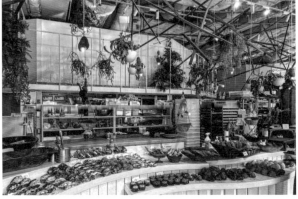

　設計, 施工, 内装デザイン：平子　設計：スズキ産業　施工：松藤　家具制作者：クランク　ロゴマークデザイン：元永彩子

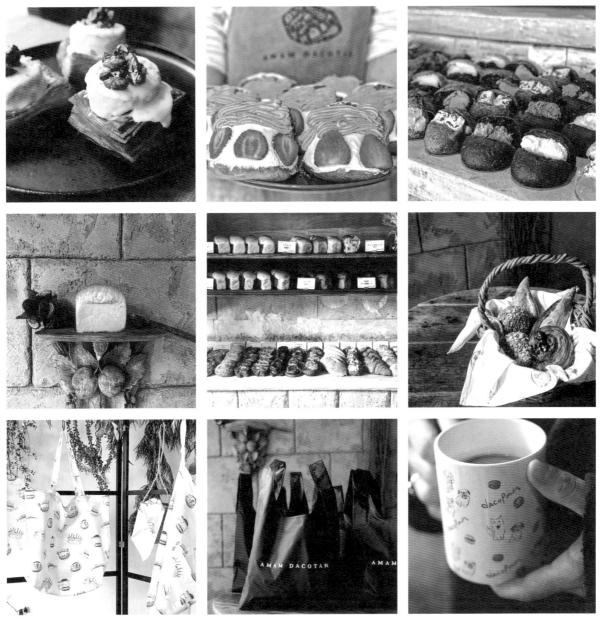

イラストが散りばめられたトートバッグやマグカップ。同柄のエプロンもある。ロゴマークでもあるペリカンのイラストは元永彩子さんによるもの。
ペリカンは店の設定でもある「石の町」の守り神で、賢者の石の象徴。

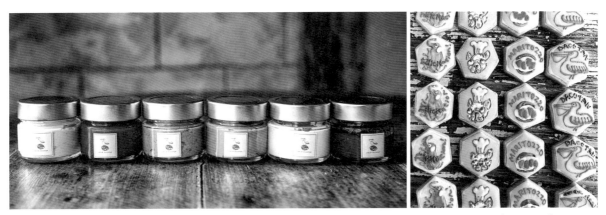

左）さまざまなヒラコンシェ スプレット　右）アマムダコタン表参道オープンを記念して作られたアイシングクッキー。長崎にあるamboise（アンボワーズ）によるもの。

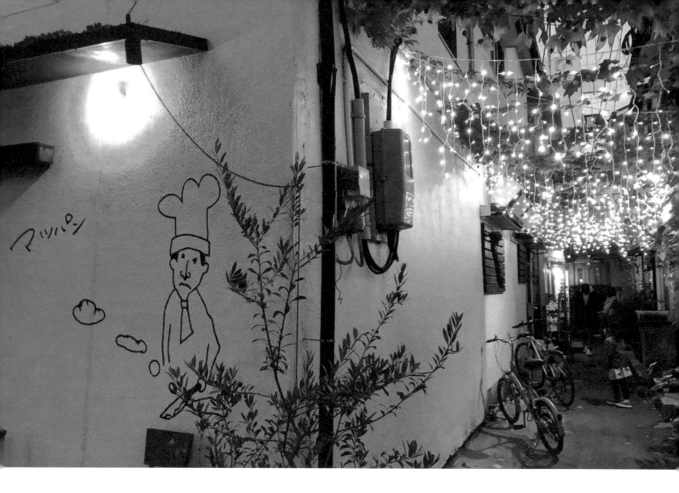

マツパン

matsupan

福岡県福岡市　since 2016
URL: matsu-pan.com
Facebook: @matsupan.6
Instagram: @matsupan64
E-mail: info@matsu-pan.com

☑ パン　　　☐ 焼き菓子　　☐ ドリンク　　☐ デザート
☑ プロダクト　☑ テイクアウト　☐ イートイン
☑ オンラインショップ

福岡の人気店「パンストック」でスーシェフを務めた店主が独立し、再開発で注目を集める六本松エリアにオープン。白い壁に描かれたお店のキャラクター "マツパン君" の絵が目印。離乳食としても食べられるようなやさしい素材にこだわり、"いつも食卓にあって、もっとおかわりしたくなるパン" を提供する。

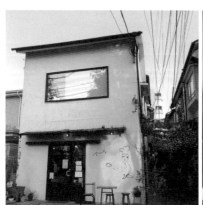
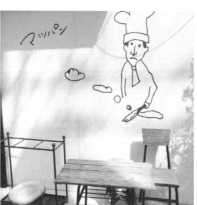
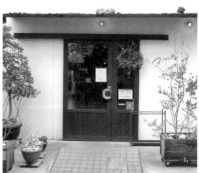

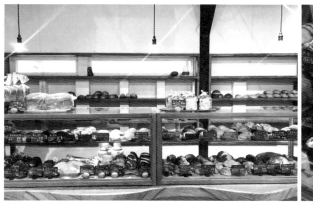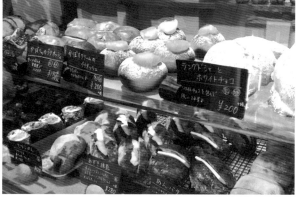

どこか懐かしい空気に包まれる、小ぢんまりとした店内に所狭しとパンが並んでいる。

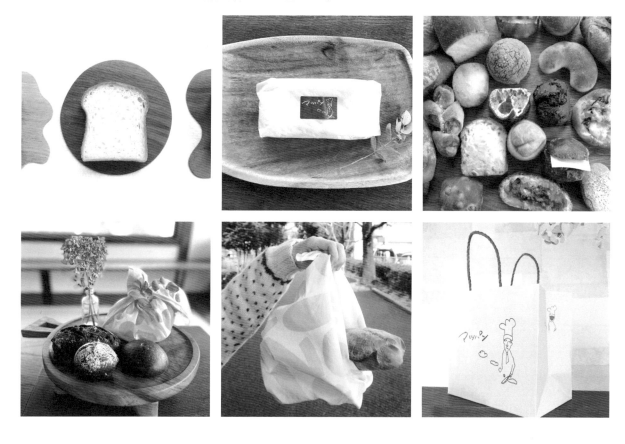

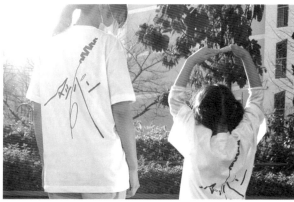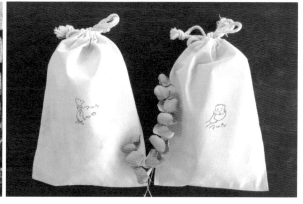

パンと共に人気商品なのがオリジナルのTシャツ、風呂敷、エコバッグ、巾着。

OYATUYA.U

オヤツヤ ユー

福岡県福岡市　Since 2015
URL: oyatuya-u.com
Facebook: @OYATUYAU
Instagram: @oyatuya.u

☐ パン　　　　☑ 焼き菓子　　☑ ドリンク　　☑ デザート
☐ プロダクト　☑ テイクアウト　☑ イートイン
☑ オンラインショップ

夫婦で営業する焼き菓子店。ガトーショコラを中心に約30種類をすべて手作りしている。東京出店や海外出店依頼が多くある中、ご来店くださるお客様の表情を自ら感じることで、いい商品は生まれると信じ、福岡の住み心地の良さが詰まった「桜坂」で店頭に立つことにこだわる。福岡にしかない焼き菓子店として地域の方々の自慢になるよう日々励んでいる。

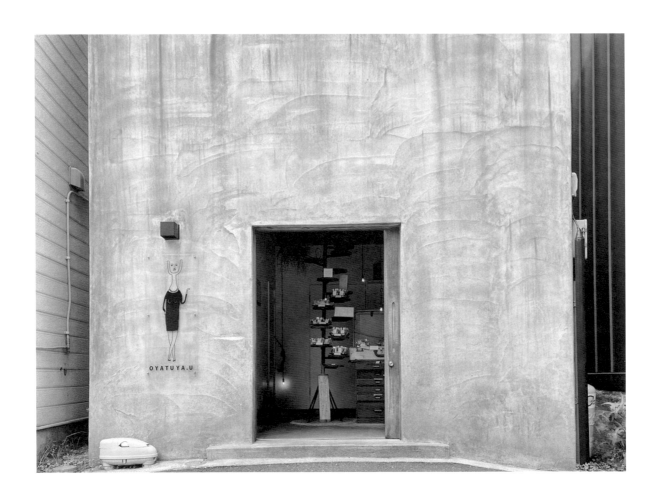

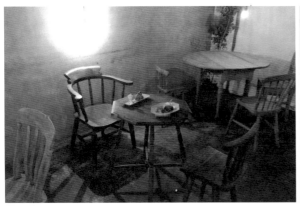

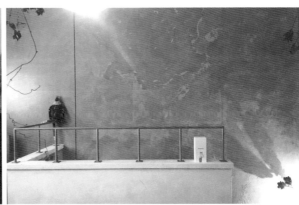

　設計, 内装デザイン, GD：OYATUYA.U　家具制作者：OYATUYA.Uほか

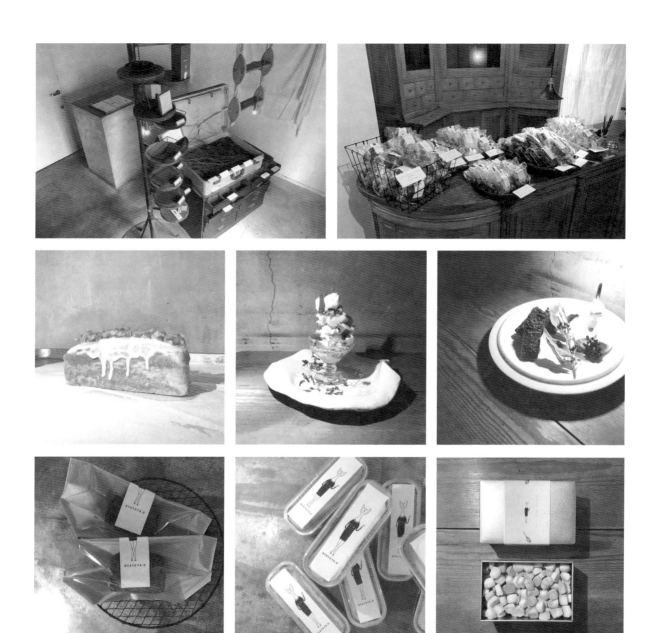

上左）ユニークな什器はさまざまなアンティークショップで購入したものを組み合わせて使っている。アンティークの世界観に包まれた店内にしっくり馴染む。

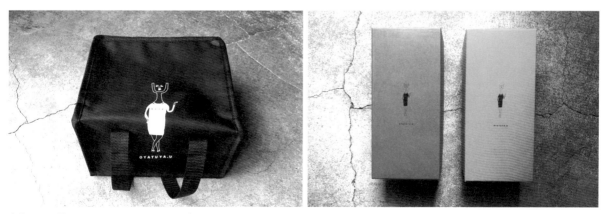

店舗ロゴにも使用されているイラストは保冷バッグ、パッケージ類のグラフィックツールに必ず登場するキービジュアルになっている。

モロパン

MOROPAIN

福岡県福岡市　since 2014（2021年に移転）
Facebook: @moropain
Instagram: @moropain
E-mail: morocafe1982@yahoo.co.jp

☑ パン　　☑ 焼き菓子　　☐ ドリンク　　☐ デザート
☐ プロダクト　☑ テイクアウト　☑ イートイン
☐ オンラインショップ

地域の人々の暮らしをより豊かにできるようなパン屋を目指し、福岡市の閑静な住宅街で朝7時から豊富な焼き立てのパンを提供。作り手、売り手、買い手の繋がりを大切にし、オープンキッチンから120種類以上のオリジナリティーあふれるパンを次々に焼き上げる。かわいい女の子がイメージキャラクター。メロンパン、明太フランスが人気。

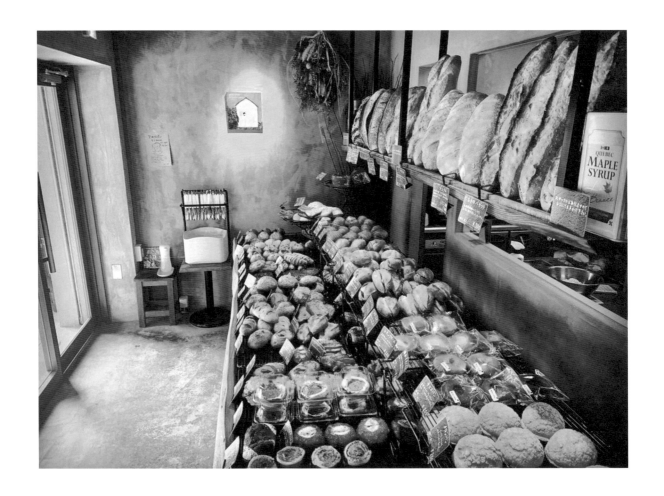

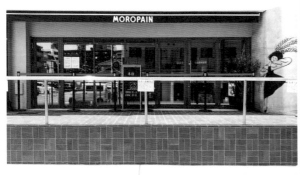

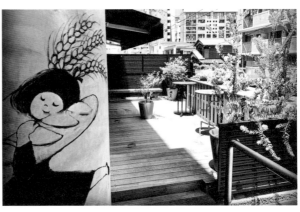

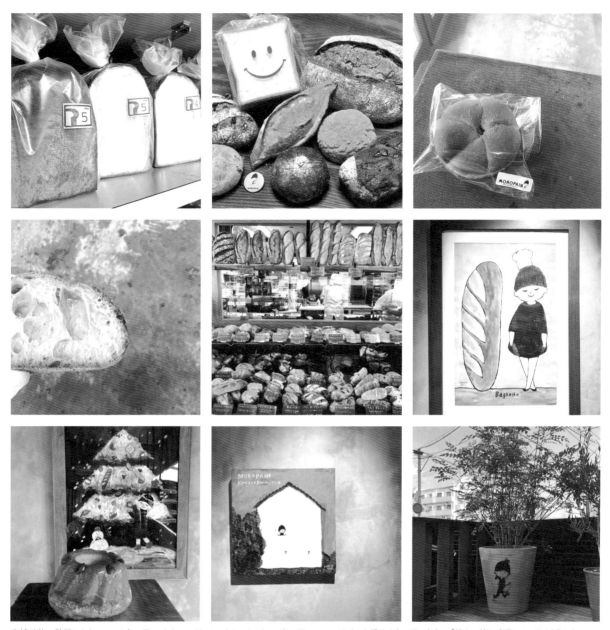

店舗外装の壁画にもなっている女の子のビジュアルは、ムーさんによるもの。女の子のテーマはパンを愛する女の子。店主の「娘と一緒に成長していけるように」という思いが込められている。ロゴとして使われることが多く、ポスターやショッパー、ラベル、看板などのグラフィックツールに欠かせないものになっている。

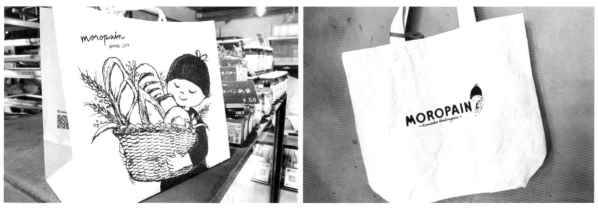

かごいっぱいにパンを詰め込んだ女の子のイラストが可愛らしいショッパーとオリジナルトートバッグ。

パンストック

Painstock

福岡県福岡市　since 2010
URL: stockonlineshop.com
Instagram: @pain_stock
　　　　　　@pain_stock_tenjin

☑ パン　　　☐ 焼き菓子　　☑ ドリンク　　☐ デザート
☐ プロダクト　☑ テイクアウト　☑ イートイン
☑ オンラインショップ

店名はパンを家にストックして日常にパンのある生活を送ってほしいという思いから。高加水、低温長時間発酵のパンは冷凍ストックしてもおいしい。国産小麦を中心に欧米のオーガニックの小麦など子供にも安心して食べてもらえる素材選びにこだわっている。店内はパンの劇場をイメージし、ステージのような陳列台が主役のパンを引き立てている。

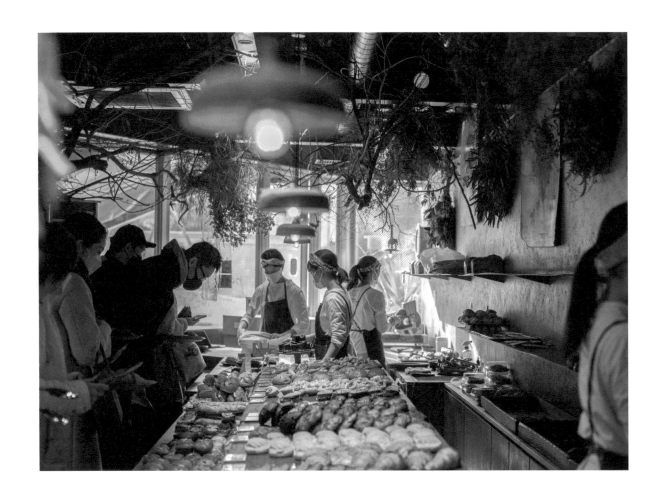

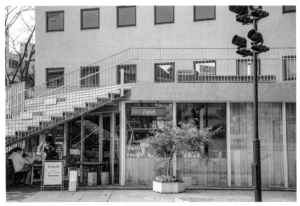

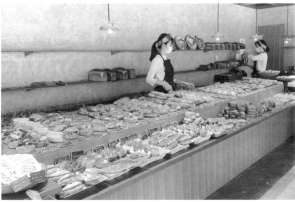

　設計：スプモーニ　施工：原口工房　内装デザイン：有吉　家具制作者：クランク　GD：ブルームーン

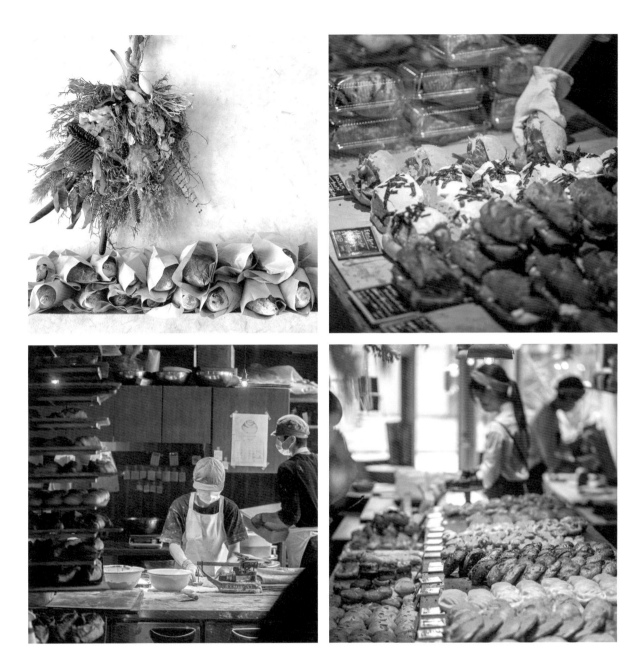

グレーの壁、ドライフラワーの背景とともに、斬新なパンの陳列風景が目をみはる。
ドライフラワーはヒラコンシェ・アマムダコタン・コテジャルダンの平子良太さんによるもの。

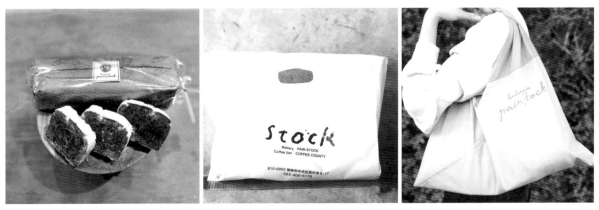

ロゴデザインはブルームーン。ショッパーや商品ラベルにも使用されている。右は福岡にアトリエを構えるAZUMA BAG®に依頼して作った10周年記念限定バッグ。
日本に古くから伝わるふろしきを縫い合わせて生まれた新しいあづま袋の仕様になっている。

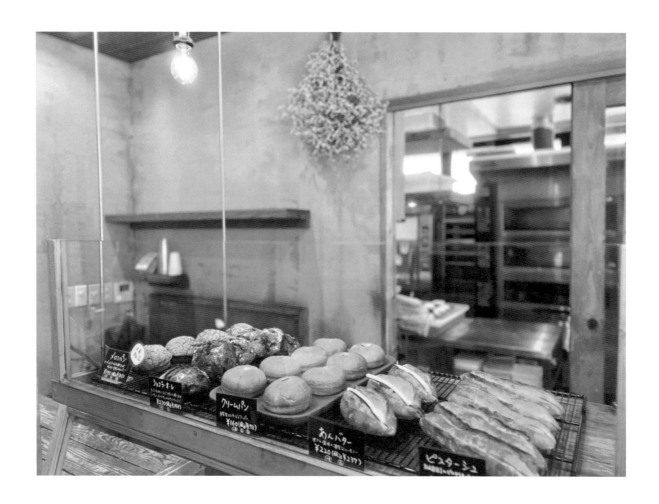

パンや日乃光

panya hinohikari

☑ パン	☑ 焼き菓子	☑ ドリンク	☑ デザート
☑ プロダクト	☑ テイクアウト	☑ イートイン	
☐ オンラインショップ			

ホテル、百貨店などで経験を積んだ店主が、地域密着のお店を目指し独立。買いやすい価格を意識し、お子様からお年寄りまで毎日食べても飽きないパン、食べたあともう一個食べたくなるパンを提供している。人気の塩バターロールはお土産にまとめ買いする人も多い。木の温もりが感じられるお店でありながら、黒の看板でスタイリッシュな雰囲気に。

福岡県福岡市　since 2018
Instagram: @panya hinohikari

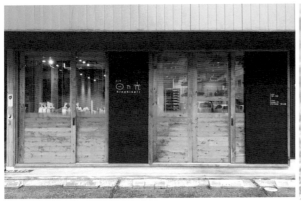
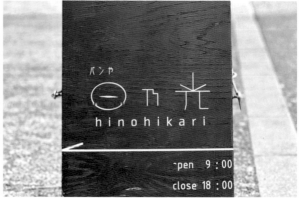

　設計, 施工, 内装デザイン, 家具製作者: 上野幹恭（上野建築研究所）　GD: 濱上 裕（上野建築研究所）

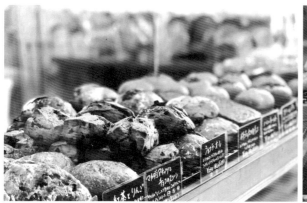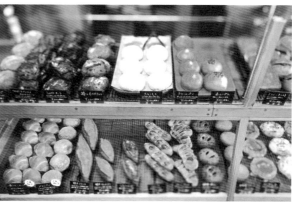

ハード系を中心に素材にこだわって作られたパンが整然と並ぶ。内装は一括して上野建築研究所に依頼。内装のペンキ塗りはなるべく自分たちで行った。

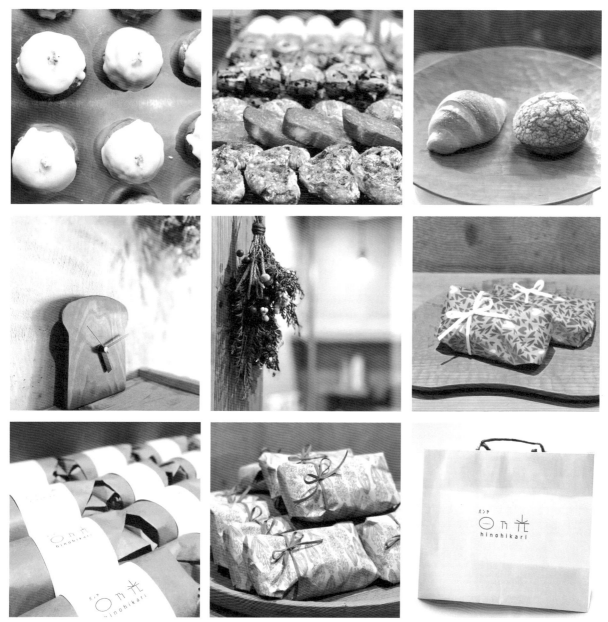

店舗ロゴは濱上 裕氏（上野建築研究所）が担当。ロゴのテーマはかわいすぎないクールさ。パッケージなどのグラフィックツールにキービジュアルとして使用されている。

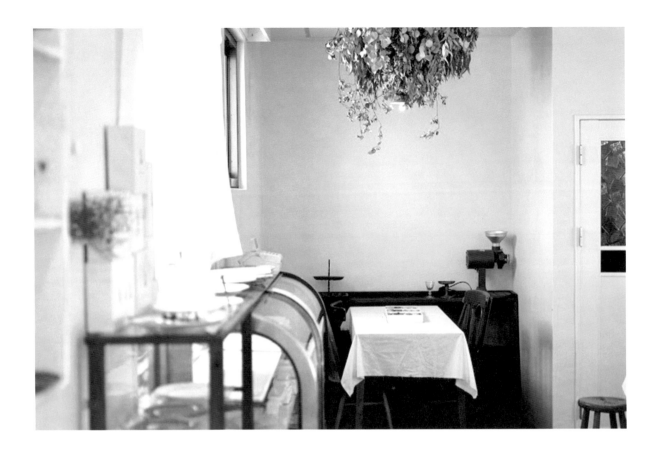

bion

ビオン

福岡県北九州市　since 2010
URL: bion.storeinfo.jp

国産小麦、全粒粉、発酵バター、有機オートミール、農家さんやハーブ園から届く果物やハーブ、日本のおいしい素材を香ばしく焼きあげた自然な甘さの焼き菓子、季節の果実のタルト、フランス地方菓子。果物や野菜の旬、おいしくて、香り豊かな美しい野菜や果実の季節の記憶が残るよう、山と海岸に囲まれた門司港にて心を込めて作っている。

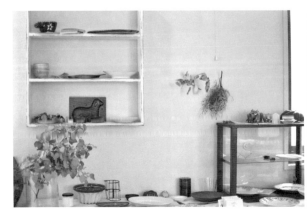

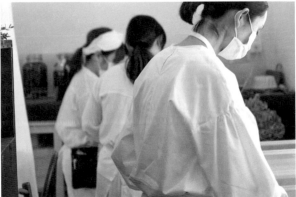

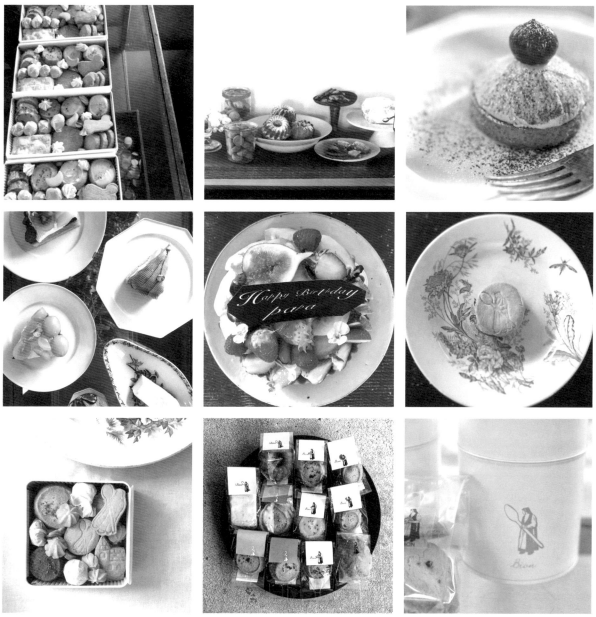

パッケージのイラストは修道女をイメージしたもので、オープン当初のスタッフによるもの。店内のアンティークや古物は店主自ら選びコーディネート。
季節のクッキー缶は母の手作りのお弁当をイメージし、開けた時のワクワク感を再現している。使われている食器類はフランスのアンティークや作家ものが多い。

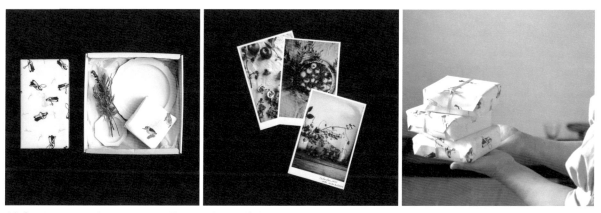

左）「くらすこと」にて販売されているbion季節のお届け便。　中）店内でも取り扱いがある季節の花のポストカードは椿野恵里子さんによるもの。
右）ギフトBOXのグラフィックツールも美しい。
Photo：Haruki Anami（左・中の写真）

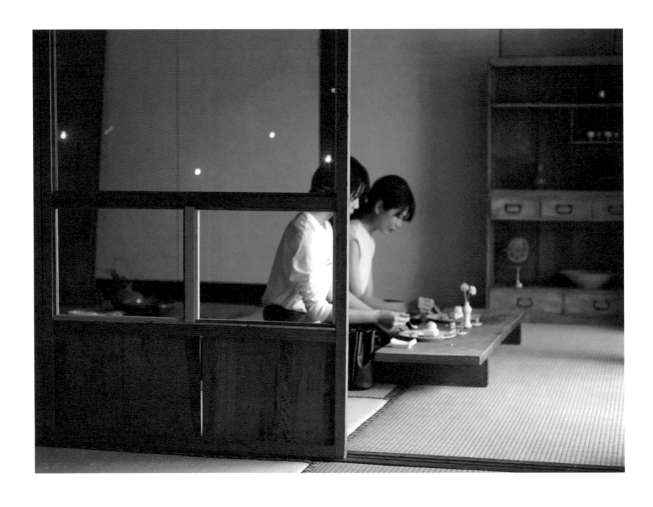

Ponchice ／海と山のまにまに

ポンチセ／umitoyamano manimani

宮崎県宮崎市　Since 2019
URL: www.ponchice.com
Instagram: @_ponchice_
E-mail: ponchice@gmail.com

☐ パン　　　　☑ 焼き菓子　　☑ ドリンク　　☑ デザート
☐ プロダクト　☑ テイクアウト　☑ イートイン
☑ オンラインショップ　☑ その他

活動名であるPonchice（ぽんちせ）はアイヌの言葉で「小さな家」という意味。暮らしから生まれるもの作りを大切にしたいという気持ちから。食の豊かな九州の土地に出会い、旬をいただくことの楽しみをお店に足を運んでくださるみなさんと喜びあえたら、そんな願いを込め、季節に寄り添った植物性菓子を用意している。

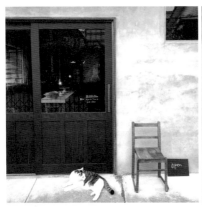
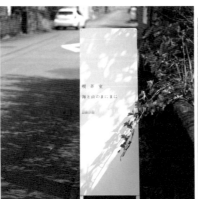
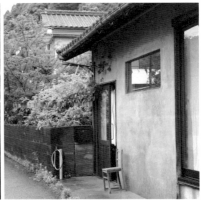

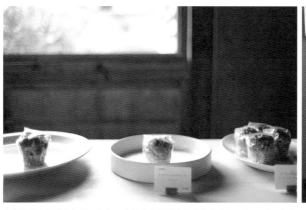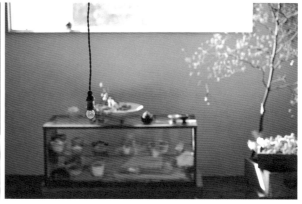

左）陳列に使用されているプレートは吉本有希さんの作品やアンティークのお皿。　　右）棚には全国の作家さんから少しずつ集めた茶器が置かれている。

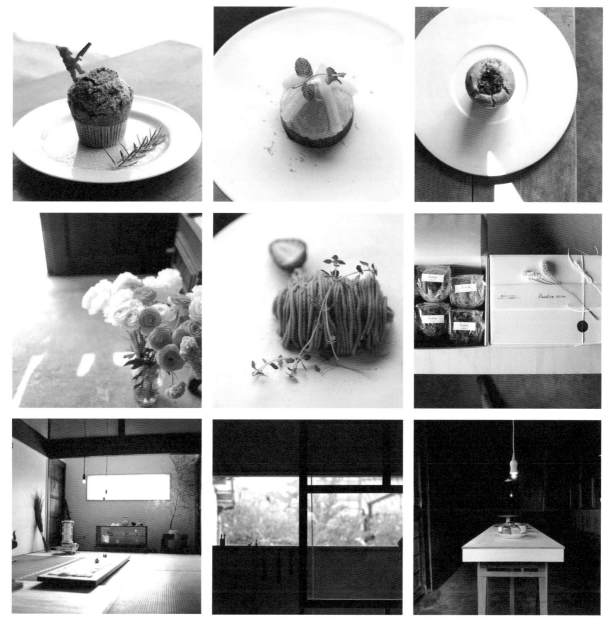

ぽんちせの工房である古民家をリノベーションして喫茶室を作った。内海ののどかな雰囲気の中、穏やかな時間が流れる。

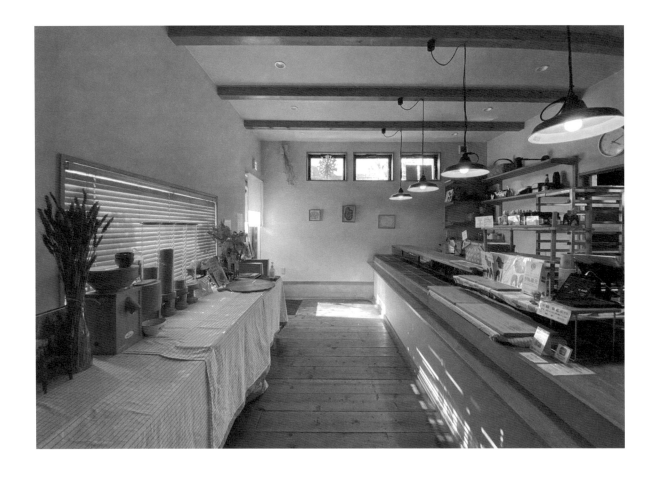

TAK BAGERI - CAFE

タック バゲリカフェ

鹿児島県鹿児島市　since 2014
URL: tak.buyshop.jp
Facebook: @tak.bagericafe
Instagram: @tak_bageri_cafe

☑ パン　　☑ 焼き菓子　　☑ ドリンク　　□ デザート
□ プロダクト　☑ テイクアウト　☑ イートイン
☑ オンラインショップ

店内は北欧雑貨も使いながら木の温もりを感じられる落ち着いた雰囲気。毎日通いたくなる、みんなの生活の一部になるお店を目指している。季節によって変化する抹茶やサクランボで作るバイカラークロワッサンがオススメ。その他、小麦や野菜、畜産物など鹿児島の豊富な食材をなるべく使用。浅草のホテルで3年・立川の個人店で8年、合計11年修行し、鹿児島に戻り2014年に開業した。店舗のロゴは小麦や木をイメージし、地域に根付くという意味を込めた。

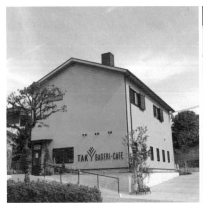
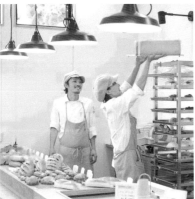
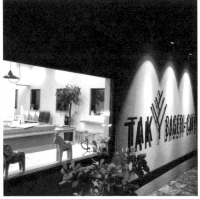

設計, 施工, 内装デザイン：Design office Adonis Co., Ltd.(デザインオフィス アドニス)/ 福嶋寿一郎　家具制作者:Roam(ローム)/ 松田創意
GD, イラストレーター：ONDO(オンドデザイン)/ 馬頭亮太

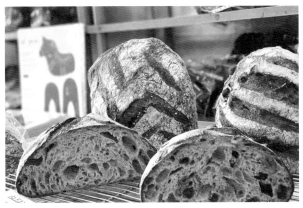
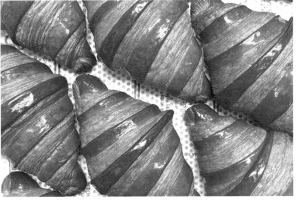

鹿児島産の小麦を配合したカンパーニュの生地をベースに、ドライフルーツやナッツなどを入れたバリエーション豊富なカンパーニュも人気。

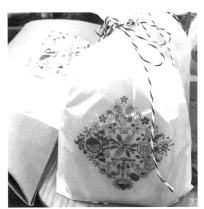
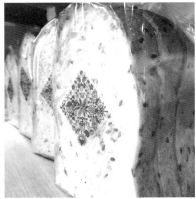
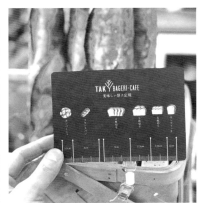

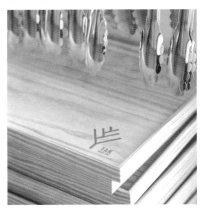
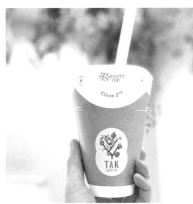
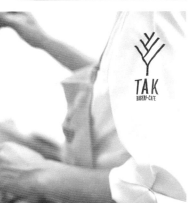

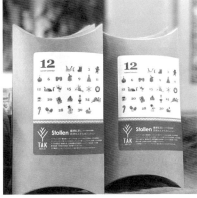
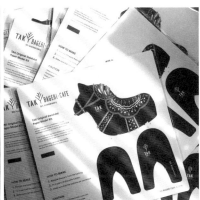
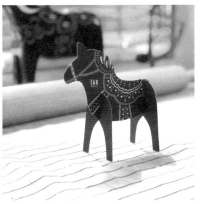

上段左）春夏秋冬のイメージをパンの材料と共に切り絵風にデザイン　上段右）スライスの厚さを可視化したパンの定規付きのリベイクカード。　中段中）フローズンのカップには店舗ロゴの桃の木バージョンのシールが。　下段左）シュトーレンの箱にはアドベントカレンダーのシール付　下段中）周年祭の際にノベルティとして配布するダーラナホースのペーパークラフト。

ブランジェリ ノエル

BOULANGERIE NOËL

鹿児島県霧島市　since 2010
URL: boulangerie-noel.com
Facebook: @BoulangerieNOEL
Instagram: @boulangerie.noel
E-mail: noel-info@boulangerie-noel.com

☑ パン　　　☑ 焼き菓子　　☑ ドリンク　　☑ デザート
☐ プロダクト　☑ テイクアウト　☑ イートイン
☑ オンラインショップ　☑ その他（雑貨・セレクト食品の販売）

西郷隆盛も愛した日当山温泉にあるベーカリー。地元の温泉水を使った人気の食パンは、地域のお客様により親しんでいただけるよう、クスッと笑顔になれる西郷さんのイラスト入りのパッケージに。ころころと小さなパンや、個性的な焼き菓子はお土産にも喜ばれる。狭くて小さな空間に、かわいい、おいしいをぐるりと囲むようなお店作りを意識した。

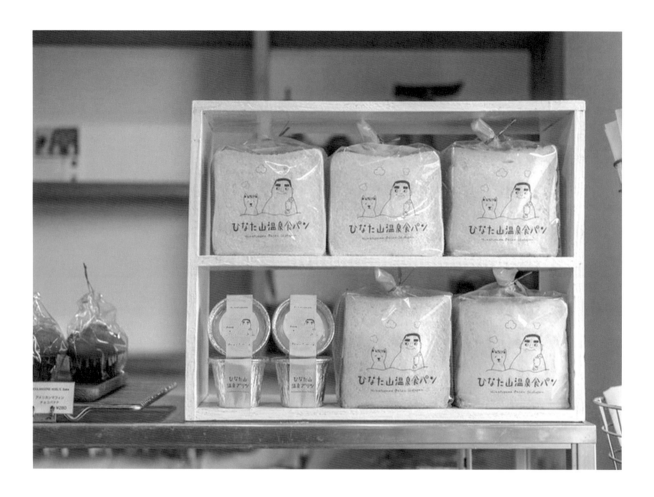

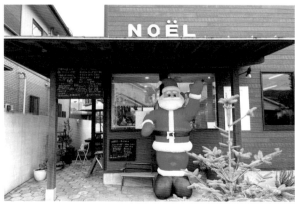

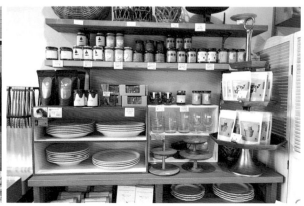

設計, 施工：継南建設　内装デザイン：粋家創房　家具製作者：原田 勝（宮大工）　看板製作者：石原 学　GD：二野慶子（PRISMIC DESIGN）／ 中島三郎

　イラストレーター：junichi koka / kiito works

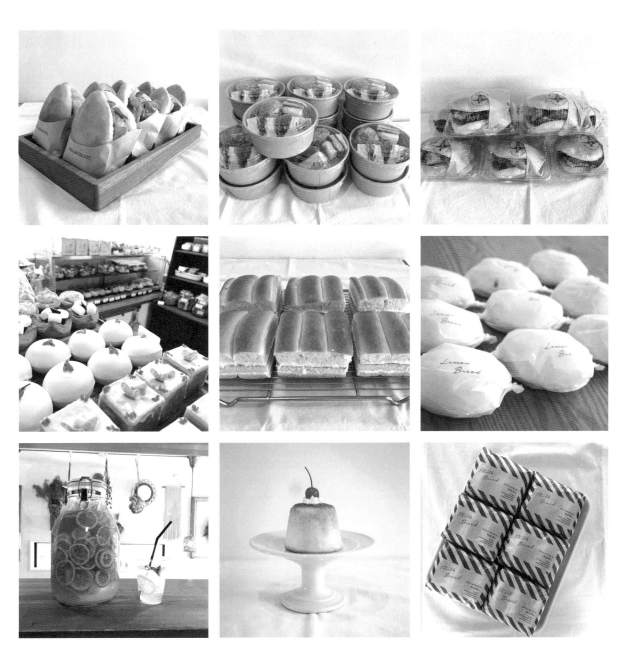

内装は粋家創房に依頼。ゆったりと買い物ができる空間に仕上がっている。店主が全国を旅して得たインスピレーションが元となり、今では200種類を超えるレシピがある。惣菜パン、甘いパン、焼きプリン、サンドウィッチ、フルーツのシロップなど季節に応じたラインナップがうれしい。

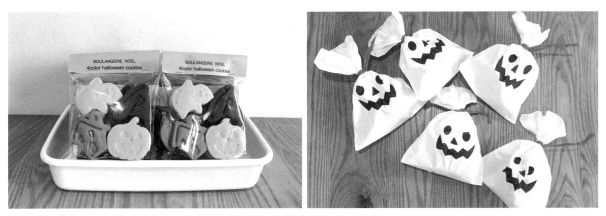

ハロウィンの季節はかわいいイラストのクッキーやお菓子が店頭に並ぶ。遊び心があるパッケージもかわいらしい。

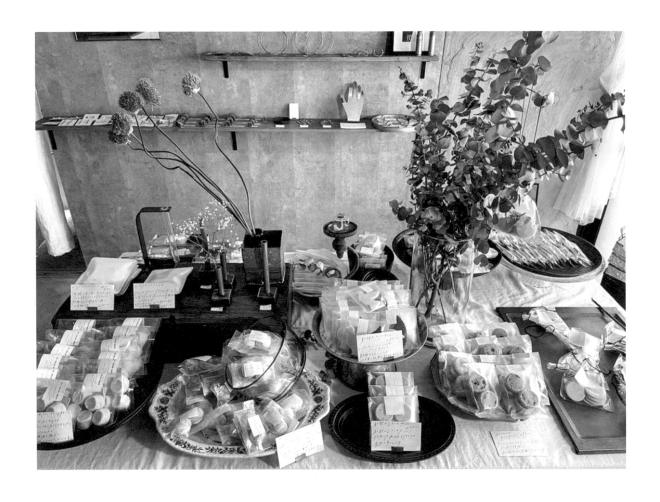

焼菓子店 hoshikuzu

ホシクズ

□ パン　　　☑ 焼き菓子　　　□ ドリンク　　　□ デザート
□ プロダクト　　□ テイクアウト　　□ イートイン
□ オンラインショップ

両親が和食店を営む祖母の土地、霧島で、双子で開いた焼き菓子店。
シンプルな内装が好きなため、自分たちでDIYした店の壁はコンクリート。菓子には甜菜糖を使用し、甘すぎないけど満足する焼き菓子作りを目指している。四季を菓子で表現することや、菓子の名づけを大切にしており、菓子に触れた方の心を少しでも癒すことができればという思いで日々励んでいる。

鹿児島県霧島市　Since 2020
Instagram: @_____hoshikuzu

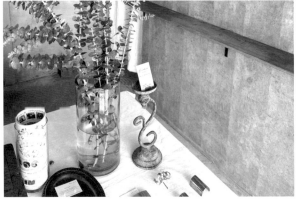

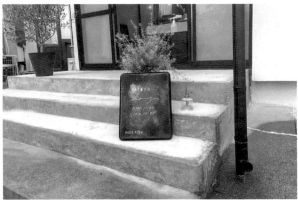

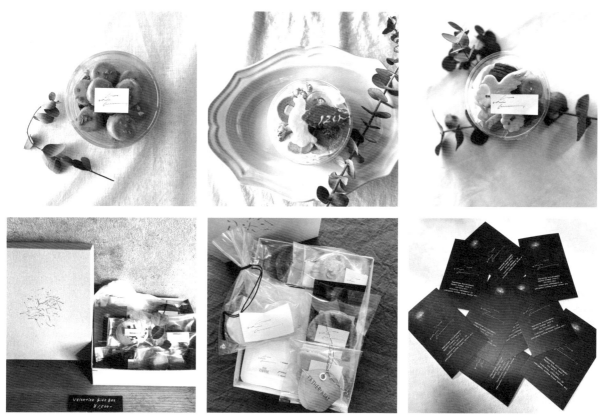

プレゼントにぴったりなおしゃれなパッケージの焼き菓子詰め合わせ。ロゴデザインはhaseさんに依頼。
印象的なロゴデザインでBOXやラベル、ポストカードなどにも使われている。

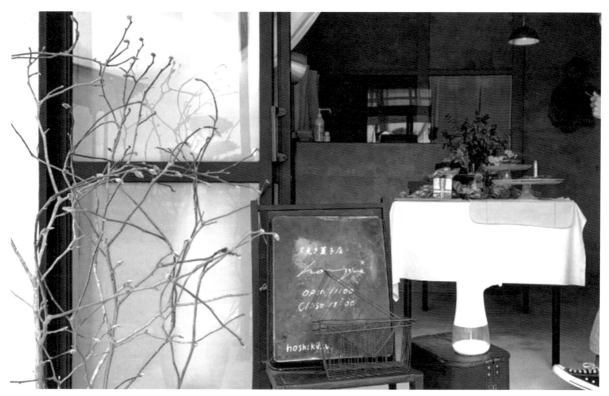

路地裏にひっそりとたたずむ、秘密にしたい隠れ家のような店。店名の由来は、「星屑のようにたくさんのきらめきで、幸せがつながっていくように」という思いから。

小さなベーカリー＆焼き菓子店のデザイン

Graphic Designs and Images for Small Bakeries and Sweet Shops

2022年8月20日　初版第1刷発行
2023年9月　7日　　第2刷発行

編著　パイ インターナショナル

Art Direction & Designer	松村大輔
Photographers	藤牧徹也 (P.14-21, P.72-73, P.80-81)
Illustrator & Calligrapher	雨宮三起子 (amelabo)
Translator	木下マリアン
Editor & Coordinator	村井清美 （風日舎）
	梅村知代 （風日舎）
	山田望由季 （風日舎）
Writer	各務ゆか (P.7-13) / 清水たかこ (P.15-21)
Editor	及川さえ子

発行人　三芳寛要
発行元　株式会社 パイ インターナショナル
　　　　〒170-0005　東京都豊島区南大塚2-32-4
　　　　TEL 03-3944-3981　FAX 03-5395-4830
　　　　sales@pie.co.jp

印刷・製本　株式会社サンニチ印刷

©2022 PIE International
ISBN978-4-7562-5592-1　C3070
Printed in Japan